ISBN 978-0-259-83071-9
PIBN 10628511

This book is a reproduction of an important historical work. Forgotten Books uses
state-of-the-art technology to digitally reconstruct the work, preserving the original format
whilst repairing imperfections present in the aged copy. In rare cases, an imperfection in
the original, such as a blemish or missing page, may be replicated in our edition. We do,
however, repair the vast majority of imperfections successfully; any imperfections that
remain are intentionally left to preserve the state of such historical works.

1 MONTH OF
FREE
READING

at

www.ForgottenBooks.com

By purchasing this book you are eligible for one month membership to ForgottenBooks.com, giving you unlimited access to our entire collection of over 1,000,000 titles via our web site and mobile apps.

To claim your free month visit:

www.forgottenbooks.com/free628511

English
Français
Deutsche
Italiano
Español
Português

www.forgottenbooks.com

Mythology Photography **Fiction**
Fishing Christianity **Art** Cooking
Essays Buddhism Freemasonry
Medicine **Biology** Music **Ancient
Egypt** Evolution Carpentry Physics
Dance Geology **Mathematics** Fitness
Shakespeare **Folklore** Yoga Marketing
Confidence Immortality Biographies
Poetry **Psychology** Witchcraft
Electronics Chemistry History **Law**
Accounting **Philosophy** Anthropology
Alchemy Drama Quantum Mechanics
Atheism Sexual Health **Ancient History**
Entrepreneurship Languages Sport
Paleontology Needlework Islam
Metaphysics Investment Archaeology
Parenting Statistics Criminology
Motivational

BIBLIOTHÈQUE

DE L'ÉCOLE

DES HAUTES ÉTUDES

PUBLIÉE SOUS LES AUSPICES DU

MINISTÈRE DE L'INSTRUCTION PUBLIQUE

———

SCIENCES PHILOLOGIQUES & HISTORIQUES

———

SOIXANTE-DIX-SEPTIÈME FASCICULE

LETTRES DE SERVAT LOUP, ABBÉ DE FERRIÈRES, TEXTE, NOTES ET
INTRODUCTION, PAR G. DESDEVISES DU DEZERT.

PARIS

F. VIEWEG, LIBRAIRE-ÉDITEUR

E. BOUILLON ET E. VIEWEG, SUCCESSEURS

67, RUE DE RICHELIEU, 67

—

1888

LETTRES

DE

SERVAT LOUP

« Sur l'avis de M. Monod, directeur de la conférence
« d'histoire et de MM. Roy et Giry, commissaires respon-
« sables, le présent mémoire a valu à M. Desdevises du
« Dezert le titre d'*Élève diplômé de la Section d'Histoire*
« *et de Philologie de l'Ecole pratique des Hautes Etudes.*

« Le Directeur de la conférence d'histoire,
                                        Signé : MONOD.

« Les commissaires responsables,
                           Signé : J. ROY, A. GIRY.

« Le Président de la Section, *Signé :* G. PARIS.

DE

SERVAT LOUP

ABBÉ DE FERRIÈRES

Texte, Notes & Introduction

PAR

G. DESDEVISES DU DEZERT

Professeur agrégé d'histoire au Lycée de Caen

Docteur en droit

PARIS

F. VIEWEG, LIBRAIRE-ÉDITEUR

E. BOUILLON ET E. VIEWEG, SUCCESSEURS

67, RUE DE RICHELIEU, 67

1888

A Monsieur G. MONOD

Directeur adjoint à l'Ecole Pratique des Hautes Etudes
Maître de Conférences à l'Ecole Normale Supérieure

HOMMAGE DE RESPECT ET DE RECONNAISSANCE

G. D.

LETTRES DE SERVAT LOUP

ABBÉ DE FERRIÈRES

Essai de classement chronologique.

Servat Loup, abbé de Ferriéres au diocèse de Sens de 842 à 862, nous a laissé une série de 130 lettres intéressantes pour l'histoire intérieure de la France pendant la première partie du règne de Charles-le-Chauve.

Servat Loup appartenait à une famille distinguée de la France centrale ; il était de langue romane, et ne paraît pas malgré son séjour à Fulda, avoir jamais eu beaucoup de goût pour la langue tudesque (L. 41), dont il reconnaissait d'ailleurs toute l'utilité (L. 91). Il était proche parent, peut-être frère d'Héribold, évêque d'Auxerre (L. 37), et d'Abbon, abbé de Saint-Germain d'Auxerre, frère et successeur d'Héribold (L. 95). il était parent d'Orsmar, métropolitain de Tours (L. 16), de Wenilon, métropolitain de Sens (L. 78), de Marcward, abbé de Prüm (L. 91), d'Odacre, abbé de Corméri (L. 86), des moines Ebrard (L. 35), et Remi (L. 116). Une nièce de Loup avait épousé Hildegaire, parent d'Enée, évêque de Paris (L. 119).

Ses correspondants, au nombre de cinquante-huit, comptent parmi les personnages les plus marquants de l'époque. Il adresse des lettres aux papes Benoît III et Nicolas I⁵ʳ, à l'empereur Lothaire, au roi Charles-le-Chauve, au roi d'Angleterre Ethelwulf, aux métropolitains de Sens, de Tours, de Reims et de Lyon aux évêques de Paris, d'Orléans, d'Auxerre, de Troyes, de Beauvais, de Besançon et d'York, aux abbés de Prüm, de Fulda, de Corbie, de Saint-Germain et de Saint-Médard d'Auxerre, de Corméri. Il est en relations avec Einhard, retiré au monastère de Seligenstadt ; avec Louis, abbé de Saint-Denys, chancelier de Charles-le-Chauve ; avec Hilduin, abbé de Saint-Martin de Tours, archichapelain du roi ; avec Félix, secrétaire d'Ethelwulf ; avec Gérard, comte de Roussillon et de Provence ; avec le célèbre moine Gotteskalk.

Il joue un rôle actif dans les assemblées religieuses convoquées en Gaule par le roi. Il assiste au Synode de Verneuil en 844, et en rédige les canons. Il est encore au congrès de Mersen, en 847, à l'Assemblée de Bourges en 849, à Soissons en 853, à Savonnières en 859, à Pistes en 862 où il rédige la sentence portée contre Robert, évêque du Mans.

Bien apparenté, instruit par Aldric de Sens, Rahan Maur et Einhard, bien vu de l'impératrice Judith et du roi Charles, influent dans les synodes, Servat Loup se trouvait dans les meilleures conditions pour suivre les événements et en pénétrer les causes ; malheureusement un style lourd et recherché, obscur et sans précision, ôte presque tout attrait à la lecture de sa correspondance. Il abuse des procédés de rhétorique banale qui étaient alors de mode, il multiplie sans goût les citations des auteurs sacrés et profanes que l'on retrouve chez tous les écrivains de son temps, il aime les sous-entendus, les allusions vagues, les énigmes ; beaucoup de ses lettres sont devenues pour nous inintelligibles.

Malgré sa science, ses relations étendues et sa vie à la cour, ses idées sont demeurées fort étroites. Les discussions théologiques ou grammaticales, les félicitations, les exhortations remplissent d'interminables pages de ses lettres. Le reste est à peu près exclusivement consacré à des questions d'intérêt personnel et aux soins de l'administration du monastère. Servat Loup n'est ni un bon écrivain, ni un esprit original ; c'est un érudit consciencieux, mais médiocre, un vassal fidèle, mais peu zélé, un religieux très sincère, mais très jaloux de ses intérêts temporels. Comme Smaragde [1], Jonas d'Orléans [2], Agobard [3], Sedulius Scotus [4] et Hincmar [5], il voudrait une royauté théocratique,

1. De Via Regia.
2. De Institutione regia.
3. De regiminis ecclesiastici et politici comparatione.
4. De Rectoribus christianis.
5. De Persona Regis, ad Karolum — De fide Regi servanda — Ins-

régnant par l'Eglise et pour elle. Il ne voit pas combien ce régime est impraticable, et s'en prend au malheur des temps et à la malice du siècle lorsque la réalité vient le réveiller du songe où il se complaît.

Cependant cette absence même d'originalité donne aux lettres de Servat Loup une sincérité d'expression qu'il n'eût peut-être pas trouvée s'il avait été doué d'une imagination plus puissante, et si le cercle de ses idées avait été plus étendu. Il est de son siècle, il le peint tel qu'il le voit, sans couleur et sans relief; mais la gaucherie et l'incorrection de ses peintures sont elles-mêmes des garanties de leur fidélité ; il n'a jamais faussé la vérité par esprit de système.

Ses lettres présentent un tableau complet de la vie monastique au ix⁰ siècle. Elles nous montrent quels étaient les auteurs préférés des moines érudits, quelle activité ils déployaient pour se procurer de nouveaux manuscrits, ou des éditions plus correctes des auteurs qu'ils possédaient déjà. Loup demande des livres à Seligenstadt, à York, à Fulda, à Tours et à Rome. Le parti qu'il tirait de toutes ces lectures était mince : les discussions sur la quantité et l'accentuation sont un des sujets de prédilection de l'abbé de Ferriéres. Cependant il avait encore entre les mains quelques bons modèles : plusieurs ouvrages dé Cicéron, les Commentaires de César, Salluste, Quintilien ; il cite Virgile et Horace. Les querelles théologiques sur la grâce et la prédestination occupaient aussi les esprits, et l'on apportait dans la discussion de ces insolubles questions une prolixité et une subtilité qu'on eût encore admirées au xv⁰ siècle. L'élection d'un abbé était l'un des événements les plus considérables de la vie monastique ; Servat Loup nous laisse deviner quelle part y avaient les intrigues de cour, combien il était parfois difficile au nouvel élu de triompher des résistances locales, et surtout de faire reconnaître par les évêques de la province la régularité de l'élection. Les rapports entre l'abbé de Ferrières et le métropolitain de Sens et ses suffragants sont fréquents et touchent aux questions les plus diverses ; les règles de la hiérarchie ecclésiastique étaient déjà posées et maintenues avec un soin jaloux par chacun. Le monastère de Ferrières possédait des domaines dans des pays très éloignés; il en avait dans l'Orléanais, et au diocèse de Tours ; il prétendait au gouvernement de

tructio ad Ludovicum balbum Regem — De institutione regia — Ad Episcopos regni — De ordino palatii.

l'abbaye de Saint-Josse-sur-mer, près d'Etaples, et finit par obtenir gain de cause sur ce point auprès du roi. L'administration de ces biens entraînait de fréquentes relations avec les prélats intéressés à défendre les terres d'église, et avec les seigneurs laïques désireux de se les approprier. Mis par le roi Charles lui-même à la tête du monastère de Ferriéres, Servat Loup avait envers la royauté des obligations particulièrement étroites ; on le voit se rendre aux assemblées et aux synodes indiqués par le roi ; il est chargé d'une mission à Rome (849), d'une mission en Germanie (858), il exerce en 844 les fonctions de *missus dominicus* avec l'évêque Prudence de Troyes ; il envoie chaque année des présents au roi ; il lui amène un contingent de soldats lorsqu'il va à la guerre : il suit même une fois ses gens, et peu s'en faut qu'il ne périsse dans l'expédition (844). Enfin il croit de son devoir de prêcher au roi, aux évêques, aux grands, à tout le monde le respect des dogmes de l'Eglise — et des priviléges ecclésiastiques.

Outre les 130 lettres qui nous ont été conservées, Servat Loup avait composé un certain nombre d'ouvrages, sur des questions d'histoire et de théologie.

Les *Canons du Concile de Verneuil* (844) présidé par Ebroïn évêque de Poitiers, archichapelain du palais, ont été rédigés par l'abbé de Ferriéres. On y reconnaît son style et ses citations habituelles, et dans sa lettre 42 il annonce à Hincmar qu'il lui envoie ces canons comme son œuvre. Ces 12 canons ont trait au rétablissement de l'ordre dans le royaume, à la réforme des monastères, à la protection des moines et des religieuses, et à la restitution des biens d'église usurpés par les laïques.

Le *Liber de tribus quæstionibus* (849) renferme l'exposé de la doctrine de Servat Loup sur la prédestination, le libre arbitre et la rédemption. L'homme a perdu par le péché originel le libre arbitre du bien, mais il a gardé celui du mal, qu'il avait choisi. Livré à lui-même, il n'est donc capable que de mauvaises œuvres, et c'est en ce sens que doit s'entendre la prédestination : ceux qui reçoivent la grâce sont sauvés par cette intervention divine qui les pousse aux bonnes œuvres, et leur salut comme leur naissance leur vient de Dieu ; ceux qui ne sont pas soutenus par la grâce sont condamnés, il est vrai, mais sans qu'il y ait injustice de la part de Dieu, puisqu'il n'a rien fait pour les contraindre au péché, qu'ils se sont perdus eux-mêmes, et que, n'eussent-ils pas péché actuellement, la tache originelle suffirait à les rendre dignes du supplice éternel.

Le *Liber de tribus quæstionibus* a pour complément le *Collec-taneum de tribus quæstionibus*, recueil des opinions des Pères de l'Eglise sur ces grands problèmes.

Les auteurs de l'Histoire littéraire de la France ont contesté à Servat Loup une *Vie de saint Maximin*, et l'ont attribuée à Loup, évêque de Châlons-sur-Marne, pendant l'exil d'Ebbon de Reims. Baluze l'attribue à notre auteur, comme la *Vie de saint Wigbert*, probablement écrite pendant le séjour de Loup en Allemagne.

A la suite de la Vie de saint Wigbert publiée en 1602 par Busæus, le ms. des Dominicains de Mayence, dont il s'était servi, contenait *deux homélies*, sans nom d'auteur, qu'il a cru pouvoir attribuer à Servat Loup, ainsi que *deux hymnes* en l'honneur de saint Wigbert.

Servat Loup nous apprend lui-même (L. 93) qu'il avait composé une histoire abrégée des *Gestes des Empereurs*, aujourd'hui perdue et Mabillon lui attribue encore le *Dialogue entre Euticius et Théophile sur l'Etat de l'Eglise*, mais il est plus probable que ce dernier ouvrage est de saint Benoît d'Aniane.

II

Le seul ms. connu des lettres de Servat Loup est un volume en parchemin, de 158 millimètres de haut, sur 198 de large conservé à la Bibliothèque Nationale de Paris sous le numéro 2858 du fonds latin. Il compte 63 feuillets d'une excellente conservation, remplis d'une écriture fine et régulière qu'un certain nombre d'indices permettent de faire remonter au xe siècle. On n'y retrouve plus trace d'onciale, les abréviations sont marquées par des traits rectilignes, les sigles *us* et *ur* sont encore distincts, le sigle en forme de 7 n'est pas encore apparu, l'*n* et le *t* joints sont employés indifféremment à la fin ou dans le corps des mots, l'A initial est très ouvert, l'N très large.

Le ms. est probablement l'œuvre de deux copistes.

Jusqu'à la lettre 31, adressée à Wenilon, l'écriture est fine et serrée ; à partir de cette lettre elle devient large et grosse ; le système orthographique change aussi : le copiste écrit *michi* et non *m*, *sanctæ* et non *sancte*, le mot *enim* n'est plus représenté par un sigle, mais écrit avec l'abréviation *enm*. Le folio 31 qui contenait les lettres 72, 73 et 74 était déjà en mauvais état en 1588, car Papire Masson ne donnait qu'un texte très mutilé de ces trois lettres. En 1636 le folio 31 avait tout à fait disparu : Duchesne reproduisait purement et simplement le texte de Masson, sans pouvoir y faire une seule correction. Baluze a signalé une autre lacune dans le corps de la lettre 115 dont le commencement et la fin présentent un ton entièrement différent ; ce défaut de suite est évident, mais le feuillet arraché n'a pas laissé de traces comme dans le cas précédent, et le scribe peut avoir sauté un paragraphe. Le texte des lettres s'arrête au folio 63 recto, à la fin de la lettre 127, vers le milieu de la page, sur les mots « *et ne iam gratiam amittant humore siccabit.* » Au-dessous, on lit la mention S^{ti} *Cenileni* deux fois répétée. Nous n'avons pu découvrir ni le sens de cette mention, ni le saint que le scribe a voulu désigner. Il y a un St *Célérin* au diocèse du Mans, un St *Ceneré* au diocèse de Laval, un St *Cénery* près de Séez, un St *Cenery* près d'Alençon, au diocèse de Séez ; mais le ms. 2858 faisait partie au xvie siècle de la bibliothèque de l'abbaye de Ferriéres, et l'on ne voit pas comment il aurait pu être transcrit dans un village du Maine où le nom de Loup de Ferriéres devait être tout à fait inconnu. La présence dans le même manuscrit de documents se rapportant à Ripoll pourrait-elle faire croire qu'il s'agit de Saint Celoni en Catalogne? — Le ms. renferme encore huit feuillets (64-71) d'un format plus petit que le corps de l'ouvrage, et d'une écriture beaucoup moins soignée. Ils contiennent : 1° Un fragment du Commentaire de Boéce sur les Catégories d'Aristote. — 2° Une lettre circulaire des moines de Ripoll à l'occasion de la mort de Bernard, comte de Besalu. — 3° une lettre d'Olive, évêque de Vich à Gozlin, archevêque de Bourges, sur le même sujet. — 4° La réponse de Gozlin à Olive. — 5° Une lettre d'un moine anonyme à un autre moine nommé Jean. — 6° Une autre lettre du même au même relative à la transcription des livres. — 7° Une lettre de l'évêque Olive à Sancho, roi de Navarre, pour l'engager à contribuer à la construction du monastère de Ripoll. — 8° Une lettre du moine Jean à l'évêque Olive, au sujet des quatorze hérétiques brûlés à Orléans par ordre du roi Robert. — 9° Une lettre de l'évêque Olive aux moines de Ripoll. — 10° Une lettre circulaire des moines de Fleury-s-Loire à l'occasion de la mort de l'abbé Abbon. — 11° Une lettre anonyme à un philosophe inconnu désigné par l'initiale R [1].

1. Bib. Nat. Mss. — Catalogue des Mss. latins.

A la fin du xvi° siècle, le ms. 2858 appartenait à la Bibliothèque de Ferriéres, où Papire Masson le fit copier par Pierre Daniel, bailly de Saint-Benoît-sur-Loire. En 1664, il était entre les
mains de Nicolas Coquelin, docteur en Sorbonne, condisciple et
ami de Baluze [1]. Il passa ensuite dans la bibliothèque de Col-
bert, où il fut catalogué sous le n° 5222, et enfin à la Bibliothèque du Roi où il reçut le n° 4356.

Les lettres 128 et 129 ont été publiées pour la première fois
en Belgique en 1648, à la suite du traité du Servat Loup : *De
tribus quæstionibus*. Le nom de l'éditeur, Donatus Candidus,
n'est probablement qu'un pseudonyme, mais le texte a été éta-
bli sur un ms. de l'abbaye de Saint-Amand par les soins de D.
Antoine Grimbert, moine de cette abbaye. Ces deux lettres ont
été éditées de nouveau par Gilbert Mauguin dans son *Recueil
d'ouvrages sur la prédestination et la grâce. (*Paris 1650 in f°).
La même année, le P. Sirmond publiait à Paris le traité *De tribus quæstionibus*, avec les lettres 128 et 129 ; il y ajoutait
d'après un ms. de Saint Benoit-sur-Loire la lettre 130, *ad Ni-
colaum papam.*

La Bibliothèque de Valenciennes possède le ms. de Saint Amand
du xi° siècle (283. F. 2. 24) qui a fourni au premier éditeur
les deux lettres 129 et 128. — Le ms. 238. B. 4. 69 de la
même bibliothèque est une copie du précédent faite au xvii°
siècle.

III

Les lettres de Servat Loup ont été plusieurs fois éditées.

La première édition a été donnée en 1588, à Paris, par l'a-
pire Masson, en un petit volume in-18, sous le titre de : *Lupi
apud Ferrariam, monasterium Senonum in Gallia, clarissimi
abbatis, qui Carolo Calvo vixit, Epistolarum liber, nunc primum in lucem œditus Papirii Massoni beneficio et opere.*
(Bib. Nat. Inventaire C. 3267). Cette première édition, sans notes et sans commentaires, était remplie de fautes de lecture.
Elle est cependant précieuse parce qu'elle donne seule, d'après
la source originale, le texte très altéré, il est vrai, des lettres

1. Baluzii, Servati Lupi opera, 1710, præf.

72, 73 et 74, que tous les autres éditeurs ont reproduit d'aprés elle. L'édition de Masson a été faite, comme les suivantes, sur le ms. 2858 du fonds latin de la Bib. Nat. et s'arrête comme lui à la lettre 127. — Elle a été reproduite avec toutes ses incorrections dans la *Bibliotheca Patrum* de Cologne (1618) et dans celle de Paris (1624) [1].

La seconde édition fut donnée en 1636 par André Duchesne dans le tome II de ses *Scriptores historiæ Francorum coœta-nei*. Beaucoup meilleure que la précédente, cette édition était encore incorrecte, et n'avait ni notes ni commentaires.

En 1664 Baluze publia une édition complète des œuvres de Servat Loup, et donna le premier un texte correct des lettres. d'aprés le ms. 2858 et les éditions de Masson et de Sirmond, — Il publia une nouvelle édition en 1710. Son texte a été reproduit dans la *Bibliotheca Patrum* de Lyon, et Baronius a inséré dans ses *Annales* (années 846 et 850) quelques lettres de Servat Loup.

D. Bouquet ne manqua pas d'utiliser une source aussi précieuse, et reproduisit, d'aprés Baluze, dans les tomes VI et VII des *Historiens des Gaules et de la France* cinquante-neuf lettres de Servat Loup. Il ajouta quelques notes nouvelles, rectifia quelques erreurs de Baluze, à l'aide des travaux de Mabillon, et donna de nouvelles indications géographiques et chronologiques.

Enfin l'édition de Baluze a été reproduite, assez incorrectement d'ailleurs, dans le tome CXIX de la Patrologie latine de l'abbé Migne.

Il n'y a donc qu'un manuscrit des lettres de Servat Loup, le 2258 de la Bib. Nat., et qu'une bonne édition, celle de Baluze.

Baluze a commenté son texte avec une admirable érudition, mais ses notes n'offrent pas toujours tous les renseignements historiques désirables ; il est souvent sorti de son sujet, et s'est étendu en longues digressions. Il discute la question du salut de Virgile (L. 20), il se demande s'il est permis à un prêtre séculier d'abandonner son bénéfice pour se faire moine (L. 29) ; mais il ne s'occupe pas de fixer avec précision la date de chaque lettre. A cet égard son travail pouvait être encore utilement complété. Nos notes donneront la biographie des correspondants de Servat Loup et des personnages dont il fait mention, la date des événements auxquels il a été mêlé, les rapproche-

1. Hist. Litter. T. V, p. 261.

ments que l'on peut établir entre les lettres, tous les détails en un mot qui peuvent servir au classement de la correspondance de Servat Loup. Pour le reste nous nous référons à l'édition Baluze.

La difficulté d'un classement chronologique des lettres de Loup de Ferrières résulte du caractère même de l'ouvrage. Un grand nombre de lettres traitent des sujets de morale, de grammaire ou de théologie, et ne peuvent fournir sur leur date la plus faible indication ; on ne sait à quelle année les rapporter dans la vie de l'auteur. D'autres sont des lettres d'affaires ; Servat Loup et ses correspondants s'entendaient fort bien à demi-mot, mais souvent il nous est devenu impossible de les comprendre. Une lettre(17) ne porte aucune suscription, une autre (48) est adressée à un personnage désigné par les trois lettres SAR ; il nous est impossible de lire ce nom ; d'autres encore (46, 52, 50) sont adressées à un serviteur de l'abbé, au prévôt, à un fidèle ami. De là bien de l'obscurité, bien du vague, et l'impossibilité d'établir une chronologie rigoureuse.

La première idée qui se présente à l'esprit pour un travail de ce genre serait de rechercher pour chaque lettre la date la plus probable, et de poursuivre cet examen jusqu'à la dernière lettre ; en les laissant dans l'ordre où le manuscrit les a rangées ; mais on n'obtiendrait ainsi que les indications nécessaires au classement ; le classement lui-même resterait à faire, et la lecture des lettres de l'abbé de Ferriéres n'aurait été rendue ni plus aisée, ni plus instructive.

On pourrait encore déterminer avant tout quelles lettres ont une date certaine, soit que Loup les ait datées lui-même, ce qui est extrêmement rare, soit qu'elles mentionnent des faits connus et datés. On grouperait ensuite autour de chacune de ces lettres à date certaine celles qui traitent d'affaires analogues, ou renferment des allusions aux lettres déjà classées. Mais cette méthode aurait l'inconvénient de ne point présenter de vue d'ensemble ; la division adoptée rompiait la suite chronologique des faits, et entraînerait des redites dans l'exposition.

Il nous a semblé préférable de prendre la vie de Servat Loup pour base de notre travail. Les principales circonstances en sont connues et ont date certaine, elles permettront de classer exactement un nombre assez considérable de lettres, et de leur rattacher d'autres lettres par des hypothèses dont le degré de vraisemblance sera soigneusement indiqué. Pour les lettres qui échapperont à tout classement, on les rangera à la suite de celles qui traitent de questions analogues, substituant en ce cas l'ordre méthodique à l'ordre chronologique. Une table indiquera les différentes dates proposées, celle qui aura été choisie, et les motifs de ce choix. Un index complétera le travail.

IV

Baluze place la naissance de Servat-Loup dans les premières années du règne de Louis-le-Débonnaire. Les auteurs de l'*Histoire littéraire de la France* déclarent que cette opinion ne peut se soutenir. « Il faut, disent-ils, que Loup soit né en 805 ou 806 au plus tard [1] ». Mais ils n'apportent aucune preuve à l'appui de leur affirmation. La vérité nous paraît être du côté de Baluze. Dans la lettre 6, bien datée de 837, Loup se vante d'avoir déjà renoncé aux puérilités de la jeunesse « *puerilia iam deposui* ». Des expressions analogues se rencontrent dans les deux lettres 64 et 53, adressées à Charles-le-Chauve, et datées exactement de 845 et de 846. — Charles-le-Chauve avait 23 ans en 846, lorsque Loup le félicitait d'être parvenu à l'âge d'homme «*ad virilem ætatem perducti estis.* » Si l'on admet que Loup avait à peu près le même âge lorsqu'il écrivait la lettre 6, on en conclura qu'il était né vers 814.

Il fut élevé dans les monastères de Faremoustier en Brie (L. 14) et de Ferriéres. Vers 829 l'abbé de Ferrières Aldric, devenu évêque métropolitain de Sens [2], envoya Loup à Fulda; il devait y séjourner jusqu'en 836.

A cette partie de sa vie appartiennent les lettres 1, 2, 4 et 5 [3] adressées à Einhard retiré à l'abbaye de Seligenstadt. La première est datée de 830 par Teulet, et doit avoir été écrite dans les premières années du séjour de Loup à Fulda. Il a longtemps balancé avant d'oser demander au maître son amitié, il s'est enhardi cependant, et sollicite ses conseils, il lui dit d'où

---

1. Hist. Litt. T. V, p. 255, note.
2. Gams, Series Episcoporum, Ratisb. 1873, in-4º p. 629. Le prédécesseur d'Aldric mourut en déc. 828.
3. Nous suivons dans ces indications la numérotation du manuscrit et de l'édition de Baluze.

il vient, ce qu'il a fait, ce qu'il désire apprendre. C'est une lettre d'introduction.

Les lettres 2, 4 et 5 sont relatives à la mort d'Imma, femme d'Einhard, mort que ces lettres mêmes permettent de rapporter à l'année 836. La lettre 2 n'est qu'un billet écrit à la hâte aussitôt que Loup eut reçu la triste nouvelle. La lettre 3 est une réponse d'Einhard; tout à sa douleur, il se prend à douter de l'efficacité de ses prières. Loup lui répond par la lettre 4, où il tente de lui démontrer le plus logiquement du monde que la mort d'Imma est un avertissement de Dieu, peut-être même un effet de sa miséricorde. Rien d'insupportable comme cette longue dissertation remplie de textes, et d'allure syllogistique ; Loup ne comprend évidemment rien à la douleur d'Einhard. La lettre 5 enchérit encore sur cette platitude. Einhard a sans doute répondu à son élève que son raisonnement se trouve déjà tout entier dans Saint-Augustin, et Loup se réjouit naïvement de s'être rencontré, sans le savoir, avec un si grand docteur ; il assure qu'il n'avait point lu le passage de Saint-Augustin avant d'écrire son épître. Cette lettre si banale renferme cependant un curieux passage attestant chez Einhard la connaissance du grec[1]. Loup parle d'aller visiter Einhard à Seligenstadt avant de retourner en Gaule vers le 5 juin. La lettre 5 est ainsi datée exactement du mois de mai 836. A la fin de la même année Loup était de retour en Gaule, comme nous l'apprend la lettre 41 adressée à Immon, qui devint en 840 évêque de Noyon. Loup se plaint des fatigues du voyage, déclare qu'il n'a pas pris à Fulda le goût de la langue germanique, et date sa lettre en mentionnant la mort de son protecteur Aldric, survenue le 10 octobre 836.

L'hiver de 837 ne fut pas favorable au moine de Ferrières. Pendant un nouveau voyage en Allemagne. entrepris avec Odon abbé de Ferrières, une tumeur à l'aine droite parut mettre sa vie en danger[2], mais dès le printemps tout péril était écarté, et au mois de mai 837, il avait retrouvé toute sa bonne humeur ; il attribua pieusement sa guérison à l'effet des prières que l'on avait

---

1. « Abdita in lego et maxime Græca nomina, et alia ex Servio item Græca, quæ initio vobis direxi, saltem nunc utinam ne gravemini explanare ». — M. Teulet va peut-être trop loin en attribuant à Einhard une connaissance approfondie du grec. (OEuvres complètes d'Einhard. T. I. p. iv).

2. Il fut soigné par les moines de Saint-Tron au diocèse de Liège — Hist. Litter. T. V, p. 255.

de toutes parts récitées pour lui, et prit le prénom de *Servatus*, en souvenir de sa cure miraculeuse. Le 28 avril, il reçut du moine Altwin une lettre de félicitation sur sa convalescence, et il lui répondit dans le courant du mois de mai « *ante adultam æstatem* » une curieuse lettre (L. 20), où il vante les douceurs de la vie paisible qui lui permet de se livrer à ses goûts littéraires. Il est tellement enthousiaste de Cicéron et de Virgile qu'il veut admettre leur salut, mais il est encore superstitieux et croirait volontiers à l'influence funeste des comètes. Une comète était apparue le 11 avril 837, Altwin l'avait vue et demandait à son ami de lui dire ce qu'elle présageait; Loup avait lui-même observé l'astre, il ne sait que penser à ce sujet; la mention de la comète permet du moins de dater la lettre avec certitude. Loup avait invité Altwin à venir le voir dans le cours de l'été, Altwin ne put se rendre à cette invitation, et Loup lui écrivit qu'il ne devait point le regretter, car l'abbé était absent (L. 36) et n'était pas attendu avant l'automne.

C'est à cette année tranquille de la vie de Servat Loup que nous serions tenté d'attribuer les trois lettres 8, 34 et 35 adressées aux moines Adalgard et Altwin, et à un jeune parent de Loup du nom d'Ebrard. Rentré à Ferriéres, Loup y professait à son tour, sous le gouvernement de l'abbé Odon; l'on comprend tout l'intérêt qu'il attachait aux questions grammaticales. Les lettres 8 et 34 sont de véritables leçons écrites, et la troisième (L. 35), toute remplie de conseils moraux, respire une quiétude et une confiance que Servat Loup ne montre pas souvent pendant le reste de sa vie.

Son mérite ne tarda pas à être connu; dès l'année 837, il était mandé à la cour, et bien reçu de Louis-le-Pieux et de l'Impératrice Judith. Le 22 sept. 838 (X Kal. Octobr. indict. prima), il écrivait à Régimbert (L. 6) son ami, moine de Saint-Gall, qu'il était rappelé à la cour et serait peut-être bientôt pourvu de quelque dignité. Une lettre à Régimbert (L. 7) permet de croire qu'il se voyait en faveur; il promet sa protection à son ami, se flatte de le faire venir avec lui, et lui donne rendez-vous, d'une façon assez impérative, pour les Kalendes de juillet. Cette lettre doit donc dater des mois de mai ou juin 839.

La mort de Louis-le-Pieux (20 juin 840) fut pour l'empire franc le signal de guerres interminables, qui menacèrent pendant plusieurs années tous les intérêts privés. Loup ne put rester en dehors de ce mouvement; à la vie paisible et toute vouée au travail qu'il avait menée jusque-là, succédait une existence agitée, mêlée à la politique et à la guerre. Sa vie publique commençait.

Plusieurs lettres de notre unique ms. sont écrites au nom d'Odon, « *ex Odonis parte* ». Leur ton général est tellement semblable à celui des autres qu'il est impossible de ne pas les attribuer à Servat Loup. Il devait être vers 840 secrétaire de l'abbé. Odon paraît avoir été fort timoré ; les trois fils de Louis-le-Pieux se disputaient l'empire et Odon ne savait de quel côté porter son hommage. Loup fut témoin de toutes les hésitations et sut en profiter pour fortifier son propre crédit auprès de Charles-le-Chauve.

En 840 Charles-le-Chauve était roi d'Aquitaine, son père l'avait emmené en septembre 839 au camp de Clermont où les Aquitains lui avaient prêté le serment d'usage ; mais, à peine l'Empereur était-il mort que les Aquitains se soulevèrent ; Charles dut marcher contre eux. L'abbé Odon avait dû fournir des hommes pour l'expédition. Ses soldats rentrèrent le 10 août 840 et rapportèrent la nouvelle du retour du roi. Rappelé en toute hâte vers le nord par les menées de Lothaire[1], Charles était déjà à Tours et se dirigeait vers Orléans. Le 11 août 840 Odon demandait à Jonas évêque d'Orléans (L. 28) de l'avertir de l'arrivée du roi, si toutefois le roi passait par sa ville épiscopale.

Lothaire abandonna alors à Charles l'Aquitaine et dix comtés entre la Seine et la Loire, et se rendit en Germanie, où il remporta de légers avantages sur son frère Louis. Au mois de novembre il tint un synode à Francfort[2] et Odon qui penchait en faveur de Lothaire écrivit aussitôt à Marcward, abbé de Prüm (L. 26) pour obtenir de lui des renseignements sur des événements qui se passaient si près de lui. Odon pense que Lothaire sera élu du consentement de tous, il semble s'en réjouir, mais il se compromet par là même, sa disgrâce suivra de près la victoire de Charles. Cette lettre que nous datons de nov. 840 ne peut être,

1. Quamobrem cum perpaucis Karolus hoc iter accelerans ab Aquitania Carisiacum venit (Nithard, Hist. II, 8).

2. Iis ita compositis ad urbem Vangionum itor direxit (Lodharius). Eodem temporo Lodhuvious partem exercitus inibi causa custodiæ reliquerat, et Saxonibus sollicitis obviam illis perrexerat. Quamobrem Lodharius parvo conflictu custodes fugere compulit, Rhenum cum universo exercitu transiens Franconofurth iter direxit. (Nithard, Hist. Lib. II, præf.).

à notre avis, d'avril **841**, époque du second voyage de Lothaire
à Worms et de la fuite de Louis en Bavière[1], car à cette époque
les trois frères luttaient depuis dix mois, et il eût fallu un grand
aveuglement pour croire encore au « *consensus omnium* »
en faveur de Lothaire.

Au commencement de 841 Lothaire domina pendant quelque temps sur une partie de la Gaule. L'abbé de Saint-Denys,
Hilduin, et le comte de Paris, Gérard, lui prêtèrent hommage.
Il cherchait à se faire des partisans, et ne reculait pas devant
la spoliation des églises pour satisfaire l'avidité de ceux qui
venaient à lui. Louis-le-Pieux et sa femme Judith avaient ac-
cordé aux moines de Ferrières la possession de l'abbaye de
Saint-Josse-sur-mer (*Cella S[u] Judoci*) située entre la Canche et
l'Authie, à cinq milles de l'Océan, et à pareille distance de la
Canche. Cette abbaye, fondée par Saint-Josse au viie siècle,
avait été donnée à Alcuin par Charlemagne ; après Alcuin, Warembald l'avait possédée et avait obtenu de l'Empereur de nombreux privilèges. Ferrières tirait de Saint-Josse des ressources
abondantes : cire, laine, légumes, fromage, poisson etc., qu'elle
employait partie en œuvres pieuses, partie à l'usage de ses
moines. Voyant une abbaye sans abbé, Lothaire crut pouvoir
en disposer sans scrupule, et en fit don à un de ses fidèles
Hruodingus dont les auteurs de la Gallia Christiana font un
clerc du palais[2]. Clerc ou laïque, l'usurpateur fut très mal vu
de l'abbé de Ferrières qui avertit Lothaire d'avoir à restituer
la Cella (L. 11.) Cette lettre est la première pièce d'un long
procès qui durera jusqu'en 849, pour reprendre plus tard entre
les successeurs de Servat Loup et les comtes de Ponthieu[3]. Le
retour de Charles à Saint-Denys et à Sens, la défaite de Lothaire dans le pays d'Othe[4] rendirent vaines les prétentions de
Hruodingus, mais l'abbé Odon n'échappait à ce danger que
pour tomber dans un plus grand. La défaite de Lothaire à Fontenoy (25 juin 841)[5] plaçait le monastère de Ferrières dans le

---

1. Annales Fuldenses, Anno 841.
2. Gallia Christiana T. X, p. 1289-1292.
3. Saint-Josse ne reprit sa vie indépendante qu'en 977 avec Sigebrand » post inventum S[u] Iudoci quod Normannorum tempestate
latuerat corpus » Gall. Christ. ibid.
4. Nithard. II, 6.
5. On peut avec le récit de Nithard indiquer l'endroit où furent
campées les troupes. Lothaire était à *Fontenoy-en-Puisaye* (Yonne ;
arrond. d'Auxerre ; canton de Saint-Sauveur). Charles-le-Chauve

royaume de Charles, et le nouveau roi ne tarda pas à montrer à l'abbé combien il lui gardait rancune de ses rapports avec l'Empereur. Il envoya à Ferriéres un abbé dépouillé de son monastère, l'abbé Zacharie, et commanda que son protégé fût entretenu et défrayé de tout. Odon trouva cette exigence très dure, et avant la fin de l'année *(meministis nobis Zachariam abbatem hoc anno commissum)* il demanda au Chancelier Louis à être dispensé de subvenir plus longtemps à l'entretien de l'abbé (L. 23.)

On ne sait si l'abbé Zacharie dut quitter Ferriéres, mais au printemps de 842, Charles ordonna une nouvelle expédition en Aquitaine[1]. Odon, toujours peu zélé, demanda aussitôt au Chancelier à être dispensé de l'expédition (L. 25). Depuis près de deux ans, disait-il, *(toto hoc fere biennio)* c'est-à-dire depuis la mort de l'Empereur, (juin 840) les soldats de l'abbaye n'avaient cessé de faire campagne ; toutes leurs ressources étaient dissipées ; ils demandaient un peu de repos, « *ut possint paululum respirare, atque futuri servitii rursus impendia præparare.* » Odon était lui-même très inquiet, il parle des embûches des clercs du palais qui demandent des abbayes ; le ton de sa lettre est d'une extrême humilité. Il n'obtint cependant pas la dispense qu'il sollicitait, il fut obligé d'envoyer ses soldats à l'armée d'Aquitaine sous le commandement du comte du *pagus* (L. 24). Il essaya à son tour de se faire dispenser d'assister à l'assemblée que Charles et Louis avaient décidé de tenir à Worms au commencement d'octobre 842. Ces instances réitérées indisposèrent le roi qui commença à songer sérieusement au remplacement d'Odon par un vassal plus fidèle et plus actif. C'est à ce moment (sept. nov. 842) que nous plaçons la lettre 10 adressée par Servat Loup à Marcward, abbé de l'rüm. Très énigmatique et très brève, elle remercie Marcward des présents qu'il a envoyés à Loup, et aux frères de Ferriéres, et lui demande ses prières pour le succès de l'affaire dont il est question... *ut ea quæ monuistis in me Deus operetur, vestrum erit assiduis orationibus impetrare, scilicet ut qui nostri vobis infudit curam, profectus concedat audire lætitiam.* » C'était à Worms que la dépossession de l'abbé Odon avait été décidée,

---

et Louis étaient à *Thury.* Le principal théâtre de l'action fut *Solemat,* auj. *Solemay,* hameau dépendant de Fontenoy. (Cours de M. Siméon Luce à l'Ec. des Chartes).

1. Nithard IV, 4.

et Loup, averti par Marcward, avait peine à dissimuler sa joie. Ce *profectus*, dont par le Loup, c'est son avancement temporel, si l'on nous permet ce terme tout moderne, c'est sa nomination d'abbé à Ferriéres. Elle eut lieu le 22 novembre 842; les moines durent procéder sur l'ordre du roi à l'élection de leur abbé, et Servat Loup fut élu. Il se vante d'avoir fait rendre aux moines de Ferriéres le droit de choisir leur chef; il est probable qu'il trouva dans cette élection un moyen ingénieux de déguiser l'illégalité de sa promotion ; son usurpation devait paraître moins odieuse s'il était acclamé par ses frères. Le 30 novembre, le roi confirma l'élection des moines, et Loup s'empressa de faire part de ces heureux événements à son maître Rahan Maur qui venait de renoncer au gouvernement de Fulda (L. 40). Mais l'abbé Odon ne se résigna pas facilement à quitter l'abbaye; il n'en sortit que le 13 décembre, emportant avec lui tout ce qu'il avait pu, chevaux, vêtements et argent. Quoique Loup se fût comporté avec modération à l'égard d'Odon, le vieil évêque d'Orléans, Jonas, le taxa d'ambition ; la lettre 21 écrite dans le ton le plus respectueux rassura la conscience du vieux prélat, quoique l'on sente percer quelque embarras dans les explications du nouvel abbé. Jonas pardonna cependant, car la lettre 27, écrite au nom de Loup et du métropolitain de Sens Wenilon, montre que Jonas leur avait envoyé à examiner un de ses ouvrages. Le fait de la réponse collective de Loup et de son métropolitain nous fait penser que la lettre a été écrite au moment où Loup était déjà abbé de Ferrières, et Jonas étant mort en 843, nous daterons la lettre des premiers mois de cette même année.

A ces premiers mois de son entrée en charge se rapporte vraisemblablement la lettre 38 au roi : « *Excellentissimo Domino, judicioque sapientum multis et maximis regnis dignissimo, summa veneratione nominando, inclyto Karolo regi.* » Elle est remplie de protestations, de dévouement et de fidélité, et peut-être ce *« jugement des sages, »* qui déclare Charles digne des plus grands royaumes est-il une allusion au traité de Verdun conclu au mois d'août 843.

Servat Loup était abbé, mais son abbaye était des plus pauvres. A peine en est-il devenu le maître qu'il commence à gémir sur cette pénurie, dont il ne semble pas s'être aperçu comme moine. La *Cella* de Saint-Josse avait été restituée à Ferriéres par Lothaire, mais Charles, à son tour, l'avait donnée au comte Odulfe, et il ne semblait pas facile d'en obtenir la rétrocession.

Loup s'adressa pour soutenir ses intérêts à la cour au chancelier Louis, et à l'archichapelain Ebroïn.

Le chancelier Louis, parent du roi, avait succédé à Hilduin [1]
comme abbé de Saint-Denys [2]; il devint en 844, après la mort
de l'abbé Richebod, abbé de Saint-Riquier ; il était également
abbé de Fontenelle ; sa richesse, son crédit, ses fonctions de secrétaire du roi « *epistolare in palatio gerens officium* [3] » en faisaient un personnage considérable. Dès sa nomination à l'abbaye
de Saint-Denys, Loup lui adresse ses félicitations (L. 22 ;) il lui
rappelle leur ancienne amitié, proteste de son dévouement, et
envoie à la cour deux moines qui apprendront à travailler l'or, et
qui sans doute permettront aussi à l'abbé de Ferrières de rester
au courant de tout ce qui se passera au palais. — L'évêque de
Poitiers, Ébroïn, archichapelain du roi, fut averti des démarches
de Loup auprès du chancelier Louis, et reçut en même temps
que la lettre de l'abbé de Ferrières (L. 39) un petit présent,
un peigne d'ivoire, qui devait lui rappeler le souvenir de son
ami chaque fois qu'il se peignerait.

Loup se recommande aussi à tous les prélats de sa connaissance, à Orsmar, métropolitain de Tours, à Héribold, évêque
d'Auxerre, à l'abbé de Saint-Bertin, Hugues. Orsmar se montra
très gracieux envers notre abbé, il reçut « *episcopaliter* » le
messager de Ferrières, et invita lui-même l'abbé à compter sur
son amitié ; Loup le remercia avec effusion (L. 16,) et demanda aussitôt à lui emprunter des livres. Héribold, très proche parent, et peut-être frère de Servat Loup [4], se montra plus
réservé : il se plaignit de sa mauvaise santé, de la distance qui
sépare Ferrières et Auxerre ; Loup répondit (L. 37) que la distance n'empêcherait pas de se voir de temps à autre, que les
lettres restaient toujours possibles, et que l'on se renseignerait
mutuellement sur ses affaires. Loup avait demandé des livres
à Héribold comme à Orsmar, et offrait de lui en prêter à son

---

1. Hilduin mourut en 842.

2. « Vir venerabilis ac propinquus noster Ludovicus, abbas monaste-
rii Apostolorum principis, excellentissimorumque Christi Martyrum
Dionysii, Rustici et Eleutherii » (Præcept. Kar. Calv. pro monast. S.
Dionysii.)

3. Lettre 27.

4. «Si naturæ memor es, quæ nos arctissimo necessitudinis vinculo nexuit.» — Baluze pense que Loup et Héribold étaient frères ; mais cette
hypothèse semble peu vraisemblable quand on lit les lettres de l'abbé
à l'évêque ; on n'y sent aucune cordialité.

tour. La lettre 87 adressée à Hugues est plus difficile à dater, et le nom même de Hugues a donné lieu à deux interprétations. Baluze croit qu'il s'agit de Hugues, parent de Charles-le-Chauve, abbé de Saint-Martin de Tours en 862, mort en 887. D. Bouquet estime qu'il s'agit de Hugues, fils de Charlemagne, abbé de Saint-Bertin, mort le 7 juin 844 au combat d'Angoulême. La comparaison des deux lettres 87 et 88, toutes deux adressées à Hugues, nous conduit à nous ranger à l'avis de D. Bouquet; il s'agit bien ici du fils de Charlemagne. — Un homme de l'abbaye de Ferriéres a exercé des ravages sur les terres de l'abbé Hugues, il a été surpris en flagrant délit, et tué. Trompé par de faux rapports, l'abbé Hugues a cru à la complicité de Loup qui se défend avec indignation d'avoir en rien trempé dans cette affaire. Les formules employées par Servat Loup témoignent d'un extrême respect, et quoiqu'il ait l'habitude de donner à ses correspondants les titres les plus choisis, il se montre envers Hugues plus respectueux encore qu'à son ordinaire (*potentia culminis vestri, prudentia vestri culminis*). Loup tenait tant à cœur de se disculper entièrement qu'il avait chargé le prévôt de l'abbaye de faire une enquête. Le personnage auquel il avait affaire devait être d'un caractère emporté, car la fin de la lettre est écrite sur un ton de reproche, qui paraîtrait même déplacé à l'égard d'un si grand personnage si Loup n'avait souvent écrit au roi avec la même vivacité. Tous ces traits semblent convenir à l'abbé Hugues, fils de Charlemagne, prélat puissant et guerrier, qui mourut la lance à la main. La lettre 88, probablement adressée au même personnage, dissipera les derniers doutes. Par un acte donné au mois de décembre 843 [1], Charles avait restitué Saint-Josse à l'abbé de Ferrières; mais le comte Odulfe refusait de lâcher sa proie. Loup prie l'abbé Hugues de soutenir ses droits auprès du roi, et d'obtenir aussi l'assistance du comte Adalhard, oncle d'Hermentrude, épouse de Charles. Cette lettre ne peut dater que du temps qui suivit la décision de 843, et la suscription « *Hugoni Abbatum summo* » nous paraît s'appliquer plus naturellement à l'abbé de Saint-Bertin, qu'à l'autre Hugues, qui fut bien abbé de Saint-Martin de Tours, mais seulement après Hilduin, en 862, longtemps après la restitution définitive de Saint-Josse. Nous daterons donc la lettre 88 des premiers mois de 844.

---

1. D. Bouquet. T. VII, p. 489 (notes)

L'année 844 fut une des plus agitées de la vie de Servat Loup. Au printemps il fut désigné [1] par le roi, sur le refus d'Héribold, évêque d'Auxerre, pour inspecter les monastères du Sénonais et de l'Orléanais, avec Prudence, évêque de Troyes. Il écrivit aussitôt (fin avril) à son collègue (L. 63) pour s'enquérir de sa santé, et lui exposer ses vues sur la conduite de l'entreprise. Loup est d'avis qu'il est inutile de visiter les monastères que Prudence et lui connaissent déjà, il y en a assez d'autres où l'on peut passer son temps (*terere tempus*), et il faut se hâter si l'on veut être prêt avant l'assemblée convoquée par le roi. Mabillon pense que cette assemblée générale est le synode de Judtz près Thionville, qui fut tenu au mois d'octobre 844 ; mais il serait extraordinaire que dans une lettre datée très clairement d'avril, Loup se montrât si pressé par la date de la tenue de l'assemblée, si cette assemblée ne devait se tenir qu'en octobre. Nous croyons qu'il s'agit plutôt de l'assemblée de printemps, qui devait se tenir avant l'entrée en campagne de l'armée d'Aquitaine.

L'expédition d'Aquitaine fut malheureuse. Charles-le-Chauve, meurtrier du comte Bernard que ses ennemis lui donnaient pour père, ne put s'emparer de Toulouse, et les renforts qu'il avait mandés de France furent battus par les Aquitains près d'Angoulême (7 juin 844). Loup de Ferriéres resta parmi les prisonniers, mais, grâce à l'intervention du comte Turpion, il obtint bientôt sa liberté et rentra à l'abbaye le 5 juillet 844. Son premier soin fut de remercier son parent Odacre, abbé de Cormeri (L. 90) des secours qu'il avait donnés aux fuyards de l'armée d'Aquitaine, et de rassurer Marcward de Prüm (L. 91) sur son sort. Pour lui prouver quelle confiance il avait dans son amitié il lui envoyait deux jeunes gens de race noble, et son propre neveu, le fils de Guagon, pour être instruits par les moines de Prüm dans la connaissance de la langue germanique. Servat Loup paraît tout à la joie de son heureux retour à Ferriéres, mais il parle déjà des embûches de certains personnages qui méditent de lui ôter son abbaye, et des lettres que lui a envoyées Hatton par le messager Ratharius. La lettre 86, adressée à Hatton lui recommande le messager Ratharius, qui paraît sous le coup d'une accusation injuste, et lui propose une entrevue

1. La date de cette mission est donnée par la lettre 32, datée de 845. Superiore anno missus in Burgundiam. Cf. Mabillon.

ad Arceias vestras... locum utrisque medium [1] — avant le mois d'octobre. Odacre, dont Servat Loup vante l'humanité, redemande la livre d'or qu'il a prêtée à l'abbé de Fulda, et Loup appuie sa réclamation.

Cependant il fallait aviser à se défendre contre les compétiteurs qui menaçaient d'obtenir du roi le gouvernement de Ferrières. La lettre 92 au chancelier Louis prouve combien Servat Loup avait peur d'être évincé. Ordinairement si modeste, il vante ici sa fidélité au roi, ose avancer que son rival Engilbert, bien loin de lui être préféré, ne peut même lui être comparé avec justice. Ses services furent reconnus, et après quelques semaines d'angoisses et un voyage à la cour, il put annoncer à son ami Léotald, prêtre de Langres (L. 9), et aux frères de Ferriéres (L. 65) que les embûches de ses ennemis étaient déjouées.

Loup était rentré en grâce, et se trouvait plus puissant que jamais. Il assistait au concile de Verneuil [2] et en rédigeait les canons; il écrivait (L. 80) à l'abbé Usward, chef d'un monastère du diocèse d'Autun, pour lui rappeler les décisions d'un synode tenu par Amulus, métropolitain de Lyon, d'accord avec le roi Charles. Il lui demandait un état des revenus de son monastère, et réclamait ce rapport pour le moment où il se trouverait lui-même à Saulieu (Sedelocum) avec le roi (fin 844). — Il intervenait en même temps auprès d'Amulus, au nom du roi, de Wénilon, métropolitain de Sens, et de Gérard, comte de Provence et de Roussillon (L. 81) pour obtenir l'exécution des sentences récemment portées à Saulieu, presser la confirmation de l'évêque Bernus, nommé par le roi au siège épiscopal d'Autun, et demander la consécration de Godelsadus, évêque désigné de Châlon. Cette lettre renferme des détails intéressants sur l'intervention des rois en matière d'élections ecclésiastiques. Amulus n'était pas sujet direct de Charles-le-Chauve, mais il était son voisin, et avait une grande partie de sa province sur le territoire de Charles; on voit par les faits relatés dans la lettre 81 que le roi de la Francie occidentale avait encore au début de l'année 845 quelque prestige en dehors de son royaume.

Ce rôle important joué par Loup à Verneuil et à Saulieu paraît l'avoir consolé de ses déboires de l'année 844. La lettre 15, à Léotald, respire la confiance dans l'avenir. Plusieurs expres-

1: Peut-être Arches sur la Meuse, près Charleville.
2. Ou de Ver (Oise, arr. de Senlis, cant. de Nanteuil-le-Haudouin). Cf. D. Bouquet. T. VII, p. 492.

sions analogues à celle de la lettre 91 à Marcward[1] nous portent à croire que ces deux lettres sont à peu près contemporaines. La mention d'une lettre reçue de Léotald nous paraît désigner la réponse du prêtre de Langres à Servat Loup et la mention du Carême, pendant lequel Loup demande que son ami l'assiste de ses prières, nous permet de dater la lettre 15 des premiers mois de 845.

C'est probablement à cet instant de faveur, à cet intervalle de paix que se rapporte la lettre 64, intitulée *Exhortatio ad regem Karolum*. C'est un véritable sermon : il ne se distingue des autres lettres de ce genre que par les allusions à la jeunesse du roi. Loup y a résumé les conseils qui lui ont paru les meilleurs pour assurer au roi un heureux règne. Quand le roi était petit enfant, il agissait et parlait comme un enfant ; le voilà maintenant arrivé à l'âge d'homme ; Loup prie Dieu de lui accorder la grâce de *commencer à bien agir* (*ut vobis... initium in bonis actibus largiatur.*) Cette lettre est trop grave et trop sévère pour avoir été écrite en 843, première année du gouvernement de Loup : l'année 844 a été trop remplie pour qu'il n'y eût pas dans une lettre de cette année quelque allusion aux événements : nous croyons plus vraisemblable d'attribuer la lettre à l'année 845.

La paix, dont se réjouissait Servat Loup, ne fut pas de longue durée. Avant la fête de Saint-Martin (15 nov. 845), Loup était réduit à déplorer avec l'archevêque Wénilon (L. 31) la mort du comte Seguin, tué par les Normands dans une bataille entre Bordeaux et Saintes. Le 22 nov. 845[2], Charles fut complète-

---

1. Indulgentia Dei scias me pro tempore bene valere, meisque dispositionibus... nihil quod sciam obsistere. (L 15).

Aliis rebus pro tempore abundamus, et largiente Dei gratia, aliquantula pace fruimur. (L. 91).

2. La chronique de Fontenelle place cette bataille en 846. « Franci, Britanniam ingressi, propter difficultatem locorum, et loca palustria X Kal. decembr. commisso cum Brittonibus prœlio, Brittones superiores effecti sunt. » (D. Bouquet T. VII, p. 41). Mais D. Bouquet, place ce fait en 845 dans son résumé chronologique. Le *Chronicon Engolismense* le rapporte à la même date : « Karolus, secunda vice Britanniam proficiscens cum Nomenoio congreditur » (sub anno) Même mention dans la chronique d'Aquitaine, dans les Annales de Saint-Bertin, dans la chronique d'Adhémar de Chabannes. — D. Lobineau (*Hist. de Bret.* T. I, p. 41) rapporte avec grands détails la bataille où fut vaincu Charles-le-Chauve. Il la rapporte à l'an 845, mais sans indication de mois. Elle eut lieu, selon lui, à Ballon, près de Redon, en-

ment battu par les Bretons à Ballon [1] près de Redon et s'enfuit jusqu'au Mans. Le bruit de la mort du chancelier Louis avait d'abord couru. Dès qu'il fut rassuré sur le sort de son protecteur, Loup lui écrivit (L. 32) pour le féliciter d'avoir échappé au péril, et le prier de faire agréer au roi les quelques présents qu'il avait pû réunir. Ces présents étaient peu considérables, mais les temps étaient difficiles, la famine désolait le pays [2], les moines étaient à bout de ressources ; pour trouver encore quelque argent, il eût fallu dépouiller l'autel même, et Saint-Josse n'était pas restitué. — La défaite de Charles rappelait aussitôt à Servat Loup que le roi n'avait pas exécuté ses promesses.

Avec les présents de l'abbé de Ferrières, Charles reçut une nouvelle *Exhortatio* (L. 33) remplie d'excellents conseils pour l'avenir, tirés des livres saints et de Salluste. L'abbé parle au roi vaincu avec plus de hardiesse : il se réjouit de le voir en sûreté, car, si le roi était mort, Loup aurait eu de grandes craintes au sujet de son salut ; Charles obéit aux insinuations de personnages qui n'ont pas la crainte de Dieu. C'est encore une allusion à l'usurpation du comte *Odulphe*.

La demande de restitution de l'abbaye de Saint-Josse ne va pas tarder à se produire. En attendant, Loup voit la situation du royaume sous le jour le plus sombre. La lettre 104 à Régimbert doit se rapporter au début de l'année 846, année de la mort du moine, suivant Mabillon. Les tristes réflexions de Loup sur le peu de sécurité des routes dans le royaume de Charles sont un écho de ses préoccupations dans cette funeste année de guerre et de famine.

La détresse augmentait sans cesse à Ferrières. Depuis trois ans (déc. 842-déc. 845), les moines n'avaient pas reçu de vêtements neufs, les frocs étaient usés jusqu'à la corde (*attrita*) et

---

tre les rivières d'Oult et de Vilaine. Elle dura deux jours sans résultat décisif. Pendant la seconde nuit, Charles s'enfuit honteusement jusqu'au Mans, en abandonnant ses ornements royaux. Son armée se débanda après lui, et perdit tous ses bagages et un grand nombre de soldats.

1. A Balby, au lieu dit aujourd'hui, la chaussée de la Bataille, Commune de Bains, arr. de Redon (A. Joanne, *Géog. du Dép. d'Ille et Vilaine*).

2. 845. Hiems asperrima... Fames valida Galliæ interiora (seu inferiora) consumit, adeo ut multa hominum millia eadem invalescente absumpta sint. (*Annales Bertiniani sub anno*).

recousus en maint endroit *(resarta)*; on était réduit à acheter les légumes, on n'avait pour consoler sa misère ni fromage, ni poisson [1], les relations avec les pays d'outremer étaient interrompues *(intermissa transmarinorum cura)*. Loup, à bout de patience, se résolut à réclamer encore une fois la restitution de l'abbaye de Saint Jossse, et refit au roi (L. 71) toute l'histoire du procès. Le moment était d'autant mieux choisi que Charles s'était engagé par un vœu solennel prononcé dans la basilique de Saint-Denys à restituer les biens d'église. Loup intéressa à ses affaires le nouveau métropolitain de Reims, Hincmar, élu au synode de Beauvais en avril 845. Il lui envoya (L. 42) les canons de Verneuil rédigés par lui l'année précédente, et le mit au courant de tout le débat relatif à la « *Cella* » de Saint-Josse. Une allusion au vœu de Saint-Denys permet de dater la lettre des premiers mois de 846. Le chancelier Louis, l'éternel protecteur du monastère de Ferriéres, ne pouvait être oublié dans ces graves circonstances. Le roi avait ordonné à Servat Loup de lui envoyer un messager, pour négocier avec lui la restitution du monastère ; Loup demande au chancelier (L. 83) de recevoir son messager avant qu'il soit admis devant le roi, et de l'aider de ses conseils. On parle d'une nouvelle guerre en Bretagne. Loup demande que ses hommes soient dispensés de l'expédition ; il a été souvent décidé que personne ne serait contraint d'aller à la guerre. Au moment où l'abbé envoya ses dons annuels au roi *(*automne 846*)* une nouvelle lettre au chancelier Louis (L. 43) lui recommanda encore une fois les affaires du monastère : on disait que le comte Odulfe allait venir à la cour ; l'occasion était favorable pour obtenir justice. Dans la lettre 44 à Hincmar, Odulfe est arrivé au palais. Servat Loup reprend ses plaintes sur la misère de ses moines, et renouvelle sa demande avec plus d'insistance que jamais.

Cependant la fin de l'année approchait ; le roi n'avait encore donné aucune réponse ; Loup reprit la plume et adressa à Charles une nouvelle sommation (L. 45). Il cherche à prendre le roi par la piété ; il lui rappelle dévotement ses devoirs ; les textes sacrés s'accumulent, la crainte du dernier jugement le fera peut-être céder ; « *Horrendum est incidere in manus Dei viventis !* » Cependant l'exhortation n'a pas encore le caractère de la menace, la forme est toujours respectueuse, et le grand

---

1. Piscium et casei consolationem rarissime consequuntur (Ep. 17).

argument invoqué est l'affreuse misère où sont tombés les moines depuis que Loup a été mis à leur tète, c'est-à-dire depuis près de quatre ans (*plus minus quadriennium est*). La lettre date de la fin de la quatrième année de l'administration de Loup ; elle est de nov. 846.

Le roi n'ayant pas encore cédé, Loup revient à la charge, et cette fois, il parle haut ; sa voix monte jusqu'à la menace (L. 53). Il y a quatre ans qu'il attend (*quatuor annorum spatio*), il s'est tu, il a parlé, il a écrit, il n'a rien obtenu ; mais il n'ose rester en paix, car la cause qu'il défend est la cause de Dieu. Il exhorte le roi à faire justice ; Charles est déjà père [1], il est homme, il est le maître. Il est temps qu'il apprenne aux bons à l'aimer et à se fier à lui, et d'ailleurs la vie est courte et incertaine, le jugement de Dieu approche, et de plus jeunes que lui meurent tous les jours. La conclusion de ce long développement oratoire est que Charles doit au plus tôt assurer son salut en restituant Saint-Josse à l'abbaye de Ferriéres.

Harcelé par l'infatigable abbé, le roi se décida à l'appeler à la cour pour terminer, s'il se pouvait, une si méchante affaire. A peine averti, Loup ne songea qu'à partir le plus vite possible, mais il était sans ressources et ne pouvait subvenir aux frais du voyage. Il écrivit à un ami (*cuidam fido*) (L. 50), et le pria d'intéresser à sa cause une femme puissante et bienveillante pour les Eglises ; il ne la désigne que par les deux premières lettres de son nom (*dominam Rh.*) [2].

Il accepterait tout ce qui lui serait offert ; il était pressé par le besoin.

Arrivé à Guinecourt, près Attigny, il écrivit à Hincmar (L. 49) pour demander des secours, il ne savait comment se transporter à Attigny. Pendant un assez long séjour du roi à Servais, à une demi-lieue de la Fére, Loup écrivit encore à Marcward et le mit au courant de sa détresse et de ses espérances (L. 55) ; il était déjà auprès du roi, il était arrivé à la cour le 30 nov. 846, et avait grand besoin d'une puissante intercession. Marcward avait été invité par le roi à se trouver à la grande entrevue des trois frères à Mersen, il interviendrait sans doute en faveur de son ami. La lettre à Marcward contient deux men-

1. Il avait déjà deux fils : Charles qui fut roi d'Aquitaine, et Louis, plus tard roi de la Francie occidentale, né le 1er avril 846.
2. Sans doute l'abbesse de Faremoutiers Rhotrude ou Rhotilde, fille de Charlemagne.

tions importantes qui serviront à établir la date d'autres lettres. Un messager de Marcward, nommé Nithard, est venu à Ferriéres, et Loup a su par lui qu'un des moines de Prüm, le frère Eigil, également aimé de Marcward et de lui-même, sortait à peine d'une dangereuse maladie.

Servat Loup pouvait rechercher la protection des hommes puissants, mais il était lui-même fort serviable ; pendant son séjour à Servais, il sut tirer d'embarras l'abbé de Corbie, Paschase Rathert, qui avait à se plaindre d'un de ses moines nommé Ivon, parent de Servat Loup. Ivon s'était réfugié à la cour, et cherchait à obtenir du roi, grâce à la protection d'un grand, Vulfégise, le libre retour dans son monastère [1]. Loup ne voulut pas qu'Ivon obtint l'impunité, et conduisit cette négociation avec une réelle habileté. Il engagea d'abord Rathert (L. 57) à envoyer quelqu'un à Servais, et lui-même gagna Vulfégise qui promit de ne rien faire sans en avertir l'abbé. Dans une seconde lettre (L. 58), il s'excuse de n'avoir encore pu trouver l'occasion de parler au roi. Dans la troisième (L. 56) il a parlé au roi et l'affaire est entendue. Le roi a été si bien persuadé du bon droit de Rathert qu'il refusera désormais toute audience à Ivon, et trouvera très bon qu'on l'enferme, jusqu'au jour où on pourra le remettre en liberté sans danger pour le bon ordre du couvent. Vulfégise ne se montra pas plus difficile que le roi et accèda à cette décision.

L'indiscipline des moines de Corbie avait malheureusement trouvé des imitateurs à Ferriéres. Tandis que l'abbé suivait le roi pour obtenir la restitution de Saint-Josse, ses agents de Ferriéres avaient à lutter contre le mauvais vouloir de moines factieux conduits par un rebelle que Loup ne nomme pas, mais qu'il paraît poursuivre avec une singulière animosité. Au moment de partir de Servais pour Maëstricht avec le roi, il écrit aux moines (L. 51) ; il leur apprend que l'affaire de Saint-Josse est en bonne voie, il leur recommande de veiller attentivement aux semailles (*satio studiosissime procuretur*), mais il est obligé de leur rappeler que le gouvernement des *villæ* de l'abbaye lui appartient, et que c'est encore lui qui répartit les fruits entre les moines. Il revient dans une autre lettre à l'intendant de l'abbaye (?) (L. 48) sur la nécessité de procéder aux semailles avec le plus grand soin ; l'année de disette qui vient de finir jus-

1. D. Bouquet, VII, p. 498.

tifie ces recommandations. Il rassure ensuite (**L.** 47) un de ses agents (*necessarius*) menacé par ses ennemis : « Il faut, lui dit-il, nous rire des embûches de ces gens qui sont tourmentés d'une jalousie implacable, ou qui souffrent d'une insatiable cupidité. » La lettre 46, adressée à cet agent, est remplie de plaintes amères sur la malice de l'ennemi domestique que Loup a laissé derrière lui ; c'est un perfide, un menteur, un impudent, un ingrat couvert d'ignominie, mais déjà le succès lui échappe et c'est en vain qu'il essaie de calomnier ceux qu'il n'a pu renverser. La lettre 52, au prévôt, nous apprend que ce rebelle, ce furieux, dit Servat Loup, paraît se repentir de ses excès, mais l'abbé ne croit pas à la sincérité de ses sentiments, et ordonne au prévôt de ne pas accueillir le rebelle plus de trois jours, s'il se présente à l'abbaye. Enfin Loup triomphe, son ennemi est expulsé, il remercie Dieu du secours qu'il lui a prêté (L. 54), il encourage son serviteur fidèle, l'agent des lettres 47 et 46, et lui annonce son prochain retour. « *Vultus noster, cum redierit, forsitan tibi metum detrahet, interim sine pavere ingratos.* » Ce ton menaçant prouve que Loup était alors entièrement rassuré sur l'issue de sa lutte avec ses moines. On voit grandir son irritation dans chacune de ces lettres, et l'on suit presque pas à pas cette curieuse affaire, qui montre l'anarchie menaçante dans l'Église comme dans l'État.

Il est regrettable que nous ne connaissions point le nom du personnage qui entra en lutte contre l'abbé de Ferriéres : nous savons seulement qu'il se réclamait d'un frère, qui était probablement un prélat puissant. « Nous sommes, disait Loup, rassasiés jusqu'au dégoût de la sainteté de son frère, » (*Germana sanctitate usque ad fastidium satiamur*). S'il en est ainsi, peut-être y aurait-il quelque rapport entre ces événements et la lettre 17, adressée à un personnage ecclésiastique, en faveur de son frère repentant qui, après de longs voyages, est venu implorer le pardon et l'intercession de l'abbé de Ferriéres ? Cette lettre ne porte pas de suscription et ne renferme aucun détail de nature à en indiquer la date ; notre hypothèse ne résulte que d'un simple rapprochement de mots, mais si l'on veut assigner une place quelconque à cette lettre dans l'ensemble de la correspondance, on ne peut, croyons-nous, la rattacher à aucun autre fait.

Pendant que ces événements se passaient à Ferriéres, Loup était à Marsna ou Mersen avec les rois francs. Dans les premiers

jours de mars, au moment où commençait le quatrième mois
de séjour de Loup auprès du roi (30 nov. 846-1er mars 847) il
écrivit à Marcward pour lui rappeler qu'il était invité à assister
au congrès qui devait se tenir à Mersen pendant la seconde semaine de carême (7-14 mars 847). Marcward ne put se rendre
à l'invitation, mais au moment de rentrer à Ferriéres, Servat
Loup espérait le revoir (L. 60) au grand placite indiqué à Attigny pour la seconde semaine de mai. Ce placite n'eut pas lieu ;
Lothaire, irrité du rapt de sa fille par Giselbert, vassal de
Charles, refusa de s'y trouver. Loup revenait à Ferrières sans
avoir obtenu autre chose que de bonnes paroles, et de nombreu-
ses promesses ; il paraît, dans sa lettre à Marcward, fatigué et
découragé.

Nithard, le messager de Marcward nommé dans la lettre 55,
était retourné à Fulda et avait parlé à l'abbé de la réputation
que s'était acquise comme médecin l'abbé Didon de Saint-
Pierre-le-Vif à Sens ; Marcward résolut d'envoyer auprès de
lui son cher Eigil, mal remis de la maladie qui avait menacé
ses jours en 846 ; il l'envoya avec quelques autres frères à Ferriéres, où Servat Loup les reçut avec joie le 2 sep. 847. Loup écrivit aussitôt à Marcward (L. 70) qu'il avait envoyé Eigil et les autres moines auprès du médecin, et avait obtenu d'eux la promesse d'une visite à leur retour. Il remerciait Marcward des
soins qu'il avait pris pour enseigner la langue allemande aux
jeunes nobles romans qui lui avaient été confiés. C'était un
vrai service que Marcward avait rendu à toute la communauté.
Loup écrivait en même temps au moine Ansbold (L. 69) et lui
reprochait amicalement de ne pas avoir profité de la venue
d'Eigil à Ferriéres pour lui donner de ses nouvelles. Il adressait
les moines convalescents à l'abbé de Saint-Pierre-le Vif avec
une lettre d'introduction écrite par Marcward lui-même (L. 72).
Didon était devenu abbé de Saint-Pierre-le-Vif dans le courant
de l'année 847 ; il mourut en 859. La lettre 72 est datée de 848
par D. Bouquet[1] qui y voit un remerciement des soins reçus par
les moines de Fulda à l'abbaye de Saint-Pierre-le-Vif ; mais les
termes de la lettre indiquent au contraire qu'il s'agit d'une
lettre de recommandation. Le frère Nithard (cf. lettre 55) a
rapporté à Marcward les bruits qui circulaient sur l'habileté de
l'abbé Didon ; un certain nombre de moines de Fulda étaient

1. D. Bouquet, VII, p. 7.

malades, et leur affection résistait à tous les soins ; Marcward
les confie à Didon pour les guérir. (*Hos, Domino et vestræ
charitati fidentes, curandos vobis offerimus*). Ces derniers
mots ne laissent aucun doute, et la chronologie de ces lettres
s'établit facilement. Nithard est venu à Ferriéres à la fin de 846
et a rapporté la nouvelle de la maladie d'Eigil. Eigil arrive à
son tour en Gaule le 2 septembre 847, et Loup l'envoie aussitôt
à Auxerre avec la lettre de Marcward qui lui permettra de se
présenter auprès de l'abbé Didon.

L'élection de Pardulus comme évêque de Laon (847) permet
de donner date certaine aux lettres 89 et 12 qui lui sont adressées. La première est écrite entre la nomination de Pardule et
sa consécration : la reine Hermentrude, épouse de Charles-le-
Chauve, promet à Pardule de prier pour lui le jour de son or-
dination, et de lui broder une étole, comme il le lui a demandé.
Elle l'engage de son côté à prier pour ceux qui sont morts « *in
defensione patriæ.* » Il y a là une allusion aux ravages des Normands qui avaient, cette même année, assiégé Bordeaux, et
pillé, le 29 mars, l'abbaye de Grandlieu[1]. La seconde lettre
(L. 12) est adressée à Pardule, déjà évêque, pour l'intéresser
au monastère de Sainte-Colombe de Sens, menacé dans son
indépendance par le métropolitain. Louis-le-Pieux avait soumis
le monastère à l'autorité de l'évêque de Sens[2], mais le iv des
nones d'avril de la 23e année de son règne (2 avril 837), il rendit aux moines l'exemption de la juridiction épiscopale. Charles-
le-Chauve, au contraire, rétablit l'évêque de Sens dans les
droits que Louis-le-Pieux lui avait d'abord attribués. Pour faire
revenir le roi sur cette décision, Loup implore l'appui de Pardule. Le précepte royal en faveur des moines de Sainte-Colombe
fut rendu à Compiégne le jour des nones de décembre de
la viiie année du règne de Charles (5 déc. 847)[3]. La lettre dont

1. D. Bouquet, VII, p. 222. *Ex chron. Engolismensi.*

2. Insuper addidit ei Rex abbatiam Stæ Columbæ quam antecesso-
res sui nuper perdiderant, ut esset sub tuitione Archiepiscopi Senonicæ
urbis (*Chron. de Saint-Pierre-le-Vif* du moine Clarius, anno 814. —
citée par Baluze).

3. Le précepte est ainsi daté : Nonis Decembris anno octavo regnante
Carolo gloriosissimo Rege, Indictione undecima. — La 8e année du
règne de Charles commence le 25 juin 847, et la 11e Indiction le
24 septembre de la même année, si l'on use de l'Indiction césarienne
ou impériale. Baluze s'est donc trompé en datant ce précepte de
848.

nous nous occupons fut vraisemblablement écrite dans les derniers mois de l'année 847.

Nous rapporterons encore à la même époque, faute de pouvoir lui assigner une date plus certaine, la lettre 30 à Gotteskalk, le moine hardi que l'archevêque de Reims devait condamner l'année suivante. Moine d'Orbais, au diocèse de Soissons, il soutenait sur la prédestination et la grâce une doctrine rigoureuse qui aboutissait à la négation du libre arbitre ; il devait, au moment où Servat Loup lui écrivait, être déjà connu par ses travaux originaux, et la redoutable logique de ses théories ; mais s'il n'était pas encore ouvertement attaqué, il passait déjà pour un esprit téméraire ; on pouvait encore lui écrire, et discuter avec lui sans se compromettre, mais il fallait peser ses paroles. C'est précisément cette réserve et cette prudence que l'on remarque dans la lettre de Loup, elles sont d'autant plus notables que l'abbé de Ferrières inclinait lui-même en faveur de la théorie de Gotteskalk ; il fallait qu'il le sentit réellement menacé pour lui parler sur ce ton sec et hautain. Loup proteste de son orthodoxie ; il ne veut pas répondre à toutes les questions qui lui ont été posées par le moine d'Orbais, il choisit son sujet, il ne veut discuter que sur les points où il est permis de hasarder une opinion personnelle. Toutes ces réticences nous conduisent à penser que la lettre de Loup a dû être écrite peu avant le concile de Mayence où Gotteskalk fut condamné.

L'année 848 ne nous donne aucune lettre ayant date certaine. Nous en conclurions volontiers qu'elle dût être une des moins agitées de la vie de l'abbé de Ferrières ; peut-être s'occupa-t-il cette année de la rédaction de cet ouvrage aujourd'hui perdu sur les Gestes des Empereurs où il proposait à Charles-le-Chauve (L. 93) les empereurs Trajan et Théodose comme des modèles à imiter. L'année se termina pour lui de la façon la plus avantageuse ; cédant enfin à ses instances, Charles-le-Chauve lui restitua la Cella de Saint-Josse. Dès les premiers mois de 849, Servat Loup vint prendre possession de ses nouveaux domaines, et cette courte période fut peut-être le moment le plus heureux de sa vie. Il avait alors plus de trente-cinq ans, il semble dans ses lettres retrouver toutes les illusions de la jeunesse, il fait de grands projets, il reconstruit l'Église de Ferriéres, il étend sa correspondance et reprend les anciennes relations de ses prédécesseurs avec le clergé anglo-saxon. —

Du monastère de Saint-Josse même, il écrit à l'abbé Altsigus, chef des moines d'York de la règle de saint Augustin (L. 62), il se réjouit avec lui de voir la paix assurée (*discordiæ peste mitigata*), ce qui est sans doute une allusion à la paix conclue à Péronne en janvier 849 entre Charles et Lothaire[1] : il lui demande des livres pour les faire copier à Ferriéres : les Questions de saint Jérôme sur l'Ancien et le Nouveau Testament, les Questions de Béde-le-Vénérable sur chaque Testament, les Explications de saint Jérôme sur Jérémie, les douze livres des Institutions oratoires de Quintilien. A l'évêque d'York Wimond (L. 61),Loup fait ses offres de service et mille protestations d'amitié, il est temps de reprendre les bonnes relations d'autrefois. Au roi Ethelwulf (L. 13), Loup demande un secours matériel : L'Eglise de Ferrières est ornée de peintures, et les poutres du toit sont teintes de vives couleurs, mais le toit laisse filtrer l'eau ; il faudrait couvrir l'église en plomb, et le roi d'Angleterre a une telle réputation de piété, les moines de Ferrières prient pour lui de si bon cœur qu'il ne refusera pas, dans l'intérêt de son propre salut, de contribuer à cette bonne œuvre. D'ailleurs on n'a garde d'oublier que le secrétaire du roi, Félix, ancien ami de l'abbé de Ferriéres et de Saint-Josse, pourrait utilement rappeler à Ethelwulf la requête de Loup ; on l'avertit (L. 14) qu'il devra appuyer la pétition et faire diriger le plomb sur Étaples, si le roi, comme il faut l'espérer, se montre généreux et magnifique. Ces quatre lettres sont datées de Saint-Josse ; leur ton léger et joyeux s'explique par la satisfaction de Loup rentré, après six ans de lutte et d'efforts, en possession de son abbaye.

Vers le mois de mai 849 on commença à parler d'un placite qui devait se tenir à Chartres, Loup n'y fut pas appelé, et semble en avoir ressenti quelque dépit ; il avisa l'évêque de Laon, Pardulus (L· 78), des motifs qui le faisaient rester à Ferriéres, et demanda à être exempté du service militaire cette année-là. Pardulus ayant prié Loup de lui envoyer un messager avec lequel il pût parler en toute confiance, Loup s'empressa (L. 77) de lui adresser. Il n'était pas sans inquiétude au sujet des intentions du roi à son égard, car il mandait à Pardulus de ren-

---

1. Mense Ianuario, Clotharius et Dominus Carolus Rex ad Peronam Palatium accedunt, ibique iure amicitia sese constringentes, datis invicem muneribus, unusquisque in proprium sui regnum ingressus est. (Chron. Fontanell. anno 849).

voyer le messager le plus promptement possible avec ses instructions. Il avertissait en même temps de son absence au placite un moine de Corbie de ses amis nommé Ratramne, et recopiait dans sa lettre (79) un fragment d'une lettre anjourd'hui perdue, qu'il écrivait à Hincmar, en faveur de son parent, Hilmerade, évêque désigné d'Amiens, qui n'avait pas encore reçu la consécration du métropolitain.

Servat Loup se trompait s'il se croyait menacé d'une disgrâce, car le roi lui demanda cette même année de se rendre à Rome pour y traiter quelques affaires urgentes. La perspective de ce long voyage n'effraya nullement l'abbé de Ferriéres, qui ne voyait décidément rien d'impossible depuis la restitution de Saint-Josse. Marcward, prévenu l'un des premiers (L. 68), se vit assailli de demandes de secours. Il n'était point d'usage, dès le IXe siècle, de se présenter les mains vides au seuil des apôtres ; Loup voudrait offrir au pape deux saies de couleur bleue, et deux autres saies de cette étoffe brillante que l'on fait en Germanie avec le lin, et que l'on appelle *glizza* [1]. Marcward pourrait encore ajouter à ses présents un bon cheval de voyage. Loup n'ose le demander, mais ne le refuserait pas si on le lui donnait. Il annonce aussi sa visite à son métropolitain Wenilon (L. 67.) et le prie de se ménager quelques loisirs pour le temps de son séjour, afin de pouvoir être tout à lui. Enfin, il se prépare des amis le long de sa route, il écrit à Reginfred, évêque d'un diocèse situé sur la frontière d'Italie (L. 66), et lui promet son arrivée pour la fin de l'été, ou le commencement de l'automne.

Il ne reste dans la correspondance de Loup aucune mention formelle de son voyage à Rome, mais une phrase de la lettre 103 au pape Benoît III ne permet pas de douter que le voyage ait eu lieu. Loup déclare qu'il s'est acquitté d'une mission à Rome sous le pontificat de Léon IV, prédécesseur de Benoît, et qu'il a été bien reçu et bien traité par le Saint Père. S'il en est ainsi, il semble difficile que Loup, parti de Ferriéres à la fin de l'été, ait pu être revenu de Rome pour assister le 5 novembre au Synode de Paris [2] et participer à la rédaction de la lettre des évêques à Noménoé, prince des Bretons (L. 84). Le ton de cette

1. Du Verbe *glänzen* qui signifie briller.
2. Ou de Tours, d'après Sirmond. — Le Concile avait d'abord été convoqué à Tours, et se tint à Paris, mais le métropolitain de Tours est nommé en tête de tous les autres prélats.

lettre tranche d'une manière frappante sur toutes les autres épîtres du recueil. Le métropolitain de Tours et les évêques d'Angers et du Mans ; le métropolitain de Sens et les évêques d'Auxerre, de Troyes, d'Orléans, de Chartres et de Nevers ; le métropolitain de Reims et les évêques de Noyon, de Laon, de Soissons, d'Amiens, de Senlis et de Beauvais ; le métropolitain de Rouen et les évêques de Séez, de Lisieux et de Bayeux se réunissent pour inviter Noménoé à la paix : Noménoé a modifié de sa propre autorité les limites des provinces ecclésiastiques ; il a voulu créer un évêché métropolitain à Dol, et un évêché à Saint-Brieuc, il a déposé illégalement les évêques de Vannes, de Tréguier et de Léon, il a refusé de lire les lettres du pape ; il est rebelle au roi et a dépassé les frontières que les Franks et les Bretons s'étaient marquées d'un commun accord. L'atteinte portée aux principes du droit ecclésiastique par le prince breton frappa vivement les évêques, et le sentiment du danger leur inspira une véritable éloquence. Rien ne rappelle, même dans les lettres de Loup au roi et au pape, l'ampleur vraiment oratoire de la lettre synodale à Noménoé. Le caractère solennel de cette démarche des évêques explique peut-être le ton singulièrement grave de leur monitoire ; mais, si l'abbé de Ferriéres en est l'auteur, il n'a jamais retrouvé l'inspiration qui l'animait le jour où il l'écrivit.

C'est cependant sur cette lettre que l'on s'est appuyé pour soutenir que Loup de Ferriéres fut un des auteurs des Fausses Décrétales ; mais si la date de 849 coïncide à peu près avec l'apparition du recueil faussement attribué à Isidore Mercator, évêque de Badajoz, il n'est nullement prouvé que Servat Loup en soit l'auteur ; il n'est pas même prouvé qu'il ait rédigé la lettre synodale dont nous venons de parler. Le recueil des Fausses Décrétales n'a pas dû être l'œuvre d'un seul homme ; certaines dispositions tendent à donner plus de pouvoir au Saint-Siège, d'autres tendent à accroître l'importance des sièges métropolitains. Le faux et le vrai se mêlent si intimement dans ces singuliers documents qu'il est presque impossible d'y faire la part de l'erreur et celle de la vérité. On a attribué les Fausses Décrétales au moine de Mayence *Benedictus Levita ;* on les a attribuées à Hincmar[1], nous croyons que l'attri-

---

1. Cf. Von Noorden, *Hincmar Erzbischof Von Reims.* Bonn 1836, 1 vol. in-8°. D'après une théorie récente, soutenue par M. B. Simson : *Die Entstehung der Pseudo-Isidorischen Fælschungen in Le Mans.* Leip-

hution qui en a été faite à Servat Loup est sans fondement.

Au mois de décembre 849 un synode fut tenu à Bourges, où l'on agita de nouveau la grave question de la prédestination et du libre arbitre, discutée avec tant de passion par Gotteskalk. Loup de Ferriéres, Ratramne, moine de Corbie, Prudence de Troyes penchaient pour le moine d'Orbais condamné par Hinemar ; le métropolitain de Reims qui avait fait enfermer Gotteskalk ne voulait pas se déjuger ; il y eut sans doute de violents débats et c'est à cette occasion peut-être qu'Hincmar voulut emprunter à Servat Loup pour y puiser de nouveaux arguments le *Collectaneum Bedæ in apostolum ex operibus Augustini*. Loup s'excusa sur le danger que courrait le volume d'exciter la cupidité des voleurs et garda son livre (L. 76). Servat Loup soutint au concile de Bourges des opinions qui parurent erronées aux prélats du parti d'Hincmar, mais il plut au roi qui s'intéressait aux questions théologiques, il commença sans doute alors à travailler à son fameux traité *De tribus quæstionibus*. La lettre 96 adressée au roi rappelle à Charle-le-Chauve qu'il avait à son départ prié Loup de lui adresser pour le saint temps du carême quelque lettre d'édification ; le concile de Bourges ayant eu lieu vers la fin de l'année 849 il n'est pas impossible que cette lettre soit du commencement de 850. C'est encore un texte de saint Augustin que Loup à pris pour thème ; il envoie au roi un sermon sur les jurements. La question de la prédestination elle-même forme le sujet de la lettre 128 qui peut être considérée comme un résumé des débats du concile de Bourges. Si le résumé n'est pas absolument clair, et si les conclusions paraissent quelque peu contradictoires, la faute en est plutôt au sujet qu'à l'auteur. Servat Loup manie les textes bibliques avec une certaine habileté. Cette lettre était un vrai coup de maître ; Loup mettait en quelque sorte entre les mains du roi les pièces du procès de Gotteskalk, mais il sentit le besoin de s'expliquer auprès d'Hincmar et de ses amis. L'évêque de Laon Pardule et le métropolitain de Reims reçurent ainsi une lettre sur la double prédestination (L. 129). La lettre à Hincmar nous a été seule conservée ; elle se termine par des paroles assez humbles : Loup s'est expliqué en toute simplicité ; si Hincmar est d'une autre opinion qu'il veuille bien en faire part à l'abbé, il sera écouté. Il s'agissait donc d'une polémique très vive, qui pouvait

zig, Duncker, 1886, in-8. Les Fausses Décrétales auraient été composées dans le diocèse du Mans.

devenir dangereuse, car Jean Scot Erigéne, directeur de l'Ecole palatine, était du parti d'Hincmar. Loup jugea bon de prévenir les accusations qui pourraient l'atteindre en s'adressant lui-même à ses adversaires.

La lettre 115 est une lettre synodale adressée à l'évêque de Paris Ercanrade par les évêques de Sens, d'Orléans et l'évêque Héribold d'Auxerre, ou Hildegarius de Meaux, réunis à Moret en 850 suivant Labbe. Elle se termine dans le Ms. par quelques phrases d'un caractère beaucoup plus personnel, que Baluze attribue à une lettre toute différente. La première partie est écrite au nom des trois évêques, et le verbe est employé à la première personne du pluriel ; dans la seconde partie, Loup l'emploie à la première personne du singulier et semble parler de l'école établie à Ferriéres ; il s'agit d'un enfant que l'on voudrait confier aux soins des maîtres de l'abbaye. Si cette seconde partie tient à la première, elle ne doit être qu'une sorte de post-scriptum, ajouté par Loup à la lettre synodale, en son propre nom ; elle constituerait ainsi comme une seconde lettre. Cette hypothèse paraît d'ailleurs peu vraisemblable, et il vaut mieux croire à une distraction du copiste, ou à une lacune du document sur lequel fut faite la copie du xe siècle.

Les évêques réunis à Moret se plaignaient de la malheureuse situation du royaume (*turbulentissimum tempus est,*) les invasions Normandes se multipliaient chaque année et toute sécurité disparaissait. Loup songea (sans doute pour assurer ses communications avec Saint-Josse) à faire construire une grande barque, qui naviguerait le long du Loing, de la Seine et de l'Oise, et conduirait les gens de l'abbaye à moitié route de Saint-Josse. La construction de la barque peut se placer vers l'année 851. Loup demande à un de ses amis nommé Bertold (L. 75) de lui envoyer vingt arbres de son bois de Matriniacum [1] et quelques habiles charpentiers ; il témoigne en même temps son regret de n'avoir pas rencontré Bertold au synode qui vient d'avoir lieu. Cette assemblée est sans doute celle de Mersen qui eut lieu en 851 [2]. Il est encore fait allusion à ce récent synode dans les lettres 73 et 74 adressées à Wénilon en faveur d'un prêtre nommé Géroald. Nous les daterons de la même année.

Le 8 mars 851 Nomenoé mourut des suites d'une blessure à la tète, qu'il avait reçue dans une querelle avec saint Maurilien évê-

1. Marnay, au diocèse de Sens.
2. *Chronic. Fontanell.* anno 851.

que d'Angers ; son fils Hérispoé lui succéda, et Charles-le-Chauve, croyant avoir meilleur marché du fils que du père, marcha contre les Bretons. Servat Loup demanda aussitôt au chancelier Louis (L. 113) si le placite qui devait avoir lieu à Rouey[1] il n'allait pas être reculé, et s'il ne pouvait rester à Ferriéres, sans encourir la colère du roi. La réponse de Louis se fit attendre, il fallut se mettre en chemin ; mais le roi étant lui-même en retard pour le placite, Loup récrivit à Louis, à la prière de ses hommes, pour demander un nouveau sursis (L. 114). — L'expédition de Bretagne fut désastreuse. Honteusement battu par Hérispoé le 22 août 851, Charles-le-Chauve dut traiter avec lui. Hérispoé vint recevoir les ornements royaux à Angers, des mains de Charles lui-même. « Je reviens de banquets magnifiques, écrivit Loup à Marcward, je reviens de l'expédition de Bretagne... (L. 85). » Et le roi ne paraissait pas prendre son malheur moins gaîment ; il retint Servat Loup à la cour aussi longtemps qu'il put, il le chargea de saluer de sa part Marcward, son ancien maître, il se montra d'une affabilité et d'une bonne grâce extraordinaires ; il n'eût pu mieux faire s'il eût été victorieux. Parmi les morts du 22 août était le comte Vivien, abbé ou administrateur de saint Martin de Tours ; Hilduin, déjà abbé de Saint-Germain-des-Près et de Saint-Bertin[2], fut désigné pour lui succéder. Loup ne manqua pas de lui adresser une lettre (L. 97) de félicitations, et de lui recommander instamment son parent Odacre, l'abbé de Cormeri (début de 852).

Au mois de juin 852, les Normands, maîtres des deux rives de la Basse-Seine, s'avancèrent jusqu'à Beauvais, et pillèrent la ville. Comme ils revenaient de leur expédition, les seigneurs du pays, et Odon, abbé de Corbie, les attaquèrent à Ouarde (Wardera) sur la petite rivière d'Itte ; les pirates furent presque tous tués, le reste s'enfuit par les bois et put regagner les vaissseaux. Servat Loup admira l'héroïsme de l'abbé de Corbie (L. 111), mais ne put lui cacher l'inquiétude qu'il avait ressentie à son sujet ; convenait-il d'ailleurs à un abbé de s'exposer ainsi en pleine mêlée ? Loup recommandait à son ami de ne s'occuper désormais en semblable circonstance que de la disposition de ses troupes. Il revenait ensuite à ses idées favori-

---

1. Roucy, ville de Champagne, diocèse de Laon.
2. Anno verbi incarnati DCCCLVI Hilduini abbatis III, facta est descriptio villarum Sti Martini. *Ex chron. brevi* (D. Bouquet VII. p. 253). D. Bouquet date de 851 la nomination d'Hilduin comme abbé de Saint-Martin. (T. VII, p. 509, note *b*.)

tes, parlait du bateau de l'abbaye, des livres qu'il aurait désiré posséder, de la difficulté que l'on trouvait à se procurer du fer en ce temps de moisson ; il envoyait à l'abbé des pêches (*persica*) et l'engageait, si son messager avait mangé les fruits, à lui réclamer au moins les noyaux (*extorquete precibus ut vel ossa tradat... ut jucundissimorum persicorum sitis quandoque participes*). L'abbé Odon ne goûta que médiocrement les plaisanteries de Servat Loup et lui répondit sans doute avec quelque rudesse, car la lettre 112, écrite après les vendanges, (octobre 852), est employée presque tout entière à commenter et à excuser les expressions de la première.

Un an à peine après leur défaite de Ouarde, les Normands pénétrèrent dans la Loire et pillèrent Nantes, Angers et Tours. Au moment où l'invasion se rapprochait de lui [1] l'abbé Hilduin demanda à Servat Loup s'il accepterait la mission de sauver les reliques de saint Martin des outrages des barbares. Loup était trop effrayé lui-même pour accepter un pareil dépôt. Il répondit à Hilduin (L. 110) que le pays de Ferriéres était loin d'être sûr, que les barbares ne connaissaient plus d'obstacles, et qu'il n'y avait point assez d'hommes d'armes à Ferriéres pour défendre l'abbaye.

Marcward, le vieil ami de Servat Loup, avait aussi ses épreuves ; il sentait sa fin prochaine et s'était associé son cher Eigil dans le gouvernement de l'abbaye de Prüm. Loup écrivit à Marcward une lettre toute mystique, remplie des consolations spirituelles que réclamait son état (L. 94). Deux autres lettres 105 et 109) furent adressées la même année à Marcward et à Eigil, considérés conjointement comme les chefs de l'abbaye. Un frère de Ferrières avait quitté le monastère, jeté le froc, et obtenu un emploi à la cour de l'empereur Lothaire. Touché par la grâce, il s'était humilié, et avait prié Marcward et Eigil d'intercéder pour lui auprès de son ancien abbé. Servat Loup se rendait au placite de Verberie (8 août 853) ; il répondit de Faremoutiers-en-Brie (L. 105) qu'il se réjouissait de la conversion du moine et consulterait ses frères dès son retour à Ferriéres. A son arrivée, il les réunit, et écrivit à

---

1. Primum Andegavensem, deinde Turonicam occupant urbem, ac velut immanis tempestas cuncta consumunt. Templum etiam præcellentissimi Pontificis Martini cremaverunt. Tunc primum Nortmannorum classis, ut aiunt, Ligeris littora attigit. *Chronicon Reginonis*, anno 853.

Marcward et à Eigil (L. 109) que le moine pouvait rentrer. Sa bonté naturelle lui suggère ici de douces paroles ; il promet le pardon le plus complet ; « car si les anges, exempts de tout pé- « ché, se réjouissent de cette conversion, il serait injuste à lui « de ne pas se réjouir, quand il offense le prochain en tant de « choses. » Servat Loup pardonne, mais il veut que le coupable revienne à Ferriéres ; l'empereur Lothaire, qui demandait à le garder, essuya un refus (L. 108). « Il est déjà difficile, disait Loup, de faire son salut dans le cloître, à plus forte raison au milieu des tumultes du siècle, et lorsqu'il s'agit d'un homme déjà convaincu d'imprudence. » L'empereur n'insista pas ; il s'était déjà tourné vers la dévotion et devait venir deux ans plus tard (855) prendre l'habit monastique au monastère de Prùm dont Eigil était devenu l'abbé.

Peut-être faut-il encore dater de 853 la lettre 95 écrite par la reine Ilermentrude à l'évêque d'Auxerre Héribold. Abbon, frère d'Héribold, était abbé de Saint-Germain d'Auxerre, mais il était tombé dans une grande misère et la reine priait Héribold de compatir à la détresse de son frère. L'année 853 avait été stérile, il n'y avait eu ni poires, ni raisins, ni orge, la disette était extrême ; Loup s'excusait de ne point renvoyer à Auxerre un moine de cette ville qu'il retenait à Ferriéres, et disait nettement à Iléribold (L. 19) qu'il devrait songer à la subsistance de ses moines au lieu de chercher à les rassembler en grand nombre sans avoir les vivres nécessaires à leur nourriture. Les deux lettres ont entre elles de grandes ressemblances, et comme Abbon fut désigné en 853 pour remplir les fonctions de *missus dominicus*, il est probable que la recommandation de la reine précéda sa nomination. Héribold fournit sans doute à son frère les premiéres ressources et Charles-le-Chauve assura la fortune d'Abbon en le choisissant pour son délégué.

En 854, à la mort d'Amalric, Ilérard devint métropolitain de Tours, Loup se recommanda à lui comme à ses prédécesseurs, et nomma pour gouverner la « *Cella Roclena* » dépendant de Ferrières, le frère T. qu'Ilérard avait désigné à son attention (L. 118).

L'année 855 faillit ajouter un nouveau titre à ceux que Servat Loup possédait. Déjà abbé de Ferriéres et Saint-Josse, il fut élu abbé de Saint-Amand par une partie des moines, mais les autres lui opposèrent un compétiteur. Loup n'avait plus les illusions de la jeunesse, il fut peu tenté par la perspective de cette charge nouvelle et rendit aux moines de Saint-Amand toute leur liberté en déclinant le titre qu'ils lui offraient. Il leur donna rendez-vous au concile de Boneuil pour le 1er juillet [1], et ne leur marqua aucun dépit pour n'avoir pas été unanimes à le choisir (L. 18). Par une *exception* très rare, il date sa lettre du mois et du jour ; il l'écrivit le 25 juin 855.

Vers 856 deux moines de Ferrières, Aldulphus et Acaricus résolurent d'entreprendre un pélerinage à Rome. Le métropolitain de Sens les recommanda aux évêques dont ils devaient traverser les diocèses (L. 101) ; ils étaient pareillement recommandés par leur abbé (L. 102), et portaient en outre une lettre de Loup au pape Benoît III. (L. 103). Cette dernière lettre permet de dater approximativement les deux précédentes : On voit par elle que Benoît est déjà connu en Gaule, et l'abbé semble le féliciter sur son avènement. Benoît III fut élu en 855 ; on ne se trompera sans doute pas beaucoup en attribuant ces lettres à l'année 856.

L'exemple d'Aldulphus et d'Acaricus fut contagieux, car les lettres 106 et 107, écrites au nom de Wénilon et de l'abbé de Ferrières, recommandent comme les précédentes à la bienveillance des fidèles le moine Dolivaldus qui va à Rome prier au tombeau des apôtres. Comme il n'y a point ici de lettre adressée au pape, on ne peut indiquer de date certaine. Nous nous contentons de rapprocher ces lettres des deux précédentes, sans prétendre leur marquer leur véritable place dans la série chronologique des lettres de Servat Loup.

Il en est de même des lettres 29 et 82 qui ne renferment aucun détail caractéristique et qui fournissent seulement une preuve de la fréquence des relations entre Servat Loup et son métropolitain. La première (L. 29) est une longue discussion, écrite par Loup à la prière de Wénilon pour savoir s'il est permis à un prêtre de se faire moine. Deux prêtres de Ferrières demandent

1. Le concile de Boneuil fut célébré au mois d'aout 855, mais Baluze fait observer avec raison qu'il a pu être célébré après la date fixée pour son ouverture. D'après les capitulaires de Charles-le-Chauve, ce concile aurait eu lieu au mois d'aout 856, mais Mabillon fait remarquer que le privilège des évêques présents au concile, et le précepte du roi au sujet de ce privilège sont datés de Bonoilo villa, VIII Kal. sept. anno XVI regnante Carolo glorioso Rege. Charles ayant commencé à régner en juin 840 se trouve en août 865 dans la 16e année de son règne. — (Mabil. *Ann. Ordin. Sti Benedicti* L. 34, n° 96. — Cf. D. Bouquet T. VII, p. 512).

à résigner leurs bénéfices pour embrasser la vie monastique. Wénilon a voulu consulter Servat Loup, avant de leur accorder cette permission ; on voit par là quel était le crédit de l'abbé. La lettre est remplie de plaintes sur les maux du temps présent, mais les désastres se sont succédé si régulièrement pendant le règne de Charles-le-Chauve qu'une indication de cette nature ne peut donner de date précise. La seconde lettre (L. 82) est aussi vague ; elle a trait au procès du prêtre Erlegaudus, suspendu par Wénilon ; et dont Servat Loup demande la réhabilitation.

L'évêque de Paris Ercanrade était mort au mois de mai 856 ; après un assez long interrègne, le clergé de Paris désigna pour lui succéder un clerc du palais nommé Æneas, et demanda, conformément aux canons, la confirmation de son choix par le métropolitain. Cette requête nous a été conservée parmi les lettres de l'abbé de Ferrières (L. 98), avec la réponse du métropolitain Wénilon, et de ses suffragants (L. 99). Ce sont deux pièces authentiques d'une élection épiscopale au ix⁰ siècle.

Servat Loup avait peut-être rédigé la réponse de Wénilon au clergé de Paris ; il ne tarda pas à entrer personnellement en relations avec Enée. A son retour d'une assemblée, qui est probablement le synode de Kiersy (février 857), il apprit la mort d'Hildegaire, mari de sa nièce, et vassal de l'évêque de Paris. Il pria aussitôt Enée d'accorder au fils d'Hildegaire le fief jadis tenu par son père : et de lui nommer un tuteur qui pût s'acquitter à sa place du service militaire (L. 119).

Les prélats réunis à Kiersy s'étaient occupés comme à l'ordinaire des moyens de rendre au royaume son ancienne prospérité ; rien ne leur parut plus propre à cet effet que d'adresser aux fidèles de chaque province une exhortation pastorale. Il est probable que l'*admonitio* du métropolitain de Sens (L. 100) fut rédigée par Servat Loup ; elle n'est ni moins prolixe ni moins banale que les exhortations du même genre adressées au roi par notre abbé. Elle invite les hommes à songer aux choses du ciel, à craindre le jugement de Dieu dont l'instant se rapproche de jour en jour ; elle conseille la paix à des gens qui ne songeaient qu'à la guerre, la concorde au moment où l'empire tombait en dissolution, le désintéressement quand l'avidité la plus éhontée était la règle de conduite de chacun. On peut imaginer quel fut le succès d'un semblable sermon sur les nobles qui allaient, l'année suivante, acclamer Louis-le-Germanique.

Vers l'an 858 [1] Wénilon et les évêques de sa province réclamé-
rent du pape Nicolas 1er la déposition de l'évêque de Nevers Hérimannus dont l'esprit s'était dérangé (L. 130). Déjà suspendu
au synode de Soissons (avril 853), il avait été rétabli au Concile
de Verberie (automne de la même année) et était, paraît-il, re-
tombé dans ses aberrations accoutumées. La réponse du pape
nous a été conservée; elle est très générale et conseille l'indul-
gence aux évêques envers Hérimannus qui est plus à plaindre
qu'il n'est digne de châtiment. La lettre pontificale n'est pas
datée, mais Mansi la marque comme étant de 858, et cette date
pourrait être la vraie, car Hérimannus était un des prélats favo-
ris de Charles, et Wénilon abandonna en 858 le parti de Charles
pour celui de Louis-le Germanique. Il ne serait pas surprenant
qu'il eût songé à se défaire ainsi d'un suffragant qu'il savait hos-
tile à ses projets.

Au mois de septembre 858, pendant que Lothaire II et Charles essayaient de lutter contre les Normands à Oissel, Louis-le-
Germanique envahit la Francie occidentale. Charles dut chercher un refuge en Burgondie avec tous ceux qui lui étaient fidèles. Servat Loup le suivit à Auxerre, et fut chargé par lui d'une
mission de confiance, mais on ne sait où il fut envoyé : Baluze
pense qu'il fut dépêché en Germanie où il avait longtemps ré-
sidé, et dont il connaissait la langue ; mais il y avait à cette époque 22 ans que Loup avait quitté Fulda, et il avoue lui-même
qu'il avait toujours eu peu de goût pour la langue germanique.
Les raisons alléguées par Baluze tombent ainsi d'elles-mêmes,
et il est plus prudent d'enregistrer simplement le fait de la
mission, sans chercher à préciser davantage, puisque Loup a
gardé le secret sur son ambassade. Servat Loup remercia les
moines de Saint-Germain d'Auxerre (L. 116) de l'hospitalité
qu'ils lui avaient offerte alors que Ferriéres semblait menacé par
les Normands, et que la situation du roi et de ses partisans était
si précaire.

Remis de ses terreurs, Charles-le-Chauve songea à tirer ven-
geance de Wénilon qu'il accusait de l'avoir abandonné. Un concile fut réuni à Savonnières près Toul, et l'évêque de Sens y fut
cité. Le soin de porter la sentence du concile à l'aceusé fut dé-
parti au métropolitain de Tours, Hérard, mais il se fit remplacer par Robert, évêque du Mans, qui calomnia Servat Loup,

1. Mansi, *Conc.* T. XV. Sirmond, *Hist. Conc. Gall.* donne la date de
862 (T. III, p. 165).

auprès de Wénilon. Loup était resté l'ami de son métropolitain tout en restant fidèle au roi Charles ; il se défendit avec fermeté contre les accusations de Robert (L. 124). Quoique chargée de citations bibliques la lettre de Loup à Wénilon est moins remplie que d'autres de lieux communs et de vaine rhétorique ; on y sent le réel chagrin de l'ami loyal qui se voit accusé de trahison.

Parmi les prélats présents au concile de Savonnières figurait l'évêque de Besançon, Arduicus. Servat Loup paraît s'être lié d'amitié avec lui et en avoir obtenu la promesse d'un secours efficace en cas d'une nouvelle invasion normande. La lettre 120 rappelle cette promesse à Arduicus ; Loup et ses frères sont dans l'attente ; ils voudraient avoir au moins l'espérance d'une entrevue avec l'évêque de Besançon.

En 860 l'ami de Servat Loup, Eigil, se démit des fonctions d'abbé de Prüm ; il avait souscrit au divorce de Lothaire et de Teutberge et s'était ensuite repenti de sa coupable complaisance ; il avait abdiqué et s'était retiré de France. Ce fut un autre ami de Loup, le moine Ansbold, qui fut pourvu du gouvernement de l'abbaye. Nous avons la lettre que Loup lui écrivit pour le féliciter de son avènement (L. 117). La même année il félicitait le comte Gérard de ses succès contre les Normands qui avaient paru à l'embouchure du Rhône (L. 122). et lui recommandait un de ces anciens moines, nommé Adon, qui venait d'être élu évêque de Vienne.

Le 25 mars 861 Loup se plaignait (L. 123) d'avoir été empêché, par sa présence à l'assemblée, de recevoir la visite d'Ansbold ; il espérait rencontrer bientôt une occasion plus favorable. Mais les Normands étaient rentrés en campagne. Le jour de Pâques 861 ils avaient envahi Paris et brûlé l'abbaye de Saint-Germain ; bientôt, on les signala dans une île de la Seine en face de Melun ; la terreur se répandit dans toute la contrée ; l'abbé de Ferriéres, malade et abattu, ne voyait aucun moyen d'échapper aux barbares, quand le nouvel évêque de Troyes, Folcricus, successeur de Prudence, lui offrit asile, en cas d'invasion, dans son domaine d'Aix-en-Othe au milieu des bois. Loup le remercia (L. 125) avec une effusion qui montre quelle avait été son épouvante : il demande à l'évêque de réserver ce domaine pour donner un abri aux moines de Ferriéres s'ils sont encore menacés par les pirates ; il voudrait que les champs fussent tous ensemencés, que l'on plantât des vignes, que l'on amassât des provisions afin que la retraite fût plus douce en cas de danger (*ut... latibuli nostri asperitas memoratis subsidiis leniatur.*)

Les inquiétudes et les fatigues de l'année 861 avaient altéré la santé de l'abbé de Ferriéres ; il n'osait plus même aller voir ses amis. Odon, ancien abbé de Corbie, était devenu évêque de Beauvais ; Loup aurait voulu chercher auprès de lui quelques secours dans cette année de famine et de désolation, mais il était faible (**L.** 127,) et ne pouvait plus voyager que par bateau ; il priait Odon de lui envoyer son cheval le moins dur pour arriver jusqu'à sa demeure. Cette lettre est écrite au mois de mai : les allusions aux secours demandés, et à la maladie de Loup, nous amènent à lui donner la date de 861.

L'été rendit quelque santé au pauvre abbé, mais à l'automne la maladie prit un caractère plus alarmant. Loup put encore assister, avec Wulfade abbé de Rebais et de Saint-Médard de Soissons, au concile de Pistes ; Baluze attribue à l'année 862 où fut tenue cette assemblée, la lettre 121 adressée à Wulfade. Loup demande quel sera l'itinéraire du roi. Mais ce fut la dernière fois qu'il eut à jouer un rôle public. Après avoir semblé se rétablir de la maladie qui l'avait attaqué dans le courant de 861, il en fut repris avec une nouvelle violence, et les symptômes qu'il décrit à Wénilon (L. 126) ne permettent guère de douter que le résultat n'ait été funeste. Il a été pris d'une toux subite, qui l'étouffe ; il a perdu beaucoup de sang, il est resté d'une extrême faiblesse, et n'ose quitter l'abbaye avant d'avoir pris un peu de repos.

On a voulu prétendre que Servat Loup avait fini par encourir la disgrâce de Charles-le-Chauve, et l'on a ainsi expliqué le silence qui se fait sur son nom après 862. La lettre que nous venons de citer, et qui nous paraît être la dernière qu'il ait écrite, dispense de recourir à cette hypothèse toute gratuite. Cette maladie de poitrine, dûe aux rigueurs de la vie monastique, aux privations et aux épreuves de l'année 861, Loup en est mort après le concile de Pistes en 862, et telle a été l'indifférence générale qu'aucun monument n'a jamais rappelé dans l'ancienne abbaye de Ferriéres le souvenir de celui que le copiste du xe siècle regardait déjà comme un saint, le souvenir du *Bienheureux Servat Loup.*

INCIPIUNT EPISTOLÆ

BEATI LUPI ABBATIS FERRARIENSIS

I. — EPIST. 1. (830)

CARISSIMO SUO [1] EINHARDO [2] L. S.

Diu cunctatus sum, desiderantissime hominum, auderem
necne excellentiæ vestræ scribere. Et cum me ab hoc officio
aliæ rationabiles causæ, tum etiam ea maxime deterrebat quod
posse id contingere videbatur, ut dum vestram cuperem amicitiam comparare, offensam incurrerem. Scilicet quod præpro-
pero et inusitato prorsus ordine ab ipso familiaritatis munere
inchoaverim, qui nec primordia notitiæ contigissem. Ita vehementer æstuanti facilis et modesta, et quæ sane philoso-
phiam deceat, animi vestri natura tantæ rei obtinendæ spem
tribuit. Verum ut aliquid rationis afferre videar, taceo quidem
secularium litterarum de amicitia sententias, ne, quoniam eis
adprime incubuisti, Oratianum [3] illud doctissimorum ore tri-

---

1. *Suo* est omis dans l'édition de Baluze.
2. *Einhard,* ou *Eginhard* né vers 770 au pays du Mein, élève à Fulda
de 788 à 791. Envoyé à l'école palatine par l'abbé Baugulfe, il devient
élève d'Alcuin. Ses travaux d'orfèvrerie et d'architecture lui font donner, dans l'académie du palais, le surnom de Béseléel ; il est chargé
par Charlemagne de surveiller les travaux entrepris par son ordre à
Aix-la-Chapelle, Ingelheim et Mayence. En 806 il est envoyé à Rome.
En 813 il détermine Charlemagne à associer son fils Louis à l'Empire.
En 815 Louis-le-Pieux le fait abbé de Blandigny et lui donne pour lui
et sa femme Imma de grands domaines dans l'Odenwald. Il est fait
abbé de Saint-Wandrille (816), de saint-Bavon (821), d'une abbaye de
Maëstricht (822). Il vit dès lors avec Imma comme un frère avec sa
sœur ; il construit une église dans son domaine de Michelstadt, qui
prend le nom de Seligenstadt après la translation des reliques de
Saint-Marcellin et de Saint-Pierre. Einhart mourut à Fulda au mois de
mai 840.
3. *Horatianum* (Bal.).

tum merito accipiam : *in silvam ne ligna feras*[1]. Deus certe
noster nedum aliquam aspernandi amicos occasionem relinque-
ret, diligendos omnino inimicos præscripsit. Itaque patienter,
quæso, et benigne advertite animum, dum altius meas repeto
cogitationes, ut nosse possitis quam hoc non perperam nec iu-
venili moliar levitate. Amor litterarum ab ipso fere initio pue-
ritiæ mihi est innatus, nec earum ut nunc a plerisque vocantur,
superstitiosa otia fastidivi[2] ; et, nisi intercessisset inopia pre-
ceptorum, et longo situ collapsa priorum studia peneinterissent,
largiente Domino meæ aviditati satisfacere forsitan potuissem.
Siquidem vestra memoria per famosissimum Imperatorem K.,
cui litteræ eo usque deferre debent ut æternitati parent memoriam, cœpta revocari, aliquantum quidem extulere caput, satisque constitit veritate subnixum, præclarum cum dictum : *Ho-
nos alit artes et accenduntur omnes ad studia gloria*[3], nunc
oneri sunt qui aliquid discere affectant ; et velut in edito sitos
loco studiosos quosque imperiti vulgo aspectantes, si quid in
eis culpæ deprehenderint, id non humano vitio, sed qualitati
disciplinarum assignant. Ita dum alii dignam sapientiæ palmam
non capiunt, alii famam verentur indignam, a tam præclaro
opere destiterunt. Mihi satis apparet propter seipsam appe-
tenda sapientia, cui indagandæ a sancto metropolitano episcopo Aldrico[4] delegatus, doctorem grammaticæ sortitus sum,
præceptaque ab eo artis accepi. Sic quoniam a grammatica
ad rhetoricam et deinceps ordine ad cæteras liberales disciplinas transire hoc tempore fabula tantum est, cum deinde auctorum voluminibus spatiari aliquantulum cœpissem,
et dictatus nostra ætate confecti displicerent, propterea quod
ab illa Tulliana cæterorumque gravitate, quam insignes quoque
Christianæ religionis viri æmulati sunt, oberrarent, venit in
manus meas opus vestrum, quo memorati Imperatoris clarissi-
ma gesta (liceat mihi absque suspicione adulationis dicere)
clarissime litteris allegastis[5]. Ibi elegantiam sensuum, ibi ra-

1. Hor. *Sat.* I, 10, 34.
2. *Fastidio sunt* (Bal.).
3. Cic. *Tuscul.* Lib. I, 2, § 4.
4. *Aldricus*, abbé de Ferrières après Adalbert, est élu évêque métropolitain de Sens après la mort de Jérémie survenue le VII des Ides de
déc. (7 déc.) 828. Il meurt le 10 octobre 836 et est remplacé par Wénilon. (Cf: la Chronique de Saint Pierre-le-Vif, et Gams, *Series Episcoporum*, Ratisb. 1873,in-4º p. 629).
5. La *Vita Karoli*, principal ouvrage d'Einhard, divisé en 33 cha-

ritatem coniunctionum, quam in auctoribus notaveram, ibi-
demque non longissimis perhiodis[1] impeditas et implicitas,
sed[2] modicis absolutas spaciis sententias inveniens, amplexus
sum. Quare cum et ante propter opinionem vestram, quam sapiente viro dignam imbiberam, tum præcipue propter exper-
tam mihi illius libri facundiam, desideravi deinceps aliquam
nancisci oportunitatem ut vos præsentes alloqui possem ; ut
quemadmodum vos meæ parvitati vestra tum probitas, tum[3]
sapientia fecerat claros, ita me vestræ sublimitati meus etiam
erga vos amor et erga disciplinas studium commendaret. Neque
vero id optare desistam quamdiu ipse incolumis in hac vita vos
esse cognovero. Quod posse contingere hoc magis in spem du-
cor quo ex Gallia huc in transrhenanam concedens regionem
vobis vicinior factus sum[4]. Nam a præfato episcopo ad venerabilem Rhabanum[5] directus sum, uti ab eo ingressum caperem
divinarum Scripturarum. Ergo cum ad vos iturum hinc eius
nuntium comperissem, primo quasdam verborum obscuritates,
a vobis uti elucidarentur, mittendas proposui ; deinde præstare
visum est ut etiam hanc epistolam dirigere debuissem ; quæ si
a vobis dignanter accepta fuerit, exoptabili me affectum munere gratulabor.

Sed semel pudoris transgressus limitem, etiam hoc postulo
ut quosdam librorum vestrorum mihi hic posito commodetis,

pitres. Les 17 premiers contiennent un récit abrégé des expéditions de
Charlemagne. Les 15 chapitres suivants sont consacrés à la peinture
du caractère de l'Empereur. Le 33e chapitre contient le testament de
Charlemagne. Les sources principales où Einhard a puisé sont : ses
souvenirs personnel et les Annales Laurissenses, le Liber de Episcopis
Mettensibus et Paul Diacre; il a pris pour modèle de composition et de
style la Vie des douze Césars de Suétone.

1. *Periodis* (Bal.).
2. *Ac* (Bal.).
3. *Tum* (omis par Bal.).
4. L'arrivée de Servat Loup en Allemagne doit dater de 829, puisqu'il
dit au début de cette lettre qu'il a été envoyé à Fulda par le saint
évêque Aldric, et qu'Aldric n'est devenu évêque de Sens que cette
même année.
5. *Raban Maur*, né à Mayence vers 776, étudie à Fulda, est élève
d'Alcuin à l'abbaye de Saint-Martin de Tours, revient à Fulda en 814, et
y ouvre une école qui devient bientôt une des plus célèbres de l'Allemagne. Élu abbé de Fulda en 822, il conserva pendant vingt ans le
gouvernement de l'abbaye et abdiqua en faveur d'Hatto (842) (Cf. la
lettre 40 de Servat Loup). — En 847 il devint évêque métropolitain de
Mayence, et mourut le 4 février 856. (Gams, p. 289).

quamquam multo sit minus libros quam amicitiam flagitare.
Sunt autem hi : Tullii de rhetorica liber ; quem quidem habeo,
sed in plerisque mendosum, quare cum codice istic reperto il
lum contuli : et quem certiorem putabam, mendosiorem inveni.
Item eiusdem auctoris de rhetorica tres libri in disputatione ac
dialogo de Oratore : quos vos habere arbitror, propterea quod
in brevi voluminum vestrorum post commemorationem libri ad
Herennium, interpositis quibusdam aliis, scriptum repperi :
Ciceronis de rhetorica. Item : *Explanatio in libros Ciceronis.*
Præterea : *Auli Gellii Noctium Atticarum.* Sed et alii plures
in prædicto brevi ; quos, si Deus apud vos mihi gratiam dede-
rit, istis remissis accipiens describendas mihi, dum hic sum,
avidissime curare cupio.

Exonerate, quæso, verecundiam meam, quæ supplico facien-
tes ; meque rimantem amaras litterarum radices, earum iam
iucundissimis explete fructibus ; illo vestro facundissimo eloquio incitate ; quæ si meruero, tantorum beneficiorum gratia,
quoad vixero, semper mihi habebitur. Nam quæ vos eorum
merito sit remuneratio secutura non oportet dicere. Plurima
scribenda in alia mens suggessit ; sed vestrum ingenium meis
ineptiis ultra remorari non dehui, quod scio vel exterioribus oc-
cupatum utilitatibus, vel circa intimas et abditas philosophiæ
rationes intentum.

II. — EPIST. 2. (836. April.)

AD EUNDEM

Desiderantissimo præceptori Einhardo Lupus. Molestissimo
nuntio de excessu venerabilis vestræ coniugis [1] consternatus,

1. *Emma* ou *Imma*, femme d'Einhard. On a longtemps cru qu'elle
était fille de Charlemagne ; on ne trouve rien qui autorise à le penser
dans la correspondance de Charlemagne, ni dans la *Vita Karoli*, ni
dans Walafrid Strabon, ni dans Théodulfe, ni dans Rahan Maur.
Einhard ne fait lui-même aucune allusion à cette prétendue origine
royale dans sa lettre à Loup de Ferrières. M. Jaffe pense qu'Imma
pourrait être la sœur d'un certain Bernarius, évêque de Mayence, mais
le ms. sur lequel se fonde Jaffé ne porte que l'initiale B ; la conclusion
de l'érudit allemand est donc très hypothétique. La série des lettres
de Servat Loup établit la date de la mort d'Imma qui est des premiers

plus quam unquam vobis nunc optarem adesse, ut vestram mœstitiam vel mea compassione levarem, vel concepto sensu ex divinis eloquiis assiduo sermone solarer. Verum donec id Deus præstet esse possibile ; suggero ut memores humanæ conditionis, quam merito peccati contraximus, modice sapienterque feratis quod accidit. Neque enim huic infortunio cedere debetis, qui blandimenta lenioris fortunæ forti semper animo devicistis. Invocato itaque Deo, nunc illas tolerantiæ vires expromite, ad quas carissimum quemlibet casu simili deprehensum probabiliter vocaretis. Opto vos valere feliciter.

III — EPIST. 3. (836 April.)

EINHARDUS LUPO SUO SALUTEM

Omnia mihi studia omnesque curas, tam ad meas quam amicorum causas pertinentes, exemit et excussit dolor quem ex morte olim fidissimæ coniugis, iam nunc carissimæ sororis ac sociæ gravissimum cepi. Nec finiri posse videtur ; quoniam extinctionis illius qualitatem adeo tenaciter memoria retinet, ut inde penitus non possit avelli. Huc accedit, quod ipsum dolorem identidem accumulat et vulnus semel acceptum exulcerat, quod vota scilicet nostra nihil valere permissa sunt, ac spes, quas in martyrum meritis atque interventione collocavimus, expectationem nostram ex asse frustrata est. Inde evenit ut solantium verba, quæ aliorum mœstitiæ mederi solent, plagam cordis nostri recrudescere potius faciant atque rescindant, cum me æquanimiter ferre iubent infortunii molestias, quas ipsi non sentiunt, atque in eo censent mihi gratulandum in quo nullum gaudii vel lætitiæ valent demonstrare vestigium. Quis enim mortalium cui mens constet, quique sanum sapiat, qui sortem suam non

mois de 836. Une lettre d'Einhard à un personnage nommé Gerward fournit un témoignage touchant de son amour pour Imma « Imma, soror dilectissima, his esto adjutrix, tibique animam commendo » (D. Bouquet, T. VII, p. 377). Mabillon date cette lettre de 839, dernière année de la vie d'Einhard ; M. Teulet la date de 830, année où Einhard fit une grave maladie. La date de 839 nous paraît plus vraisemblable. Einhard n'aurait pu avoir l'idée de recommander son âme à sa femme encore vivante ; Imma défunte devient sa protectrice naturelle auprès de Dieu.

defleat, et qui se infelicem ac miserrimum non iudicet cum in
afflictione positus eum quem votis suis fauturum fore crediderat
aversum atque inexorabilem experitur? Hæcine talia tibi videntur ut suspiria, ut lacrimas homuncioni tantillo commovere, ut
ipsum ad gemitum et planctum concitare, ut etiam in desperationis baratrum deiicere potuissent? Et utique deiecissent nisi,
divinæ miserationis ope suffultus, quid in huiusmodi causis aut
casibus maiores ac meliores nostri tenendum servandumque
sanxissent ad inquirendum subito me convertissem. Erant ad
manum doctores egregii, nedum non spernendi, verum omnimo-
dis audiendi atque sequendi; gloriosus videlicet martyr Cyprianus[1], et illustrissimi sacrarum divinarum litterarum expositores
Augustinus [2] atque Ieronymus [3]; quorum sententiis ac saluber-
rimis persuasionibus animatus depressum gravi mœrore cor sur-
sum levare conatus sum, cœpique mecum sedulo reputare quid
super excessu carissimæ contubernalis sentire deberem, cuius

1. *Saint-Cyprien*, Thascius Cæcilius Cyprianus, Père de l'Eglise
latine, né à Carthage au commencement du IIIe siècle, se convertit au
christianisme en 246, et devint évêque de Carthage deux ans plus
tard. Il mourut en 258 pendant la persécution de Valérien. On a
de lui 81 Lettres et un grand nombre de traités théologiques. Baluze
et D. Maran ont publié une édition complète de ses œuvres (Paris.
Imp. du Louvre 1726 in-f°). Cf. Migne, *Patrologie latine*, T. III et IV.
   2. *Saint-Augustin*, Père de l'Eglise latine, né à Thagaste près d'Hip-
pone en 354, mort en 430. Il a laissé des confessions, des traités
sur la grâce et le libre arbitre, des lettres, des sermons, et un ouvrage
dont Charlemagne faisait sa lecture favorite, la Cité de Dieu. S. Au-
relii Augustini Opera emendata studio monachorum ordinis S. Benedicti. Parisiis, 1679 — 1700 (11 Tom. en 8 vol in-f°). — Appendix Au-
gustiniana par Jean le Clerc. Anvers, in-f°, 1703. — Epistolæ duæ
recens in Germania repertæ, Parisiis, 1734, in-f°.— S. Augustini sermones X ex codd. Cassin. nunc primum editi, cura et studio D. Oc-
tavii Fraja Frangipane. Rome, 1820, in-f°. — S. Augustini ope-
rum supplementum, continens sermones ineditos extractos ex ar-
chivis Montis Cassini, etc. opera et studio A. B. Caillau, nec non D.
B. St Yves. Paris, Parent Desbarres, 1836, in-f°. Cf. Migne, 32-47.
L'édition des Bénédictins a été réimprimée avec des additions et cor-
rections, Paris, Gaume 1836-1838. 11 t. en 22 vol. in-8°.
   3. *Saint-Jérôme*, Père de l'Eglise latine, né vers 331 à Stridon (Dalmatie) mort en 420, a écrit des vies de saints et des traités spirituels;
il a traduit la Bible sur le texte hébreu (vulgate); sa traduction latine
de la Chronique d'Eusèbe de Césarée a joui d'une grande autorité pendant le moyen âge. — Les œuvres de Saint-Jérôme ont été publiées à
Paris par les soins de D. Martianay, 1704, 5 vol. in-f°; et à Venise
(Edition de Scipion Maffei), 1766 et ss. 11 vol. in-f°. Cf. Migne, 22-30.

mortalitatem magis quam vitam videbam esse finitam. Tentavi etiam si possem a memet ipso exigere ut id ratione apud me fieret quod longa dies solet efficere ; scilicet ut vulnus quod animo nostro nondum sperata morte repentinus casus inflixit cicatricem ducere ac spontaneæ consolationis medicamento sanescere inciperet. Sed vulneris magnitudo facilitati resistit ; et licet saluberrina sint quæ a memoratis doctoribus ad mitigandum gravem dolorem velut a peritissimis idemque mitissimis medicis offeruntur, plaga quæ adhuc sanguinem trahit sanandi maturitatem nondum admittit. Ilic fortasse miraris ac dicis ex huiusmodi occasione natum dolorem tam longum ac diuturnum esse non debuisse, quasi in dolentis sit potestate quando id finiatur quod ille, quando inciperet, neque in potestate habuit, neque præscivit. Metiri tamen posse videtur doloris ac mœroris magnitudo sive diuturnitas de eorum quæ acciderunt damnorum quantitate : quæ ego cum cotidie in omni actione, in omni negotio, in tota domus ac familiæ administratione, in cunctis quæ vel ad divinum vel humanum officium pertinent disponendis atque ordinandis immaniter sententiam [1], qui fieri potest ut vulnus quod tot ac tanta incommoda intulit, cum crebro tangitur non recrudescat potius et renovetur, quam sanescat aut solidetur ? — Arbitror enim, nec vereor quod hæc opinio falsum me habeat, hunc dolorem atque anxietatem, quæ mihi de carrissimæ contubernalis occasione exorta est, perenniter mecum perseveraturam, donec id ipsum temporis spatium, quod Deus mihi ad banc miseram ac temporalem vitam concedere voluerit debito sibi termino finiatur ; quam tamen proficuam potius mihi quam noxiam hactenus experior, cum animum ad læta et prospera festinantem velut quibusdam frenis atque habenis remoratur ac retinet, mentemque ad revocationem mortis revocet, quam ad spem et amorem longævitatis odium atque oblivio senectutis illexerat. Video mihi non multum superesse temporis ad vivendum, licet quantum id esse debeat mihi penitus ignoretur, sed hoc certissimum teneo, et recens natum cito posse mori, et senem diu non posse vivere. Ac proinde longe utilius ac beatius fore censeo ipsam temporis incerti brevitatem cum luctu quam lætitia ducere. Quia si secundum Dominicam vocem beati ac felices erunt qui lamentantur et lugent [2] ; e contra.

---

1. Baluze écrit *sentiam* qui offre un sens satisfaisant, mais le copiste a écrit *sententiā*.

2. Matth. V. 5. On remarquera que les citations de la Bible sont ra.

rio infelices ac miseri fient qui dies suos in iugi et continua lætitia finire non metuunt. — Gratias ago atque habeo caritati
tuæ quod me per litteras tuas consolari dignatus es ; neque
enim maius aut certius tuæ erga me dilectionis indicium dare
potuisti quam ægro atque iacenti manum exhortationis porri-
gendo, monendoque ut surgerem, quem mente prostratum ac
mœrore depressum ignorare non poteras. Bene vale, carissime
ac desiderantissime fili.

IV. — EPIST. 4. (836. APRIL.)

AD EINHARDUM

Epistolam vestræ dignationis calamitatem quæ dudum vobis
contigit[1] graviter querentem haudquaquam mediocriter commota
mente perlegi, confectumque vestrum animum tam diuturni
mœroris anxietate vehementer indolui. Et quamvis qui me longe
præstent amicorum solatia temptaverint hunc tantum levare
dolorem, nec tamen ob eam rem profecerint, ut litteris vestris satis
eminet, quod ipsi casus vestri considerationem non satis ad se
admiserint, eo usque ut eorum quidam super excessu gratissimæ
quondam uxoris gratulandum monerent, quod, ut opinor, nihil
ad consolationem pertinet, non tam ætatis levitate vel ingenii,
quod exiguum sentio, confidentia quam proni erga vos amoris
magnitudine hæc rursum, qualiacunque sint, in vestri solatium
non sum veritus cudere. Siquidem conscius mihi sum intimum
me nobilissimæ illius feminæ morte cum vestra, tum etiam
ipsius vice traxisse dolorem, quem atrociter exasperantem
vestræ litteræ, fateor, recrudescere coegerunt ; unde nequaquam desperaverim quod aliis necdum sit datum, mihi ut
aliquid solatium vobis persuadere possim a Domino reserva-
tum. Vilibus plerumque remedium queritur quod pretiosissi-
mis et artis vigilantissima compositis diligentia frustra diu
temptatum est. Itaque firmamentum iusti, ut vobis videtur, doloris vestri duas in partes, epistolas mihi reddendo, divisistis.
Earum prima, quæ et vel maxima, illa est, quod vota vestra

remenṫ conformes au texte de la Vulgate. Loup de Ferrieres citait de
mémoire.

1. *Contingit* (Bal.).

et spes, quam in sanctorum Martyrum intercessione locavera-
tis, vos velut irrita fefellerunt. Altera, quæ proxime primam
accedit, quod sinister ille casus quantum vobis importaverit incommodi cotidianis metiri negotiis cogimini, dum vos onus
domesticarum divinarumque rerum, quod illius memorabilis
feminæ fida societas leve fecerat, vestris ex toto impositum ac
relictum cervicibus obruit. Revera valida utraque res, et quæ
præter sapientem, qui adversa quoque modice ferre didicerit,
facile quemlibet sua mole possit opprimere. Ac primo quidem
quam proposui partem [1] conabor non subvertere ac penitus auferre (quod prorsus impossibile perfectis etiam oratoribus, si
essent, video, multo magis mihi), sed tenuare, imbecillemque
inspectu rationis efficere. Certe hine movemini, certe hinc af-
ficimini quod vos cassa vota frustrata sint, ac spes in martyribus, immo in Deo sita illuserit. Quasi vero id vobis omni modo
constet quod tantopere poposcistis vestræ uxorisque saluti
conducere, quod sane si vobis satis exploratum fuisset, acrioris
iustique doloris ingens esse videbatur fomes, dum vos non
quasi filium corriperet, sed veluti in adversarium divina censura desævisset. Attamen sic quoque non desperationis baratrum subeundum, sed divinitas infensa precibus assiduis ac
summissa fuerat flectenda patientia. Nunc autem cum Deus
omnes homines salvos velit fieri, ac in nomine ipsius, qui Salvator dicitur, nemo postulet nisi qui propriæ saluti proficua
flagitarit, cumque vos in nomine Salvatoris plena fide petieritis,
quis non opinetur non exauditos quidem vos ad temporale
votum, exauditos autem ad perpetuam salutem ? Ego plane
firmissime crediderim et vobis et uxori eius etiam immaturo
excessu cousultum. Quæritis quemadmodum ? — Nempe quod
coniuges ex duobus corporibus in unam redacti compagem,
licet concordissime vixerint, non uno leto resolvuntur ; et
quantum ad usitatum naturæ pertinet ordinem, necesse est
unum alteri superesse. Hinc jam vestra prudentia intelligit
quando sententia in hominem divinitus emissa : *terra es et
in terram ibis* [2], differri aliquantulum potest, in perpetuum
autem vitari non potest, fidis optandum coniugibus, cum uter
eorum remansurus sit, eum fore superstitem qui sit et ad calamitatem ferendam robustior, et ad iusta de more Christiano
curanda magis idoneus. Non enim sexu differentia virtutis,

---

1. *Pariter* (Bal.).
2. Gen. III, 19 : *quia pulvis es, et in pulverem reverteris.*

... lies suos in iugi et continua læ-
... tias ago atque habeo caritati
... consolari dignatus es; neque
... me dilectionis indicium dare
... manum exhortationis porri-
... n, quem mente prostratum ac
... poteras. Bene vale, carissime

(836. APRIL.)

... ARDUM

... alamitatem quæ dudum vobis
... juaquam mediocriter commota
... strum animum tam diuturni
... lolui. Et quamvis qui me longe
... taverint hunc tantum levare
... fecerint, ut litteris vestris satis
... lerationem non satis ad se
... dam super excessu gratissimæ
... nerent, quod, ut opinor, nihil
... m ætatis levitate vel ingenii,
... quam proni erga vos amoris
... unque sint, in vestri solatium
... n conscius mihi sum intimum
... rte cum vestra, tum etiam
... quem atrociter exasperantem
... ere coegerunt; unde nequa
... necdum sit datum, mihi ut
... re possim a Domino reserva-
... dam queritur quod pretiosissi-
... mpositis diligentia frustr
... turu iusti, ut vobis vi
... las mihi reddend
... axima, illa est, qu

et spes,
tis, vos
accedi.
comme
domes
feminæ
relictu
præter
facile q
quam p
ferre q
essent,
inspectu
ficimini q
bus, imm
constet q
conducer
instique
quasi fili
sura dese
trum sub
summissa
omnes h
vator dic
flagitarii, c
quis non
votum, ex
firmissime
excessu co
coniuges ex
licet conc
quantum ad ▪▪▪▪

et spes, quam in sanctorum Martyrm intercessione locavera-
tis, vos velut irrita fefellerunt. Altra, quæ proxime primam
accedit, quod sinister ille casus quatum vobis importaverit incommodi cotidianis metiri negotiiscogimini, dum vos onus
domesticarum divinarumque rerum quod illius memorabilis
eminæ fida societas leve fecerat, vstris ex toto impositum ac
relictum cervicibus obruit. Revera alida utraque res, et quæ
præter sapientem, qui adversa quoue modice ferre didicerit,
acile quemlibet sua mole possit oprimere. Ac primo quidem
[uam proposui partem [1] conabor no subvertere ac penitus au-
erre (quod prorsus impossibile perectis etiam oratoribus, si
ssent, video, multo magis mihi), sd tenuare, imbecillemque
nspectu rationis efficere. Certe hincnovemini, certe hinc af-
icimini quod vos cassa vota frustra sint, ac spes in martyri-
ius, immo in Deo sita illuserit. Qua vero id vobis omni modo
onstet quod tantopere poposcisti vestræ uxorisque saluti
onducere, quod sane si vobis satis exploratum fuisset, acrioris
istique doloris ingens esse videbar fomes, dum vos non
ruasi filium corriperet, sed veluti i adversarium divina cen-
ura desævisset. Attamen sic quoqu non desperationis bara-
rum subeundum, sed divinitas infosa precibus assiduis ac
ummissa fuerat flectenda patientia. Nunc autem cum Deus
mnes homines salvos velit fieri, ac n nomine ipsius, qui Sal-
ator dicitur, nemo postulet nisi qi propriæ saluti proficua
agitarit, cumque vos in nomine Salatoris plena fide petieritis,
uis non opinetur non exauditos qidem vos ad temporale
otum, exauditos autem ad perpeuam salutem ? Ego plane
irmissime crediderim et vobis et uxri eius etiam immaturo
xcessu cousultum. Quæritis quemamodum ? — Nempe quod
oniuges ex duobus corporibus in mam redacti compagem,
icet concordissime vixerint, non no leto resolvuntur ; et
quantum ad usitatum naturæ pertiet ordinem, necesse est

sed animo capienda est. Alioqui non video religiosi coniuges quemadmodum sibi sincero amore devincti sint. Cum hæc ita se habere indubitata ratio persuadeat, planum igitur est veri- simile esse non illi feminæ venerabili solum, sed etiam vobis a Deo magnum quiddam præstitum, dum quod vobis eligendum fuerat ipse ultro ingesserit, quanquam occulto, minime tamen iniusto iudicio. Certe illa etsi ex vestro consortio multa didice- rat, ita ut non sui sexus modo, verum etiam turbam virorum sua insigni prudentia, gravitate atque honestate, quæ res ma- gnam vitæ humanæ tribuunt dignitatem, longe superaret, ac corpore femina, animo in virum profecerat, ad sapientiæ vestræ fastigium nunquam penitus aspirasset, nunquam tantum robur semperque similem, quam in vobis singulariter omnes miran- tur, constantiam ullis unquam profectibus æquavisset; nun- quam, si supervixisset, tantum vestræ quantum vos et illius et vestræ perpetuæ saluti procurare potuisset. Ac per hoc, quoniam dum in hoc fragili versamur corpore, omni perturba- tione ita vacare non possumus quin aliquando aliqua ægritu- dinis molestia quatiamur, quod posse sapienti contingere phi- losophi putaverunt hoc vobis evenire optem, ut casus adversos, ut primo aspectu apparet, quibus vulgo inculta mortalium multitudo subruitur, vestræ mentis sapientia sensim emolliat, immo divinæ voluntati vestram contemperet. Deinde quia vitæ huius obscurissimas tenebras sermo divinus irradiat iuxta illud : *Lucerna p. m. v. t. et l. s. m.* [1] quomodo ipse for- met eamdem vitam penitus intuendum est. Nimirum in Do- minica oratione cotide dicimus: *Fiat voluntas tua*; scilicet non nostra, quæ ignara rerum sibi salubrium falli consuescit, sed *tua* quæ, utpote Dei, futura pernoscit. Salvator quoque noster passione impendente cum dixisset : *Pater, si fieri potest, transeat a me calix iste* [2], assumpti hominis infirmitatem, immo membrorum suorum, propter quod ad has preces descenderat, imbecillitatem sic divina virtute consolidat : *Verumtamen non sicut ego volo, sed sicut tu*. Scilicet fallere fallique nes- cius magister quod Deus suo nos exemplo instituit ut cum ad- versa urgerent, sic ea depellere precibus conaremur, ut in his etiam contra nostrum votum eius fieri voluntatem salubriter

---

1. *Lucerna pedibus meis verbum tuum, et lumen semitis meis.* (Psal. CXVIII, 105.)

2. Matth. XXVI, 39. *Pater mi, si possibile est, transeat a me calix iste.*

amplecteremur. Recolite, quæso, Paulum, cuius tanta erat eminentia ut in tertium raptus cœlum audierit arcana verba Sanctæ Trinitatis, quæ non licet homini loqui, tamen Dominum orasse quo a se angelum Satanæ, a quo tribulabatur, summoveret, nec optinuisse quod voluit, sed quod profuit. Revocate in memoriam David quatenus se pro impetranda filio vita macerarit ; et certe, cum tantus esset propheta, ne responsum quidem divinum tam immani confectus merore promeruit. *Quæcumque autem scripta sunt a. n. d. s. s. u. p. p. et c. s. sp. habeamus* [1]. Ergo perpendite qualiter David cassam precum suarum expertus instantiam, consolationem ratione perceperit, ac iustitiæ Dei subiectus humiliter adquieverit. Non estis tam fundatæ fortitudinis. Quod præfato dictum est apostolo vobis responsum accipite : *Sufficit tibi g. m. n. v. i. i. pf* [2]. Siquidem et ipse merorem spretæ [3] orationis, si quis ei subortus fuerat, hoc admonitus oraculo aliud oportere deposuit. Huius modi preceptis et exemplis saeræ Scripturæ capitula exuberant : quæ, quoniam, ut insignis ait poeta : *Non canimus surdis* [4] epistolarisque coartat angustia, præteriens, vobis consideranda relinquo. Suffecerit hæc tantum tetigisse quæ sola recepta vulneris huius tumorem, quantum mea fert opinio, mulcere atque lenire largiente Domino poterunt. Quanquam mihi multa volventi aliud etiam occurrat quod hoc Dei iudicium clementiæ quam iracundiæ videri possit certissimum documentum : *Nam quia flagellat omnem filium quem recipit* [5], affectum vestrum in uxoris amore forsitan subdivisum non passus, putari potest ad se solum amandum revocavisse ; ac si quid eius corpori intemperanter diligendo plus iusto a vobis indultum fuerat, eiusdem corporis subtractione punisse, cuius per prophetam loquitur : *Non consurget duplex tribulatio* [6] quod LXX interpretum sic expressit translatio : *Non iudicat Deus bis in idipsum*, hic emendare dignatus est quod ut homo excessistis (nemo enim mundus a sorde,) ne quid gravius in vos quandoque de-

---

1. *Quæcumque autem scripta sunt, ad nostram doctrinam scripta sunt ut per patientiam et consolationem Scripturarum spem habeamus.* (Rom. xv).

2. *Sufficit tibi gratia mea : nam virtus in infirmitate perficitur.* (II Cor. xii.)

3. *Scriptæ* (Bal.).

4. Virg. Ec. X, 8.

5. Hebr. XII, 6.

6. Nahum I, 9.

cerneret. Quare Dei amplecti debetis immensam pietatem, qui
vos sua dignos iudicaverit correctione, quam offensam metuere
disciplinæ illius verbera sustinentes ; *Fili*, inquit Salomon,
*noli deficere a disciplina Domini, et n. f. c. a. e. a. q. en D. d. c.
et q. p. i f. complacet sibi* [1] Denique quorum istic peccata
non visitat, quosque florere pro voto permittit, in hos post
mortem eiusdem ira desævit. De talibus in psalmis legimus :
In labore hominum n. s. et c. h. n. f. [2] Et in Iob: *Ducunt
in bonis d. s. et i. p. a. inferna descendunt.* [3] Præterea hoc
mihi subiicit mens, voluisse Deum rebus ipsis vos experiri
quam sit infelix qui in perpetuum abiungatur ab ipso, in quo
est perpetua et vera delectatio, si tam immaniter afficiat licet
fidissimi atque carissimi tamen hominis momentanea separatio.
Cum hæc verisimilia esse videantur, abolete, quæso, quantum
potestis, de qua [4] sermo habetur mærorem, et cum Iob dicite :
Dominus dedit, D. a. s. D. pl. i. f. s. n. D. benedictum [5].
Et cum apostolo in Dei spatiamini laudibus dicentes : *Benedictus
Deus et p. D. N. I. C. pater m. et D. t. csl. q. c. n. i. o. t. nostra* [6]. Restat pars altera suscepti negotii, quæ stringenda
breviter est, ne forte plura dicens sim oneri, qui gestiam esse
solatio. Hinc instaurari, immo perseverare doloris vulnus asse-
ruistis, quod duplicatus cotidie dispositionis labor quid boni
perdideritis admoneat, ac propterea nec finiri posse videatur.
Id esse verissimum ipse concesserim ; illudque, quod inter alia
posuistis, non posse pro voluntate hominem dolori finem imponere, quem nec præsciat, nec imminentem queat effugere, vehementer approbo, satisque catholice dictum intueor. Non est
enim in potestate hominum via eius, sed a Domino gressus hominum diriguntur, et humani libertas arbitrii eget omnimodo

1. *Fili, inquit Salomon, noli deficere a disciplina Domini, et ne fatige-
ris cum ab eo argueris. Quem enim Dominus diligit, corripit, et quasi
pater in filio complacet sibi.* (Prov. III, 11 et 12).
2. *In labore hominum non sunt, et cum hominibus non flagellabuntur.*
(Psal. LXXII, 5).
3. *Ducunt in bonis dies suos et in puncto ad inferna descendunt* (Iob. I.
21).
4. *De quo* (Bal.).
5. *Dominus dedit, Dominus abstulit. Sicut Domino placuit ita factum,
sit nomen Domini benedictum.* (Iob. I, 21).
6. *Benedictus Deus et Pater Domini nostri Jesu Christi, pater miseri-
cordiarum, et Deus totius consolationis qui consolatur nos in omni tribulatione nostra.* (II. Cor. 1).

auxilio gratiæ Dei ; sed plane quæ facta sunt infecta esse non possunt, nec dolor revocare valet semel præterita, nec est in homine unde a seipso petat auxilium. Quocirca deprehensi quibuslibet angustiis , quo verius nos sentimus fragiliores hoc oportet celerius ad divinæ miserationis subsidium, velut ad portum tutissimum, confugiamus. Eleganterque illud dictum est : *Necesse est adesse divinum ubi humanum cessat auxilium* [1]. Nec longus, dummodo conemur, terendus est labor. Nam qui ad se hoc modo vocat: *Venite ad me qui laboratis* nitentes adiuvat, ad se pervenientes informat, in se permanentes procul dubio coronat. Quare quod dixistis memoratum dolorem quoad viveretis mansurum vobiscum, expressit hoc a vobis sentio concreta longo usu magnitudo amoris, sed in ea vos obstinatione animum relinquere, quantum audeo, dehortor ; siquidem et illi cuius causa emersit nichil immoderatum proderit, et vobis multum, nisi deponatur, officiet. Quin immo totum vos curandum sanandumque Deo permittite, cui est perfacile quod nostra natura difficillimum iudicat. Nam quis speravit in Domino et deceptus est ? Obsecro, totum cor vestrum ad rogandum Deum effundite. Præstare vult qui se ut rogetur admonuit: *Petite et accipietis* [3]. Petite ut ipse vobis affectum inspiret rogandi, et effectum ipse tribuat impetrandi. Dicite quod clarissimus idemque suavissimus auctor Aug. : *Da quod iubes, et iube quod vis* [4]. Siquidem sua nos Deus gratia ut velle ac posse aliquid boni queamus et prævenit et subsequitur. Quod evidenter in Psalmis didicimus, ubi scriptum est : *Deus meus, misericordia eius præveniet me* [5]. Utique *et misericordia tua subsequetur me omnibus diebus vitæ meæ.* [6] Adquiescite Spiritui sancto per David monenti : *Iacta in Domino curam tuam et ipse te enutriet* [7] ; ac Deo fiducialiter dicite : *Tu es refugium meum a tribulatione quæ circum dedit me* [8]. Et cum Apostolo iam exultantes in Dei laudibus ingeminare poteritis : *Omnia possum in eo qui me*

1. Philon.
2. Matth. XI, 28.
3. Joannes, XVI, 24.
4. *Confess.* Lib. X, cap. 29, 31, 37.
5. Psal. LVIII, 12.
6. Psal. XXII, 6.
7. Psal. LIV, 23.
8. Psal. XXXI, 7.

confortat [1]. *Tristitia enim sæculi mortem operatur* [2], haud dubium quin spiritualem, sed et corporalem, ut optime nostis, sæpe consciscit : quamobrem ærumnis vitiorum, quibus premimur contristemur, et ab eorum falsa dulcedine, quanta possumus amaritudine separari nitamur, ac huius incolatum vitæ, in qua sine querela non vivitur, modeste feramus. Cæterum veniam a Deo expectantes, in eo plena fide lætemur. Denique illud quod in Evangelio promittitur : *Beati qui lugent, quoniam ipsi consolabuntur* [3], non de his qui lugent de amissione carorum et temporalium commodorum, verum de illis qui merent initio seiuncti a mortifera vitiorum delectatione ; donec virtutibus Spiritus sancti gratia consolationem recipiant, vel de his, qui propter sua, proximorumve peccata salubriter affliguntur, propter quod illius felicis vitæ dilationem, cui votis omnibus suspiramus, rectissime intellegitur. Proinde petentes quondam uxori refrigerium sempiternum, quæ mortem, ut credimus, non incurrit, sed exuit, vobis patientiam et in bonis actibus perseverantiam atque profectum postulate a Domino Deo vestro, et dicto citius consolationem vestro infundet pectori. Ita ut audiatis apostolum cohortantem : *Gaudete in Domino semper, iterum, dico, gaudete* [4]. Ego [5] sane quod dignati estis vestros æstus mecum communicare, attentius et pro illa et pro vobis supplicare conabor. Credo, quamvis non meo merito, vestra tamen Deum humilitate placandum, qui absque respectu vestræ magnitudinis cum mea parvitate conferre tam seria non horruistis. Ostendi ut potni et humana ratiocinatione et divinis auctoritatibus non vos exauditos ad votum patienter ferendum, dolorisque vulnus, quod inremediabile videbatur, quemadmodum mitigari posset. Vestræ prudentiæ ac solitæ dignationis erit quæ pia intentione non docendi, sed commemorandi causa profusa sunt, æque pia mente lectitare, et si qua in his capi possit utilitas, pro iure amicitiæ vestram deputare. Libellum *De adoranda cruce* [6], meo iudicio utilissimum, quem meo nomini dedicastis, ut par fuit, amplexus sum. Atque utinam

1. Philipp. IV, 13.
2. Cor. II, vii, 10.
3. Matth. V, 5.
4. Pauli ad Philipp. IV, 4.
5. *Ergo* (Bal.).
6. Cet ouvrage d'Einhard, longtemps considéré comme perdu, a été retrouvé par M. Dümmler à Vienne et publié dans le *Neues Archiv der Gesellschaft für æltere Geschichtsforschung*, XI, 2.

morem mihi gerentes, sic omnia quæcumque ab initio enodanda vobis misi, vel hoc anno reliqui, aperire non gravaremini. Profecto non mihi solum, sed multis videtur hic labor prodesse. Tamen et pro hoc quod nunc mihi necopinanti misistis, et pro aliis quibus a vobis institutus iam antea sum, maximas agens habensque gratias, quid Deus vestræ indulgentissimæ dignetur inspirare pietati sollicitus præstolabor. Medio Maio vita comite hinc recedere decrevi ; quo tempore, Deo volente, sicut vobis, si reccordamini, dixi, ad vos venturus sum, et aliquot apud vos dies facturus, ut et libros vestros vobis restituam, et quibus indiguero discam, fruarque aliquamdiu vestro suavissimo alloquio, atque informer mihi gratissimo vestræ gravitatis et honestatis exemplo : nam me hoc tempore discessurum inanis vobis fama mentita est, quod etsi, quod penitus nolo, contingeret, sic quoque ad vos sine dubio properarem. Tantus enim mihi vestri amor incumbit, ut nullatenus vobis insalutatis, sanctorumque Martyrum neglecto patrocinio, ad patriam remearem. Cupio te mei memorem bene valere in Domino, prosperisque pollere successibus, Domine desiderantissime pater, et de me optime per omnia merite.

V. — EPIST. 5. (836. Maio.)

AD EUMDEM

Fidissimo patri Einhardo Lupus salutem. Memoriam vos habere mei quam gratum habeam nequaquam facile dictu est, præsertim cum eminentiæ vestræ sublimitas eo usque se submiserit ut ultroneæ salutationis munus ac vitæ[1] meruerim, quamvis optaverim vestris refici litteris, quantumque jam æstus rei notæ deferbuerit discere, atque si vobis hinc a parvitate mea quicquid persuaderi potuerit. Ego certe, quemadmodum pollicitus sum, et pro illius carissimæ sempiterno refrigerio specialiter ac cotidie Dominum supplico ; et quod vobis vel in præsenti vel futura vita conducibile credo vigilanti perseverantia postulare non desino. Proficiam ne aliquid vos forsitan sentiatis ; haudquaquam tamen dubitaverim harum fructum petitionum in divina miseratione reponere, ac licet serum, quantum ad voti spectat impatientiam, maturum tamen propter illius iusticiæ

1. *Hac vice* (Baluze).

pondus sine dubio præstolari. Obsecro autem, legite libri Sancti
Augustini *de Civitate dei* xxi titulum xxvii, et videte si non his
quæ scripsi paria de eadem calamitate vir ille divini ingenii
senserit, quæ plane nunquam ante legeram ; sed cum postea ea
percurrissem, admodum miratus sum mea tam similia sensu
fuisse, ut ab his colorem traxisse penitus viderentur. Cæterum
profectionis in patriam, ac per hoc ad vos, tempus aliquantulum
producere coactus sum. Namque venerabili viro Marcwardo[1],
per quem mea reversio administranda est, cum in Italiam lega-
tus mitteretur, ac me prius ad suum colloquium ut amicissimum evocavisset, mihi consuluerat ut hinc die qua significave-
ram vobis recedens sanctitatem vestram petere debuissem. Verum illustris abbas Rhabanus postmodum regressus à palatio,
foret nec ne, per id tempus istic, propter legationem sibi com-
missam, ad liquidum scire non potuit ; atque ob eam rem hor-
tatus est ut reditum meum ad Nonas Iunii differrem, quando
solemnitas Sancti Bonifacii se abesse minime sineret, nisi forte
ipsi quoque imperialis iussionis et ea quam gravissima præiu-
dicaret auctoritas. Itaque cum suam post regressionem Marcwardus ex me quæsitum quando potissimum reverti vellem mi-
sisset, memoratæ rei causa equos huc adducendos ut pridie
Nonas Iunii curaret petii, quo Christo propitio viii Id. eiusdem
mensis iter ad vos possem arripere ; quod ille, si vita comes
fuerit, indubitanter implebit. Quare certum diem quidem, quo
ad vos venturus sim, exprimere non audeo, sed intra eam heb-
domadam quæ Nonis Iuniis cæperit omnino me venturum, Deo
volente, confirmo. Atque utinam exoneratum omni curarum
molestia vestrum reperire tunc merear animum, ut non vacet
modo pro solita dignatione quæcumque amicalia videbuntur
mecum conserere[2], verum etiam ubi vel meum vel aliorum me
deficit, vestrum assit consultum ingenium ; cui quantum assur-
gam, quantumque deferam, quantum denique eo me vel adiu-
tum vel adiuvandum credam, ut adulationis morsum effugiam,

---

1. *Marcward* succéda à Tancrade, second abbé de Prüm, en 829.
Il fut un des maîtres de Charles le Chauve. L'Empereur Louis-le-Pieux
l'employa comme messager auprès de Lothaire en 834. (Thegan, *De
Gestis Ludovici Pii* Cap. 53). Marcward est un des correspondants
les plus aimés de Servat Loup qui lui écrit les lettres 10, 26, 55, 59,
60, 68, 70, 85, 91, 94, 105, et lui rappelle (L. 91.) les liens de parenté
qui les unissent. Marcward eut pour successeur comme abbé de Prüm
le moine Eigil que Servat Loup chérissait comme un fils (853).

2. *Conferre* (Bal.).

nolo amplius dicere ; Deus viderit cuius id ipsum gratia procuravit. Interim hæc quæ subieci paterna, qua me semper fovetis, pietate considerare dignamini, ut ea prævisa facilius mihi expediatis. In priori libro Arithmeticæ Boetius [1], quarto capitulo, sic ponit : *Quod autem dictum est secundum duorum generum contrarias passiones huiusmodi est;* ab eo loco usque ad hæc verba, quæ paucis interiectis subiiciuntur : *Spatio est maxima parvissima quantitate* [2] minus mihi quam velim clarum est. In eodem libro, xxi capitulo, negat esse *difficile diligentibus*, præter quas ipse expresserit partes multiplicis [3] superpartientis, secundum monstratum a se modum, cæteras repperiri Quod si per vos plene quod paulo præmisit superius intellexero, ubi ait : *Vocabunturque hi secundum proprias partes duplex superbipartiens* et sequentia, nimirum mihi non erit difficile. Idem auctor eximius, secundo eiusdem operis libro, itemque secundo capite*, et ut ait*, inquit, *Nichomachis inmusitaton* [4] sive, ut alibi repperi, *enmusitaton teorema proficiens*, quæ verba græca quam habeant proprietatem nescio si recte acceperim. In eodem libro, cap. xxxv, ab eo loco ubi scriptum est : *Omnis quoque cibus* [5] *qui ex tetragonorum superficie in profunditatem corporis crevit*, usque ad eum *Angulos vero* VIII, *quorum singulus sub tribus eiusmodi continetur, qualiter priores fuere tetragoni unde cibus ipse pro ductus est*, ut verbo ipsius loquar, figuram rei subtilis non assequor ; et ut per vos eius intellectum capiam vehementer indigeo. In Victorii [6] quoque calculum, prævia Dei gratia vestraque doctrina, ingredi cupio. Quinetiam in eiusmodi dictionibus

---

1. *Boèce* (Anitius Manlius Torquatus Severinus), né à Rome vers 480, fut à Athènes élève du rhéteur Proclus ; il devint ministre de Théodoric, roi des Ostrogoths, et consul en 487, 510 et 511. Persécuté pour avoir pris la défense des catholiques, il fut supplicié en 524. Ses œuvres (*De Consolatione philosophiæ, de Professione fidei, de Arithmetica* etc.) ont été publiées à plusieurs reprises. L'édition la plus complète est celle de Bâle,1570, in-f°. Cf. Migne 63,64. Cf. Luthner : *Boctius, der letzte Rœmer.* Eichstædt, 1852, in-4° — L'abbé Gervaise a publié en 1715 une histoire de Boèce Jusqu'au XIII° s. Aristote n'a guère été connu en Occident que par les traductions de Boèce.

2. *Parcissimo* (Bal.).

3. *Multiplices,* (Bal.).

4. *Inmusitatum,* (Bal.). On lit en marge du ms.le mot grec θαύματον vel θαυμαστέον.

5. *Cubus,* (Bal.).

6. *Victorius*(Marianus), mathématicien aquitain du v° siècle, imagina

ut est *aratrum, salubris,* et similia, quæ non modo positionis[1] ,
sed etiam natura penultimam videntur habere productam, magna hæsitatio est, in qua me adhuc laborare profiteor : utrum
nam naturæ serviendum sit, ut penultima, ut est, longa pro-
nuntietur ? an propter illud quod Donatus [2] ait *si penultima positione longa fuerit, ipsa acuetur, ut Catullus* : ita tamen si positione longa, non ex muta et liquida fuerit, nam mutabit accentum, ut *faretra*, in natura simul et tali positione productis, communis syllaba naturæ præiudicet, et accentus in antepenulti-
mam transferatur Namque nihil in auctoribus solidum adhuc
repperire potui, unde uter eorum sensus aut astrui aut abdi-
cari mihi posse videatur. Erit igitur vestræ prudentiæ hanc
ambiguitatem dirimere, et[3] utrum eorum aliquo documento
fortissimo roborare. Siquidem ad difficultatem, quod certam
hinc nullius repperio regulam accedit etiam hoc quod in metro eiusmodi, ut est, *aratrum*, semper productam invenio penultimam, cum si in naturaliter quoque longis communis syllaba valeat, manifestum sit *aratra* nominativo, accusativo et
vocativo pluralibus per dactilum poni posse. Sunt et alia com-
plura interroganda, quæ notata teneo, quæque commodius, si
Deus vosque permiseritis, præsens disquiram. Et obsecro per
quam mihi pietatem gratuito semper exibuistis, ut quoad veniam ad vos, quæ necessaria mihi scitis me unde discam nisi ex
vobis restare, ex abditis vestræ memoriæ diligentius eruere, ac
mihi iure caritatis et amicitiæ ultro aperire dignemini ; ut se-
mina in me vestri figentes ingenii, frugem illius ad plurimos
transmittatis. Præterea scriptor regius Bertcaudus dicitur anti-
quarum litterarum, dumtaxat earum quæ maximæ sunt, et un-

de combiner pour le calcul de la date de Pâques le cycle lunaire de
19 ans, usité chez les Grecs, avec le cycle solaire de 28 ans. Son calcul, qui remonte à l'année 457, est connu sous le nom de *Canon Victo-
rin*, et a fait loi pendant longtemps dans l'Eglise de Gaule. Ce Canon
a été publié sous le titre de : *De doctrina temporum, sive commentarius
in Victorii Aquitani et aliorum canones paschales.* Antverpiæ, 1633-34
in-fo.

1. *Positione* (Bal.).
2. *Donatus*, grammairien latin du IVe siècle, maître de Saint-Jérôme.
Cf. Keil: *Grammatici latini veteres.* Leipzig, 1855-1878, 7 vol. in-8. ;
T. IV. M. Teulet fait remarquer que Loup a mal compris le passage de
Donat ; il confond les règles de la prononciation avec celles de la pro-
sodie, et son erreur rend très obscure cette partie de cette lettre.
3. *Ut* (Bal.).

ciales a quibusdam vocari existimantur, habere mensuram des-
criptam ; itaque, si penes vos est, mittite mihi eam per hunc,
quæso, pictorem, cum redierit, scedula tamen diligentissime
sigillo munita. Aulum Gellium[1] misissem, nisi rursus illum abbas
retinuisset, questus necdum sibi esse descriptum, scripturum
se tamen vobis dixit quod præfatum librum vi mihi extorserit,
verum et illum, et omnes cæteros, quibus vestra liberalitate
fruor, per me, si Deus vult, vobis ipse restituet. Abdita in lege,
et maxime græca nomina, et alia ex Servio[2] item græca, quæ
initio vobis direxi, saltem nunc etiam ne gravemini explanare.
Valeas clarissime præceptor, et pater dulcissime, prosperisque
perpetuo successibus polleas.

VI. — EPIST 41. (836 In fine.)

AD IMMONEM [3].

Sanctitatis merito sincere suscipiendo venerabili I. Lupus
æternam salutem. Epistolam vestram me quam molliter mulcen-
tem amicitiæque suaviter memoriam refricantem, ut par fuit,
summa delectatione perlegi ; eique sensa menti penitus illapsa
diligenti memoriæ commendavi. Nam si vere, ut scripsistis, me
inter carissimos numeratis, erit forsitan veniabile quod peregrinationis molestia, præsertim tot quot inveniri facile potuerant
neglectis oportunitatibus, epistolari solatio me levare sprevis-
tis. Quanquam tanti contemptus dolorem vehementer exulce-
ret non actum quod sæpe inter nos constitit, ut quotienscunque

1. *Aulu-Gelle*, grammairien et érudit romain du II° siècle (125-175),
composa vers 159 une vaste compilation en 20 livres, où il a réuni tout
ce qu'il savait sur la littérature, le droit, la philosophie, les sciences.
Il a donné à son ouvrage le titre de *Nuits Attiques* en souvenir de son
séjour à Athènes où il fut juge vers 151. Les éditions les plus re-
cherchés sont celles des Gronovius, Leyde 1706, in-4° ; de Conradi,
Leipzig, 1762, 2 vol. in-8° ; de Hertz, Leipzig, 1883-85, 2 vol. in-8°.
2. *Servius*, grammairien du IV° siècle, né v. 355. Les principales éditions sont celle de Daniel, Paris, 1600, in-fol., de Lion, Gottingue,
1825-26, 2 vol. in-8° et de Thilo et Hagen, Leipzig, 1881-84, 2 vol. pa-
rus. Quelques opuscules ont été publiés par Putsche dans ses *Grammaticæ latinæ auctores antiqui*, et par Keil, T. IV.
3. *Immon*, évêque de Noyon de 840 à 860, d'après Gams, ou 859
d'après les Annales de Saint-Bertin. Son nom se trouve dès 840 au bas

nancisci possetis occasionem, quæ cognoscenda mihi essent, vos potissimum panderetis. Verum hæc alias. Cæterum propi - tio Domino Deo nostro, sospes regressus sum : præterque do- mini ac nutritoris mei Aldrici, quantum ad me attinet, plenum infortunii obitum [1], et quorumdam aliorum amicorum, non est quod michi extrinsecus accidisse admodum triste crediderim. Cur autem vobis significari petieritis quos libros in Germania vel scripserim, vel legerim, demiratus sum, nec satis causam comprehendere potui, nisi forte mei experimentum argute ca- pere voluistis, propositis duabus rebus, quarum altera, si ces- sissem, videri poterat ostentationis, altera imprudentiæ pueri- lis. Itaque simpliciter vobis aperio principem operam me illic des- tinasse lectioni, et ad oblivionis remedium et eruditionis aug- mentum, libros pauculos paravisse, nec germanicæ linguæ cap- tum amore, ut ineptissime quidam iactarunt[2], sarcinam subisse tanti tamque diuturni laboris. Quod autem studio humilitatis me invigilare divinis auctoritaribus monuistis, pergratum habeo; et velim credatis me hactenus id agere ut quod Deus me fecit, quod- que suis beneficiis donavit, totum eius gratiæ assignem, et ut ea in me conservans amplicet[3] summissis precibus flagitem. Siqui- dem ad ea quæ proposuistis, illud etiam evangelicum adiicio : *Habete sal in vobis, et pacem habete inter vos*[4] et quod secretorum cælestium conscius docet Paulus : *Quid habes quod non accepisti ? Si autem accepisti, quid gloriaris,*

---

d'une lettre de l'évêque Théodoric, mais cette lettre est réputée fausse par Lecointe (*Ann. eccles.* anno 840, num. 69 et suiv.). Il souscrit en 843 le *Privilegium episcoporum Germiniaci congregatorum.* Il assiste en 845 au concile de Beauvais où Hincmar fut élu évêque de Reims; il est présent en 849 au synode de Tours (Sirmond, *Conc. antiq. Gall.* III, p. 64),au synode de Verberie en 853, au concile de Savonnières près Toul en 859. Il meurt la même année, tué par les Normands : « Dani vero qui in Sequana morantur Noviomum civitatem noctu adgressi, Immonem episcopum cum aliis nobilibus tam clericis quam laïcis ca_ piunt, vastataque civitate secum abducunt, atque in itinere interfi_ ciunt. (*Annal. Bertinian.* Anno 859).

1. La mort d'Aldric est du 10 octobre 836.

2. Ce passage prouve que Baluze s'est trompé lorsqu'il prétend que Servat Loup fut envoyé en Germanie par Charles-le-Chauve en 829, à cause de sa connaissance de la langue allemande (Not. ad epist. 116).

3 *Amplificet* (Bal.).

4. Marc. IX, 49.

quasi non acceperis ? [1] Nec illud me fugit quanquam omnino me magnum non sentiam : *Quanto magnus es, humilia
te in omnibus, et coram Deo invenies gratiam* [2]· Atque tam
multa, tam fortia, tam denique [3] salubria hinc teneo documenta,
ut ne somniare quidem possim divinorum beneficiorum michi
aliquid arrogandum. Sed plane qui aliqua divina eminet gratia, non potest effugere varias diversorum opiniones ; quandoquidem de Salvatore nostro, in quem nulla prorsus reprehen-
sionis cadit suspicio, alii dicebant : *Quia bonus est, alii autem non, sed seducit turbas* [4]. Quare sapienti firmissimum
erit illud ac singulare suffragium ; *si oculus tuus simplex fuerit, totum corpus tuum lucidum erit* [5]. Benigne mei memores,
cupio vos bene valere.

VII. — EPIST 20 (837 Maio.)

AD ALT [6].

Carissimo fratri Altuino Lupus plurimam salutem. Litteræ
sanctitatis tuæ iii Kal. Maii mihi redditæ sunt ; quarum sententia pronum in me tuum declaravit affectum, haudquaquam sane aliter quam perceperam animo, ac firmissime retinebam.
Namque cum tam concorditer, tamque iucunde, ac forsan tam
proficue, aliquandiu peregre vixerimus, qui poterat amor tam
longo usu concretus labefactari ? Infirmitatem vero quam contigisse mihi audisti cognosces, exuberante circa me, ut semper
et in omnibus, divina gratia, detrimenti nihil, at emolumenti
plurimum addidisse, quippe nihil incommodi, præter formidi-
nem solam, tulit. Orta enim in dextro inguine pustula impen-
dentem solum minata est mortem. Tantam autem orationum pe·
perit copiam, quacumque meum fama casum dissipaverat, ut

1. I Cor. IV, 7.
2. Eccl. 3, 20.
3. *Tandemque* (Bal.).
4. Johan. VII, 12.
5. Matth. VI, 22.
6. *Altwin*, moine de Saint-Alban près Mayence était sans doute à la
tête des Ecoles du monastère. (*Acta SS. Ordin. S*ti *Bened.* Sæc. iv,
pars II, 60).

opinari audeam eum divino mihi beneficio procuratum. Regressus à transrhenanis partibus, ubi statum loci nostri deprehendi, morem gerere statui quibus debebam ; et, favente Dei clementia firmissima fruor quiete, otiumque meum est mihi pergratum, conducibili lectionis negotio. Vides igitur nullos me itus moliri ac reditus. Quocirca, si tibi necessarium ducis meum colloquium, adultam æstatem propter pabuli penuriam præstoleris oportet, quando, non impediente cura equorum, facere nobiscum dies aliquot valeas. Interim quæ ex me quæsisti, ea duntaxat quorum videor mihi attigisse notitiam, quam possum breviter absolvo. Communem syllabam ex muta et liquida fieri in eis solis quæ per naturam brevia sunt nequaquam dubitaverim. Primo quod natura pæne semper arti præiudicat, deinde quod, ut sentiam, huius modi suadent pronunciationes : *peccator* creat ex se feminimum *peccatrix : amator, amatrix : venator, venatrix* multaque similia, in quibus penultima syllaba nullus unquam dubitavit ponendum accentum. Nam si positionem sequeremur, femininum genus acuta antepenultima proferremus ; quod quam sit absurdum, immo barbarum, quis non intellegat? Postremo quæcumque natura produxerit, nullius poetæ testimonio usquam correpta repperio, quamquam diu sit quod id vigilanter quæsierim. Videtur ergo mihi et quibusdam doctis eisdemque studiosissimis viris, qui mecum talia pensitarunt, *salubris, aratrum,* et similia accentu penultimo indubitanter moderanda. *Bibliothecam* quemadmodum enuntiare debeamus Martialis versu ostenditur : *Quem mea non totum biblioteca capit*[1] In versibus moralibus quos Alcuinus dicitur[2] edidisse, *statera* sic posita est : *Non tibi sit modius duplex, nec statera duplex. Blas-*

1. Martial. Lib. xiv, ep. 190, v. 2.

2. Alcuin (Ahlwin, Flaccus Albinus) né à York vers 735, étudie à l'école cathédrale de cette ville sous Egbert, archevêque d'York et sous Albert, maître de l'école cathédrale ; il dirige l'école de 766 à 780, quand Albert est devenu archevêque. En 781, il va à Rome pour chercher le pallium, au nom d'Eanbald successeur d'Albert. Il rencontre Charlemagne à Parme, et en 782 vient à la cour du roi des Franks. Charlemagne le fait successivement abbé de Ferrières, de St-Loup de Troyes, de St-Josse-sur-mer et de St-Martin de Tours. En 790 Alcuin fait un voyage en Angleterre, en 794 il fait condamner au concile de Francfort l'adoptianisme de Félix d'Urgel, vers 796 il se retire à St-Martin et y meurt le 19 mai 804. Les principales éditions de ses œuvres sont celles d'André Duchesne. Paris, 1617, in-fo ; de Froben Forster de St-Emmeran, Ratisbonne, 1777, 2 vol. in fo ; de Jaffé, *Bibliotheca rerum germanicarum,* T. VI, *Monumenta Alcuiniana,* Cf. Monnier. *Alcuin et Charlemagne,* 2e éd. Paris, 1864, in-32.— Migne, *Patr. lat.* vol. 100 et 101.

phemus græcum esse non dubitabit nisi qui id per *p* et *h* scribi parum attendit : itaque Græcus quidam Græcos *blasphemus* dicere, correpta penultima, mihi constanter asseruit, et ipsum Einhardus noster astruxit. Tamen Aurelius Prudentius[1], qui apud plerosque vehementissime celebratur, id nomen sic posuit : *Divisor blaspheme Dei.* Hinc igitur longe lateque manavit, ut *blasphemus* et *blasphemo* accentum in penultima syllaba sortirentur. *Nundinas* in Teodulfi[2] carmine legi producta penultima, quod, utrum eius, an præceptorum auctoritate, penes illum fides babeatur. *Loquelam* et *querelam* per unum *l*, Capri[3] ortographiam sequentes, proferimus. *Medelam* vero, sieut *suadelam*, absque retractatione diceremus, ni coniugationis similitudinem confunderet diversitas generis, et omnium pene exemplarium non contemnenda repugnaret concordia. Quamobrem in medio relinquamus, nec temere nostrum permutemus usum, quoad si non sufficiunt quæ dixi, vel a nobis, vel ab obnitentibus aliquid robustius inveniatur. *Sistrum* musicum est instrumentum, quod Isis, ut scripsisti, manu gestare fingebatur, accessus et recessus Nili fluminis eo significans ; unde Cleopatram Virgilius, ut commenticiam eius potestatem sibi arrogasse solita subtilitate aperiret : *patrio*, inquit, *vocat agmina cistro*[4]. *Fialas* correpta penultima ea causa dicimus quod fialæ dicuntur quia fiunt ex

1. *Aurelius Prudentius Clemens*, né à Calahorra (Espagne) en 348, mort au commencement du cinquième siècle. Il a laissé des poèmes, des hymnes et des cantiques plusieurs fois édités ; en particulier par Theod. Obbarius, Tubingue, 1845, in-8°, et par Dressel, Leipzig, 1860, in-8°. Cf. Migne, 59 et 60.

2 *Théodulfe*, évêque d'Orléans né en 760, mort vers 821, était un des prélats les plus lettrés de la cour de Charlemagne. Il reçut de l'Empereur les abbayes de Saint-Mesmin, Saint-Liphard, Saint-Aignan, Saint-Benoît-sur-Loire, et remplaça à l'École du palais Alcuin qui se retira à partir de 796 dans son abbaye de Saint-Martin de Tours. — Le vers auquel Servat Loup fait ici allusion est le vers 48 de la 3e pièce du IIe livre des poésies de Théodulfe, dans l'édit. Sirmond, et de la pièce 69 de l'édition Duemmler :
 Fruge, ope, nundinis, pulchris et rebus abundans.
Ces poésies ont été recueillies par le P. Sirmond. La seule édition complète est celle de Duemmler dans les *Monumenta Germaniæ : Poetæ latini ævi Carolini.* T. I. Berlin, 1880, in-4. Cf. Migne 105.

3. *Caper* (Flavius), Grammairien latin du second siècle après J. C., souvent cité par Charisius, Servius et Priscien. Les deux traités *de orthographia* et *De Verbis dubiis* qui nous sont parvenus sous son nom paraissent des extraits d'un ouvrage plus important. Ils ont été publiés par Putsche, p. 2239 à 2250 et par Keil, t. VII, p. 92-112.

4. Virg. Æneid. VIII, 696.

vitro, quod Græci *hialin* appellant ; bialin autem habes in Virgilio : *Carpebant hialin saturo fucata colore* [1]. Item apud Martialem : *Quid tibi cum fiala ligulam committere posses.* De cometis qui visi sunt timendum [2] quam disserendum videtur. Et quia de his nil usquam divina loquitur auctoritas, id opinari, immo metuere possumus quod gentiles illis apparentibus usu deprehenderunt. Hi portendere cometas pestilentiam, vel bella tradiderunt. Hinc Mantuanus vates, morte Cesaris ac bellis civilibus imminentibus, inter alia quæ ponit monstra ; *Nec diri*, inquit, *totiens arsere cometæ* [3] Iosephus quoque prodit, priusquam everteretur Ierusalem, fuisse stellam in morem gladii per totum annum super eandem urbem. Sed, ut in spem aliquam adducamur clementiora experiendi, refert Pompeius Trogus Mithridatis regis futuram excellentiam cometa præmonstratam his verbis : *Nam et eo quo genitus est anno, et eo quo regnare primum cœpit, stella cometes per utrumque tempus LXX diebus ita luxit ut cœlum omne flagrare videretur. Nam et magnitudine sui quartam cœli partem occupaverat, et fulguris sui radiis nitorem solis vicerat et cum moreretur occumberetque, IIII horarum spatium consummebat* [4]. Vidi ego præterea hoc Aprili [5], post mediam ferme noctem, stellam quandam subobscuram, quæ sub Leone posita, radium ad spicam Virginis usque porrexerit ; quam rem, aliquot dies scrupulose observans, stellam eandem contemplatus sum : sed radium deinceps non vidi : deinde ipsa quoque stella sublata est. Librum quem petisti multi, quibus non erat commodan-

---

1. Id. Georg. IV, 335 La citation est inexacte ; Virgile dit *hyali saturo fucata colore.*

2. Baluze ajoute *potius* nécessaire pour le sens, mais omis dans le ms.

3. Virg. Georg. I, 488.

4. Justin. Lib. XXXII. c. 2. Nous ne connaissons les *Historiæ Philippicæ* en 44 livres composées au temps d'Auguste par Trogue Pompée, d'après un ouvrage grec (de Timogène) que par les extraits que Justin en a faits au second siècle. Mais au moyen âge on cite toujours Justin sans le nom de Trogue Pompée. Les meilleurs édit. de Justin sont celles de Frutscher, Leipzig, 1827-30, 3 vol. in-8° ; Dübner, Paris, 1838, 2 vol. in-8₀ ; Jeep, Leipzig, 1859, in-8₀ ; Ruehl, Leipz. 1886, in-8°.

5. *Cometa anno 837. mediante Festivitate paschali in signo Virginis apparuit qui.... Leonis ac Cancri, nec non Geminorum transiens signa, in capite Tauri tandem, sub Aurigæ pedes igneum globum jubarumque prolixitatem deposuit, quas usquequaque porrexerat antea.* (Vita anonyma Hludowici). Les Annales de Fulda rapportent au 11 avril l'apparition de la comète.

dus, meum pòst reditum flagitarunt, quare ablegandum illum aliquo, ne perire contingeret, pene statui : hunc a me cum veneris forsitan impetrabis. Nam huic clerico etsi, quia tibi fidus est, hunc committi posse videbam, tamen non satis tuto, quod pedes erat, te non advertisse miratus sum. Cœterum ut me super episcopo nostro plene certum non reddideris, tuli moleste, quoniam nullius me causæ quantum illius fatigant. Iam vero pene stomachor quoniam non scripsisti quid Probus [1] noster exerceat, scilicet utrum in saltu Germaniæ disciplinas liberales, ut serio dicere solitus erat, ordine currat, an certe inchoatam saturam, quod magis existimo, struens, Ciceronem et Virgilium ceterosque opinione eius probatissimos viros in electorum collegium admittat, ne frustra Dominus sanguinem fuderit, et in inferno otium triverit, si verum sit illud propheticum : *Ero mors tua, o. m. e. r. m. s. t. inferne.*[2] » Vale, carissime et in amore nostro benigne persevera. Ex parvitate mea digneris salutare præpositum et congregationem vestram, et precari ut pro me et patre meo atque matre Dominum exorare dignentur.

VIII. — EPIST. 38 *(837. Sept.)*

ITEM AD ALTWINUM

Si subitaneam nobis tuam attulisses præsentiam, infertilis profecto laboris retulisses dispendium ; namque ita me variis et inevitabilibus involutum offendisses negotiis, ut vix intra multos dies una hora vacuas tibi aures præbere potuissem. Quinetiam abbatis absentia [3] intentioni tuæ plurimum derogasset. Itaqne quod et ego, quemadmodum supra expressi, sum occupatus, et

1. *Probus*, prêtre de Mayence, dont Loup parle encore dans sa lettre 34 à Altwin. Il mourut le 25 juin 859 (Ann. Fuldens, sub anno,) Trithcim (Chronic. Hirsaug.) pense qu'il était moine de Saint-Alban. Baluze lui attribue la vie de saint Patrice, qui se trouve parmi les œuvres de Bède.
2. *Ero mors tua, o mors, ero morsus tuus, inferne.* (Oseæ XIII, 14).
3. *Abbatis absentia.* Il s'agit d'Odon, absent du monastère, et du voyage projeté par Altwin, dont il est question dans la lettre 20. Les deux lettres doivent être de la même année.

abbas vix Autumno reversurus creditur, si tibi adnos veniendum existimas, oportunitatis vides expectandum commercium. Ceterum germanum tuum, ut supplicasti, orationibus, quod potero, iuvare contendam.

IX. — ÉPIST. 8. (837-838.)

AD ADALG.

Singulariter uniceque dilecto Adalgardo Lupus in Domino salutem. Obsecutus voluntati tuæ, quamquam gravate, litteras has ipse formavi, quæ si breviores quam voluisses, ut erunt, fuerint, tibi debebis imputare, quia me inextricabiliter implicitum duo uno tempore eodemque angustissimo munera extorsisti. Sed, ne diu te morer in talibus, intellegendum reor quod Priscianus [1] ait, in aliis non rarissime, non absolute quibuslibet verbis, scilicet [2] unde illi sermo erat, anomalis : namque quod alia penultimam primæ vel secundæ personæ producant, Servius auctor est, qui in eo versu ubi Virgilius sistolem fecit his verbis : *Egerimus nosti et nimium meminisse necesse est* [3]. R, inquit, metri necessitate corripuit. Item Iuvencus [4] : *Ne sanctum canibus dederitis neve velitis*, licet quidam præteritum perfectum subiunctivi et futurum differre scribant. Rarissime autem id fieri in aliis anomalis propter *voluerimus, ri-*

1. *Priscianus*, grammairien du vie siècle, mort vers 518. On a de lui des *Institutiones grammaticæ* en 18 livres qui ont été au moyen âge avec Donat l'ouvrage grammatical le plus répandu. Nous en avons un millier de manuscrits. On trouvera dans Keil, T. II et III, les *Institutiones* et d'autres petits écrits de Priscien.
2. *Sed* (Bal.).
3. Virg,. Æneid. L. vi, 514. La systole est une licence poétique par laquelle on emploie une syllabe brève pour une longue.
4. *Juvencus* (G. Vettius Aquilinus), poète chrétien de la première moitié du ive siècle. Il a mis en vers épiques les 4 évangiles et peut-être la partie historique de l'Ancien Testament ; ce dernier ouvrage est aussi attribué à S. Cyprien. L'*Historia Evangelica* a été publiée par Reusch, Francfort, 1710; par Arevalo, Rome, 1792 ; par Marold, Leipzig, 1886, et dans Migne, T. 105. Nous ne possédons que des fragments du poème sur l'Ancien Testament, 1200 vers environ dans Martène et Durand, *Amplissima collectio* T. IX. et 3266 dans le T. I. du Spicilegium Solesmense de D. Pitra. Paris, 1852, in-4o.

tis, ederimus, ritis, et si qua sunt cætera huiusmodi, ut mea
fert opinio, expressit, quorum penultimas incunctanter produci-
mus. *Doceberis* per *e* penultimam dicendum ipse Priscianus as-
truit, qui sicut in activo, sic etiam in passivo præsentis temporis declinationem dicit docere, aliorum temporum declinationem absque perfecto, et his qui ex eo nascuntur *quæ fit*, inquit, *secundum unamquamque ex tribus coniugationibus*. Ergo,
sicut præsens tertiæ coniugationis passivum ab activo fit, in-
terposito *r*, *i* tamen, ut ipse vigilanter admonuit, in *e* mutata, hoc
est, *legeris*, non *legiris*, eodem modo quia *docebo* servat dedu-
ctionem tertiæ coniugationis *doceberis i* activi convertit in *e*.
Multa ex hac et priore quæstione dici posse intellego, sed epistolaris brevitas ea me reticere compellit. Habeo vero tibi plurimas
gratias quod in Macrobio[1] corrigendo fraternum adhibuisti laborem, quamquam librum, cuius mihi ex eodem folium direxisti
præoptarem videre. Est enim revera venerabilis et exactissimæ
diligentiæ. Nec minus tibi gratulor pro commento Boetii[2]; nescio tamen adhuc an totum hic contineatur, aut si tuum sit,
aut si cum alio id contuleris: hinc autem te castigatum in perpetuum velim, ut nihil mihi unquam aut scribas aut dicas
ambiguum, quod tamen ipse compertum habeas, et in morem
oraculorum Apollinis sententiam tuam aliqua obliquitate con-
fundas. Siquidem neque utrum liber Tusculanarum nobis esset
scriptus, neque quid Agio[3] ageret, neque quos libros invene-
ris, neque, quod me satis sollicitat, utrum hoc secessu emolumentum sis aliquod assecutus, expressisti. Cæterum exercitus
et alii more suo agunt ; nec his novi aliquid accidit, nisi quod
interventu Bosonii et Frosm. et librum recepi, et in societatem
obtinentibus omnibus sum admissus. Bene vale.

1. *Macrobe* (*Macrobius Theodosius*), érudit du v⁰ siècle, remplit de
399 à 422 diverses fonctions publiques importantes. Il composa un
commentaire sur le *songe de Scipion*, et sept livres de dialogues inti-
tulés *Saturnales* qui traitent de questions littéraires et des institutions
religieuses de Rome. Macrobe a été édité par L. Jahn, Quedlinbourg
et Leipzig, 1848-1852, 2 vol. in-8⁰ ; et dans la collection Teubner par
Eyssenhardt.
2. Il s'agit probablement du Commentaire de Boèce sur les Topiques
de Cicéroñ. (Bal).
3. *Agius*. Un Agius succèda en 843 à Jonas, comme évêque d'Orléans.
Un autre Agius, abbé de Vabres en Rouergue, a laissé une lettre intéres-
sante sur les ravages des Normands dans l'Aquitaine et le Périgord en
l'année 849 (D. Bouquet T. vii p. 66).

X. — EPIST. 34. (837-842.)

AD ALTWINUM MONACHUM

Venerabili Fratri Altwino Lupus perpetuam salutem. Si tanta facilitate discuti possent a quoquam quanta moventur quæstiones, olim ad consummatam studiosi quique sapientiam evasissent. Nunc litterarum studiis pœne obsoletis, quotus quisque inveniri possit qui de magistrorum imperitia, librorum penuria, otii denique inopia merito non' quæratur? Quominus indignari mihi debes si perexiguum otii, quod michi vix optingit, indagandis quæ nesciam, quam ventilandis quæ iam consecutus sum, iudicem expendendum. Nec, ut opinor, erro, si quibus divino favore viam intellegentiæ vel aperui vel planiorem feci, quam præcesserim sequendi necessitatem indicam ; hoc est lectione magistra vel utens, vel usus, si auditoribus meis aut præsentibus id ipsum sermone, aut absentibus obstinato imponam silentio. Optinuit tamen tua instantia ut quædam ex iis quæ studiose quæsiisti enuclearem : *Locuples* penultimam genitivi producere, sic apud Priscianum probatur in lib. V, cum de nominibus in *es* productam desinentibus disputaret. *Appellativa vero*, inquit, *si sint ad homines pertinentia, quæ apud Græcos communia vel mobilia, apud nos communia sunt, ut hæres, locuples.* Idem in VII, penultima tertiæ declinationis quando produci debeat vel corripi mira diligentia ostendens : *Producitur*, inquit, *in his quorum nominativus in longam desinit, seu natura, seu positione, ut sol, solis ; infans, infantis : Excipiuntur in on desinentia græca ; et in o tam latina quam notha, quæ aliquando corripiunt, aliquando producunt penultimam genitivi. Prætereo in ms, vel bs,et ps,vel x desinentia, quæ penultimam genitivi semper corripiunt. Item par, lar, vas, pes, Ceres, compos, bos, sus, grus ; quæ producentia nominativos, corripiunt penultimam genitivi.* Cum igitur producta nominativo vel natura vel positione penultimas genitivorum consequenter producant (his exceptis nominibus quæ longa observantia deprehensa notavit, quoniam, ipso teste, *locuples* in *es* productam finitur) eodem auc-

tore genitivo longa penultima proferetur. Quod possem etiam
poetico testimonio confirmare, nisi apud contentiosos quosque
tanti viri tantum posset auctoritas. *Locupleto* autem, quod penultima producta nequaquam dubito proferendum (sicut quoniam *robur*, *roboris* corripitur, *roboro* eadem penultima correpta pronuntiatur) activum esse in Cicerone possumus confirmare[1] ; qua significatione etiam in Psalmo positum canimus :
Multiplicasti locupletare eam[2]· Apud memoratum aueto-
rem Priscianum, in iam dicto VII libro, quid sentire de pro-
nuntiatione *mulieris* debeamus deprehendi potest. In eo enim
in *er* correpta masculina, fœminina, neutra, et communia inveniri dicit : in *er* autem producta græca masculina, et unum
latinum, et magis nothum, atque in sequentibus : *Corripientia,*
inquit, nominativum, in quibusdam corripiunt penultimam
genitivi, in quibusdam producunt. Producunt in al, et in el
neutra, et in ar neutra dirivativa. In or quoque desinentia
alia producunt penultimam genitivi, ut cursor, cursoris ; alia
corripiunt, ut Hæctor Hæctoris ; alia vero omnia quæ nomi-
nativi terminationem corripiunt, similiter penultimam gene-
tivi corripiunt. Excipitur inquies, quod simplicis declinationem
servavit in composito, quamvis corripiat extremitatem nomi-
nativi[3]. Ergo si *mulier* desinit in *er* correptam, unde nulla du-
bitatio est, nec inter excepta ab eo est positum, secundum eum
correpta penultima genetivus eius efferetur. Ad banc rem roborandam nullum adhuc poeticum habeo testimonium. Et quoniam, ut ipse ait, *nihil ex omni parte perfectum in huma-*
nis est inventionibus[4], ab eo forsitan est non ignorantia sed
oblivione prætermissum. Quare in usu mutando auctoritatis
meæ periculum nolo facere, donec aut mea, aut amicorum diligentia aliquid hinc, si non solidius, at evidentius valeat inveniri. *Ulciscor* et *vindico* cur dixerit idem auctor insignis in
utraque significatione accipiendum ipse explanat, subinferens
tam pro læso quam contra lædentem accipiendum, unde et *vin-*
dicta non solum pœna, sed etiam liberatio accipiatur : Quamvis et ex virgilianis versibus sensus eius in promptu sit recte
considerantibus, in eo enim quod posuit : *Ulla virum pœnas*

1. Cic. *Orat.* 13, § 42 et *de Off.* Lib. I, 31, § 112.
2. Psal. LXIV, 10.
3. Priscianus. Lib VII, 47-48 ; t. I, p. 326, 9 sq. éd. Keil.
4. Id. lib. I, præf. t. I, p. 2, 13 K.

inimico a fratre recepi[1]. — Ulta pro læso facit. Læsus enim
Sicharbas, sive, ut poetica licentia ponit Virgilius, Sicbeus, a
Pigmalione fratre Didonis erat, a quo fuerat morte multatus;
maritum autem postea Dido ulta est; non ei, utpote qui erat
extinctus, pœnam aliquam inferendo : sed Pigmalionem, propter quam scelus commiserat, pecunia privando. Itaque supplicium de eo qui læserat pro eo qui læsus erat sumpsit. Ita pro
læso, idem verbum accipitur, quo sensu acciperetur etiam, si
metro permittente, dicere potuisset vindicavi virum. Sequens
exemplum quod est : *Nunquam omnes hodie moriemur inu-
lti*[2], contra lædentem accipitur. Cum enim Æneas socios ad
repugnandum Græcis, qui in suam potestatem urbem rede-
gerant, animaret, usus est eo verbo, ut fingit Virgilius, quo significavit vindictam et ultionem suorum gentilium, qui iam occidissent, et sui antequam occidissent, viriliter a lædentibus
exigendam. Illud quod sequitur tangere nolui, donec in Livio
vigilantius indagarem. *Propitius* et per sibilum pronuntiari
etiam a non parum doctis semper audivi, et in antiquissimis
exemplaribus nunquam nisi per *t* scriptum inveni. *Stupeo* an
convertat in præterito *u* præsentis in *i*, apud Priscianum non
discernitur. In veteribus tamen codicibus indifferenter expres-
sum invenies. Patronum nostrum episcopum incolumen esse
vehementer exulto. Probum[3] autem non tam aliquid edidisse
admiror quam non omnibus iam scribendi materiam abstulisse.
Bene vale, et pro me, patreque meo, et matre, et per te, et per
ceteros amicos Dominum exorare, si me amas, quæso ne cesses.

XI. — EPIST. 35. (837-842.)

AD EBRARDUM MONACHUM, SUUM PROPINQUUM

Assiduis urges, mi carissime, petitionibus ut antiquitatem
nostræ propinquitatis et amicitiæ singularis litteris prosequens,
scribam aliquid quod esse tibi possit, si non usui, saltem delec-
tationi. Hoc forsitam digne fecissem, si, cum opus postulas,

1. Virgil. Æneid. V, v. 656.
2. Virg. Æneid. II, v. 670.
3. Probus ; cf. lettre 20.

materiam præbuisses : Verum quia gratum tibi fore dum scribam, quicquid illud sit, polliceris, in exquirenda materia nolui me operosa torquere diligentia, multo minus in elegantia solerti verborum ; quod igitur michi nil tale molienti occurrit extemporaliter explicabo. Reviviscentem in his nostris regionibus sapientiam quosdam studiosissime colere pergratum habeo , sed hinc haudquaquam mediocriter moveor quod quidam nostrum, partem illius appetentes, insolenter partem repudiant. Omnium autem consensu nichil in ea est, quod iure excipi aut possit, aut debeat. Quare apparet nos ipsos nobis esse contrarios. dum insipienter sapientiam consequi cogitemus. Etenim plerique ex ea cultum sermonis quærimus, et paucos admodum reperias qui ex ea morum probitatem, quod longe conducibilius est, proponant addiscere. Sic linguæ vitia reformidamus et purgare contendimus, vitæ vero delicta parvi pendimus et augemus : sed cum omnis sapientia a Domino Deo sit, ut litteræ divinæ demonstrant, ordine congruo eam appetamus, et procul dubio consequemur. Id autem nobis ex divina auctoritate depromitur : *Fili*, inquit, *concupisti sapientiam, serva mandata, et Dominus præbebit eam tibi*[1]. Ubi etiam quid sit sapientia summe ac pulcherrime definitur : *Timor Dei est*, inquit, *sapientia, et recedere a malo intellegentia*[2]. Ceterum de his qui perperam vivunt, et integre loqui concupiscunt, et corruptos sermones quam mores aspernantur, sic instruimur : *Omnis labor hominis in ore eius, et anima illius non replebitur*[3]. Quia dignum profecto est ut qui primas partes eruditioni tribuit, non sanctitati, a refectione sapientiæ exitiali ieiunio excludatur. Quocirca si vigilanter poliendo incumbimus eloquio, multo maxime consequendæ honestatis[4] atque iustitiæ operam impendamus oportet. Sed cum variæ sint sectæ philosophorum, suo unaquæque genere perfectæ, quarum nulla alii præiudicat quominus cultores suos in philosophiæ sacrarium introducat, et discordi concordia omnes quodammodo uniantur, palam est propositorum diversitatem, qua pacatissimus Dei populus inseparabiliter, ut ita dixerim, separatur, non officere ad bene vivendum, et vario itinere pie venientibus matris Ecclesiæ templum esse apertum, quando unicuique ordini sua constet

1. Eccl. I. 33.
2. Iob, XXVIII,28.
3. Ecoles. VI, 7. Baluze écrit : « Omnis labor *homini.* »
4. *Honestati* (Bal.).

perfectio. Quanquam id postremum hoc sit certius quo divina
præstant humanis. Itaque hortor indolem tuæ nobilitatis uti
quicumque religionis christianæ gradus præ ceteris tibi animo
sederit, servata ceterorum reverentia, in eo cooperante Deo in
dies proficias, et integrum te in eo exhibeas. Quod si potes ex
bono ad meliorem, atque ab imo ad summum evadere, id te
niti summa intentione persuadere velim, ut laboriosius auctori
militans ab eo gloriosius coroneris. *Iacta cogitatum tuum in
Domino* [1], ut ab eo, inter incerta [2], perpetuo felicia, et feliciter
perpetua consequaris ; illudque ante omnia semper in oculis
habeas quod ipse te fecerit, quod perditum reformarit, quod
tam crebris, tam copiosis, tam denique [3] proficuis auxerit beneficiis ; ut hinc illum laudandi concepta materia, dum ei gratias de acceptis et babes et refers muneribus, fias ad acci-
pienda maiora dignior, et fretus humilitate, perseverantiam in
bonis actibus (quod est donum inamissibile) sortiaris. Sane
dum his studiis occuparis, honestas artes et ingenuo [4] dignas
nolim neglegenter prætereas ; verum postules earum scientiam
ab eo qui dat omnibus affluenter, et non inproperat ; et iuxta
mensuram fidei tuæ tibi haud dubie tribuentur. Valeas, carissime, et desiderantissime ; et longa florens ætate salutiferis cotidie crescas virtutibus, meique semper benigne memineris.

1. Psal. LIV, 23.
2. *Nitorimenta* (Bal.).— Papire Masson avait lu *inter incerta*. Le manuscrit est à cet endroit d'une lecture difficile ; il présente évidemment
deux mots, et la lecture de Papire Masson peut parfaitement se soutenir. Baluze ne trouve pas de sens satisfaisant avec *inter incerta* : le
passage est cependant aussi facile à expliquer qu'avec sa lecture, Loup
recommande à son jeune parent de mettre tout son espoir en Dieu,
au milieu des incertitudes du monde, et l'assure qu'il se préparera
ainsi une félicité perpétuelle et une éternité bienheureuse. La lecture
inter incerta a l'avantage de ne pas aboutir à un barbarisme.
3. *Tandemque* (Bal.).
4. *Ingenio* (Bal.).

XII. — EPIST. 6. (838. x Kal. Octob.)

AD REGINBERTUM [1].

Carissimo et desiderantissimo Reginberto Lupus et A [2]. æternam salutem. Graviter in me Lupum litteræ tuæ invectæ sunt, quod videlicet omni germanitate atque natura eo usque mentem exuerim ut infelicitatem tuam saltem consolatoriis apicibus fastidissem lenire, quando alterius subsidii conferendi nulla copia provenisset. Unde collegi litteras meas nequaquam tibi redditas quas per Marcwardum abbatem a transrhenanis partibus ante hoc ferme triennium direxi ; nec tamen illius incuria, namque ipse cum te minime invenisset gentili nostro Bodoni [3], quem nobis fidum credebat, monstratas litteras tibi tradendas reliquit : quod ille si complevisset, cognovisses me fraterna pietate, non tua modo penitus miseratum incommoda, sed

1. *Reginbertus.* Moine de Saint-Gall, d'après Baluze, qui s'appuie sur un fragment d'une chronique de Saint-Gall ou de Reichenau portant à la date de 846 cette mention : Reginbertus obiit. — D. Bouquet (T. VII p. 207) ajoute qu'il était *præceptor monachorum sancti Galli;* il ne cite pas sa source. Mabillon l'assimile à un Regimbert mentionné dans une épigramme d'Alcuin, mais l'âge de Regimbert, camarade de Loup, rend cette hypothèse peu vraisemblable. Il y eut aussi un diacre nommé Regimbert attaché à la chancellerie de Louis le Germanique de 845 à 852. Cf. Duemmler, *Gesch. des Ostfrænkischen Reiches* II, 869.
2. *Adalgus* (Bal.) Le personnage n'est nommé que dans le cours de la lettre.
3. *Bodo.* Rahan Maur parle à la date de 839 d'une personnage de ce nom qui se serait fait juif « *ut qui antea Bodo, nunc Eliexer appellatur* » (Adv. Judæos. Cap. XLII ; cf. Annal. Bertinian. Anno 839). M. Dümmler dit que ce Bodon ne peut pas être identifié avec le *gentilis* (parent ou compatriote ?) de Loup, parce que Rahan nous apprend qu'il était d'origine alémane ; mais rien ne nous dit que Loup ne fut pas lui aussi d'origine alémane. Nous savons en effet qu'il était parent de Markward l'abbé de Prüm, et que celui ci fut un des maîtres de Charles, le fils de l'alémane Judith. La manière dont Loup juge ici Bodon serait plutôt faite pour nous conduire à identifier les deux personnages. Il y eut aussi un Bodon clerc de l'archichapelain Hilduin, un des amis de Loup (cf. 97). Hincmar en parle dans une lettre publiée par Mabillon, *Vetera Analecta* ed. nova, p. 202.

etiam recuperandæ fortunæ iam tum consilium agitasse. Verum omittamus ista, quibus aut fraus aut negligentia detraxit effectum ; præsentia magis urgent. Hilarioris fortunæ faciem tibi aliquantulum aperiri utcumque gratulamur ; nec eius indulgentia te abuti volumus, sed omnem illius fructum in tua tuorumque utilitate collocare. Id quemadmodum facere debeas melius intelleges, si tibi quæ nostra sunt innotescat. Superiore anno, annitentibus amicis, in præsentiam Imperatoris deductus sum, et ab eo atque Regina benigne omnino exceptus ; et nunc, hoc est X Kal. octobr. Indictione prima[1], ad Palatium, Regina quamplurimum valet evocante, promoveo, multique existimant fore ut cito mihi gradus dignitatis aliquis conferatur. Quod si divina exuberante gratia evenerit, non dubites ilico te arcessendum[2], ut una permissu Imperatoris degentes, communium studiorum exercitatione iucundissima perfruamur. Sin autem spes nostras eventus eluserit, rescribe an velis me per amicos ut ab Imperatore locus tibi quidam reddatur in monasterio tuo, apud me autem studendi gratia quatenus uterque nostrum voluerit conferatur. Cum hæc ita se habeant, hortor ne divinæ scripturæ nulla tibi fuerit cura, cuius et usus frequens est et[3] cognitio salutaris, atque illud quæso præcipue ut in mente habeas, firmaque semper memoria complectaris ; *Memento creatoris tui in diebus iuventutis tuæ*[4], et sequentia. Librum quem flagitasti misissem nisi lator defuisset idoneus, verum et illum et omnes quotquot divinitus accepero tecum, si vita comes fuerit, communicare desidero, tuaque non minus quam mea commoda indesinenter curabo ; siquidem puerilia iam deposui, tenet animum causarum amor utilium, ad quæ deprehendenda plurimum me adiuvari optime de nobis meriti Adalgi germani nostri confiteor instantia, cuius nomine huius etiam epistolæ vestibulum illustravi.

1. 22 Sept. 837.
2. Accersendum (Bal.).
3. (*Et*) Omis par Bal.
4. Eccles. XII, 1.

XIII. — EPIST. 7. (839 init.)

AD EUNDEM.

Æquum ne fuisse putas, cum te mearum rerum fidissimum fecissem custodem, si me tuarum exortem diu manere paterer? cæterum quanta me tui cura possideat, nedum tu, nemo dubitaverit, si sospitatem nobis, et quam animo præcipio facultatem Deus suffecerit. Namque quod scripsi non eo te modo quo disposueras apud me nunc posse studere, cum ad me veneris, et nostra quæ litteris comprehendi non possunt cognoveris, tua comprobabit prudentia. Quamquam, si nulla mei status pervenerit, satius est ut aprime sis, et in virgiliana lectione, ut optime potes, proficias. Abundabis enim otio, meaque prona in te diligentia quam temetipso uteris magistro non tam fructuose quam laboriose proficias, Deo enim largiente, et possum et adesse tibi incredibiliter cupio. Feci autem litteras ad Aud[1]. et Ebr.[2] de tua reversione, quam visitationis adumbravi vocabulo; verum deliberatio nostra, postquam veneris, manendum redeundumne tibi sit, facile inveniet. Præsentiam tamen tuam Kalendis Iulii, absque ulla retractatione mihi exhibe, quam differri maximum non sinit quod impendet negotium. Bene vale.

XIV. — EPIST. 28. (840. III. ID. AUG.)

ITEM AD EUNDEM[3].

Reverentissimo Ionæ Episcopo O. perpetuam salutem. Pridie, hoc est IIII Idus Augustas, post horam nonam, homines nostri,

---

1. *Auduinum* (Bal.).
2. *Ebrorum* (Bal.). Il faudrait lire *Ebrardum* ou *Ebroinum*. Il y eut un Ebroin évêque de Poitiers entre 840 et 860.
3. Ad Ionam episcopum, ex parte Odonis.

ab expeditione Aquitanica reversi, cuneta prospera retulerunt. Namque Aquitaniæ tutela tripartito divisa est, secundum oportunitatem locorum militarium virorum multitudine distributa. Quorum uni parti, quæ apud Clarummontem agit, præest Modoinus, Augustidunensium [1] episcopus [2], et Autbertus, Avallensium comes [3], cum aliis quibusdam ; alteri, quæ Lemovicis versatur, præsidet Gerardus princeps [4] quondam et carus Pipini regis cum sociis ad idem negotium idoneis. Tertiæ vero prælatus est Reinnoldus [5], comes Ecolesinæ constitutus. Dominum autem regem eodem die, hoc est IIII Iduum Augustarum, ad Sanctum Martinum venire nuntiaverunt, inde vero eius transitum per urbem Aurelianensium, quod putaverim verisimile, quoniam magnæ indolis Ludoguicus, epistolare in Palatio gerens officium, mandare mihi studuit, ut aut ad urbem Turonum, aut certe Aurelianorum domino regi occurrerem ; sic temperans hortamentum « *si tamen per urbem Aurelianensium iter habuerit.* » Ceterum Gumboldus et Ugo redeunt supplices ad regem et proprios honores recuperaturi creduntur. Ipse vero rex VIIII. Kal. Septembres ad Carisiacum [6], vita comite, venire disposuit.

1. *Augustodunensium.* (Bal.).
2. L'évêque Modoinus, évêque d'Autun de 815 à 840, fut choisi comme juge par Ebben, archevêque de Reims en 835, et fut toujours attaché au parti de Louis le Pieux contre ses fils. Trois lettres de Florus, diacre de Lyon, lui sont adressées. Florus l'appelle : *Augusti montis pastor in arce potens.* — Walafrid' Strabon et Théodulfe lui avaient aussi dédié de leurs vers. (Cf. *Gall. Christ.* IV, p. 359).
3. *Autbertus* comte d'Avallon.
4. *Le Comte Gérard* était gendre de Pépin, roi d'Aquitaine. Sa femme se nommait Berthe. Il fut tué à la bataille de Fontanet, d'après Adémar de Chabanne, III, 16. Il était comte de Clermont et la *Vita Hlud,* (c. 59), nous le montre (en 839) à la mort de son beau-père, parmi les grands qui se déclarèrent par Louis le Pieux et son fils Charles.
5. *Le comte Reinold,* ou plutôt *Rainaldus* et *Rainardus,* est aussi cité par le *Vita Hlud.,* comme partisan de Charles. Adémar nous dit qu'il était comte d'Herbauge (Arbatilicensis comes), et le Chronicon Namnetense nous apprend qu'après Fontanet il fut fait comte de Nantes et de Poitiers. Il fut tué à Messac le 23 juin 843 en combattant contre Nomenoé et le comte Lambert (Ann. Bert. ; Chronicon Engolismense. Chr. Andegavense).
6. Quierzy-sur-Oise (Aisne) et non Cressy-sur-Oise comme le voulait Sirmond, ou Cressy-sur-Serre, comme le voulait Labbe. (Bal. not. ad epist.)

XV. — EPIST. 26. (840. Nov.)

MARCW. ET SICHARDO [1].

Reverentissimis atque carissimis patribus Marcwardo et
Sichardo O[2]· sempiternam salutem. Hominibus vestris, qui ad vos
proficiscebantur, oportunitatem scribendi nobis ultro ingeren-
tibus, officium nequaquam negleximus litterarum ; vestramque
sanctitatem precamur ut vicissim quam potestis celerius nobis
litteras dirigatis vestræ sospitatis qualitatem modumque prosperitatis continentes. Nos autem, in quodam meditullio positi,
fluctuamus incerti, dum deprehendere non valemus quinam
potissimum regionem nostram sibi debeat vindicare [3]. Namque
sicut relatio nostrorum hominum declaravit, varia hinc fertur
opinio : Tamen suppliciter vestram poscimus paternitatem ut si
consensus omnium in Lotharium pronior fuerit, et apud eum,
sicut optamus et credimus, divina vobis locum ad servorum
Dei utilitatem concesserit clementia, memores nostri esse non
dedignemini ; et perversorum improbitatem ne pigeat vos,

1. Moine de Prüm. Peut-être est-ce le même qui fut envoyé par
Louis-le-Pieux avec Thioto au synode de Mantoue en 827.
2. La lettre est écrite au nom d'Odon, abbé de Ferrieres.
3. Odon suppose que Lothaire l'emportera — *consensu omnium,* — il
suppose que Prüm et Ferrières appartiendront à Lothaire ; la lettre est
donc écrite au moment où le crédit de Lothaire est encore tout entier,
au moment où l'on peut croire à la durée de l'Empire.— Après la mort
de Louis-le-Pieux, Lothaire revint précipitamment d'Italie et tint deux
grands placites à Worms et à Francfort : « *His ita compositis ad ur-*
bem Vangionum iter direxit (Lotharius). Eodem tempore Ludhovicus partem
exercitus inibi causa custodiæ reliquerat, et Saxonibus sollicitis obviam
illis perrexerat. Quamobrem Lodharius parvo conflictu custodes fugere
compulit Rhenum cum universo exercitu transiens, Franconofurth iter di-
rexit. »(Nithard. Hist. Lib. II. præf).— Il est probable que la lettre d'Odon
fait précisément allusion à ce placite de Worms. On retrouve, il est
vrai, un placite tenu par Lothaire à Chartres en 840, mais il serait
étonnant que l'abbé de Ferrières allât se renseigner auprès de l'abbé
de Prüm sur ce qui se passe à Chartres. En avril 841 Lothaire passa le
Rhin près de Worms et força Louis-le-Germanique à se retirer en
Bavière (Annal. Fuld. anno 841); mais à ce moment les trois frères
luttaient depuis 10 mois, et personne ne pouvait plus croire que le
consensus omnium se porterait sur Lothaire.

quantum potestis, a nostra parvitate, opitulante Dei gratia, propulsare. Optamus vos bene valere et lætioribus in dies augeri successibus.

XVI. — EPIST. 11. (841. Init.)

AD LOTHARIUM REGEM, PRO [1] CELLA SANCTI IUDOCI [2].

Domine præcellentissime Auguste, nos fratres ex cænobio Ferrariensi, multis et maximis hoc anno pressi angustiis, erubescimus quod totiens celsitudinis vestræ maiestatem inquietare compellimur. Tamen recordantes quod pro vobis fideliter oravimus et oramus, et promissionem adiutorii vestri tenentes, non desperamus nos impetraturos quod petimus. Cellam Sancti Iudoci, quam magnus K. quondam Alcuino, ad elemosinam exhibendam peregrinis, commiserat, beatæ memoriæ pater vester nobis ea ratione concessit, sicut edictum illius attestatur,

1. De (Baluze). Une mouillure empêche aujourd'hui la lecture, nous préférons la leçon de Papire Masson comme plus ancienne.
2. Cella Sancti Judoci, monastère du Ponthieu, situé à cinq milles de la Canche et à cinq milles de l'océan britannique. Il a été appelé aussi Celia Maritima, Monasterium crucis, Wicus. Le nom de Saint-Josse-sur-mer a été adopté pour le distinguer de Saint-Josse-aux-bois de l'ordre des Prémontrés. La fondation de ce monastère remonte au VIIe siècle. Saint-Josse reçut du duc Haimon une concession de terres et donna la règle de Saint-Benoît aux moines qui vivaient jusque-là dispersés comme c'était l'usage en Gaule. A la fin du VIIIe siècle, les moines de Saint-Josse se distinguaient par leur zèle à recevoir les pèlerins et les étrangers. Vers l'an 792, Alcuin fut fait abbé de Saint-Josse. Warembald, son successeur, obtint de Charlemagne et de Léon III de si importants privilèges que Charlemagne mérita d'être appelé le second fondateur de l'abbaye. Après la mort de Warembald, la Cella de Saint-Josse fut donnée par Louis-le-Pieux aux moines de Ferrières pour augmenter leurs ressources. Lothaire la donna à Rhuodingus ; Charles-le-Chauve au comte Odulfe. Il la restitua à l'abbé de Ferrières en 843, mais la décision royale n'eut d'effet qu'en 849, alors que dès 844 l'abbaye avait été pillée par les Normands. Saint-Josse fut ensuite disputé par les successeurs de Servat Loup et les comtes de Ponthieu qui finirent par l'emporter. En 977 on retrouve un abbé de Saint-Josse, Sigebrand, qui gouverne l'abbaye après la découverte du corps de Saint-Josse qui avait été caché au temps des Normands. (Gallia christiana, Tom. x, p. 1289 et 1292).

ut quod elemosinæ superesset in nostrum usum cederet. Hanc per surreptionem Rhuodingus[1] a vobis optinuit, nobis que legitimam donationem patris vestri repetentibus impostorum crimen inurit. Unde petimus ut, inspecto edicto patris vestri, pro reverentia Beati Petri, et Beatæ Mariæ et Pauli, apud quos communem Dominum pro vobis exoramus, sic hoc negotium terminare dignemini ut non solum invasor cellæ illius in præsenti iuste redarguatur, verum etiam posteris calumniandi nobis occasio auferatur. Nam, etsi dominus noster, pater quondam vester, hoc nobis munus non concessisset, tam intente pro vobis et laboravimus et laboramus ut si eandem cellam, aut amplius quid, a vestra excellentia peteremus, non esse nobis negandum unanimiter confidamus. Ipse autem Deus inspiret prudentiæ vestræ ut sieut hoc scandalum vestro tempore cæpit, ita etiam per vos firmissimum finem accipiat, ut hoc beneficio et nos et posteri nostri pro vobis et filiis vestris nitemur[1] eum attentius implorare, vosque sic tribuat imperare in terris ut æternum regnum possideatis in cœlis.

XVII. — EPIST. 23. (841 In Fine.)

ITEM AD EUNDEM, EX ODONIS[2] PARTE[3]

Clarissimis honoribus merito decorato Ludogvico ultimus abbatum Odo, et universa Ferrariensis cænobii unanimitas, plurimam salutem. Quotiens aliqua perturbationis vel necessitatis procella quatimur, ad benevolentiæ vestræ portum securi confugimus; quæ, omnibus ad benefaciendum exposita, neminem repellit qui sese opem petendo ingesserit. Verum ne vos in longum ducamus, meministis nobis Zachariam[4] abbatem hoc

---

1. Rhuodingus. « *Unus forte e clericis palatii qui diversorum cœnobiorum sibi dominium optabant atque poscebant, cellam Sancti Judoci a Lothario Augusto per subreptionem obtinuit.* (Gallia Christ. loc. cit.).

2. *Odo.* Vid. ad epist. 21.

3. *Ad Hludovicum, ex Odonis parte.*

4. *Zachariam abbatem ;* un partisan de Charles-le-Chauve dépouillé de son abbaye par Lothaire ou par Pépin.

anno commissum, quando et vestra prudentia in tantum nobis favit ut pene non nobis sed aliis commendaretur. Nunc idem abbas dominum regem adit, quid ei potissimum agendum sit ab eo quæsiturus. Habeat igitur vestra insignis industria tenuitatis nostræ considerationem, et dignetur elaborare ut vel ad locum unde ad nos venit, vel ad alium quemlibet iam dirigatur ; quia, ut rem vobis uti est simpliciter fateamur, non mediocriter nos gravant expensæ quæ illius hominibus tribuuntur. Unde per vos sublevari deposcimus, ut sit unde aliis ad nos confluentibus hospitalitatis gratiam impendere valeamus.

XVIII. — EPIST. 25 *(842.)*

ITEM AD QUEM SUPRA

Omni reverentiæ apice suscipiendo viro clarissimo Lhudovico, O. abbatum ultimus, et universa Ferrariensis cænobii societas in Domino salutem. Non sumus nescii multarum maximarumque causarum undique confluentium vos molibus opprimi, eisque componendis vix tempora ipsa sufficere ; sed vestræ pietati eo usque confidimus, ut apud vos nostris rebus locum semper patere credamus. Explicari autem vix potest quam simus parati vestræ voluntati, si quid iubere dignemini, obtemperare, et condignis excellentiam vestram obsequiis prosequi. Interim, quod valemus, devotissimas preces Domino Deo nostro pro vestra salute et prosperitate, quam et nostram dicimus, indesinenter dependimus. Vos autem accipite iterum petitionem nostram, et ut effectum optineat, quæsumus, dignanter instate. Homines nostri toto hoc fere biennio [1], aut nobiscum aut soli, generalis expeditionis difficultatibus fatigati, censu rei familiaris in huiusmodi servitio effuso, onere paupertatis gravantur. Subveniat itaque illis vestra insignis clementia, et si possit fieri, licentiam domum revertendi optineat, ut possint paulu-

1. *Toto hoc fere biennio.* Louis le pieux mourut le 20 juin 840. Les années qui suivirent furent remplies par des guerres continuelles ; l'expression employée par Odon permet de dater sa lettre du milieu de l'année 842.

lum respirare atque futuri servitii rursus impendia præparare
Ceterum fama versatur inter nos clericos palatii diversorum
cænobiorum sibi dominium optare, atque poscere quibus nulla
sit alia causa nisi ut suæ avaritiæ oppressione servorum Dei
satisfaciant [1]. Unde in hac parte supplicamus vestram nobis vi-
gilare prudentiam, ut tenuitas nostra per vos esse valeat tuta.
Namque quia haud procul a nobis educati estis, apud nos quoque fuistis, qualitas monasterii nostri vos minime latet, ubi præter studium religionis, quo sibi nomen inter alia cænobia vin-
dicavit, non est quod expetendum sit ei qui se magni facit, nisi
forte tam sacrilegus quis inveniatur, qui stipendia Deo servien-
tium in suos audeat usus convertere, et eorum inopiam suam
luxuriam facere. Ergo vestra industria hinc quoque nobis prospiciat, ut per vos accepta securitate, liberius pro vobis Domino
supplicemus.

XIX. — EPIST. 24 (842.)

ITEM AD QUEM SUPRA

Summis honoribus dignissimo Ludoguico, Odo, abbatum ultimus, plurimam in Domino salutem. Affectum vestræ benevolentiæ pronum in parvitatem meam luce clarius pervidens, ago
multiplices gratias, Deumque fore pietati vestræ retributorem
exopto. Ipse autem paratus sum, si quid inhere vestra dignetur
excellentia, fideliter obtemperare. Ceterum impellit me necessitas iterum vestri adiutorii patrocinium suppliciter implorare.
Namque postquam vobis auxiliantibus impetrata licentia ab
expeditione Aquitanica [2] gravatus infirmitate redii, eadem pene

---

1. Les craintes de l'abbé Odon n'étaient que trop fondées. Les clercs
du palais étaient la terreur des évêques et des abbés. Les Carolingiens
se sont toujours attribué le droit de disposer des grands bénéfices ecclésiastiques ; ils donnèrent souvent des gouvernements d'abbayes à des
laïques. Servat Loup expose lui-même (L. 81 ad Amulum) l'origine du
droit des princes franks de disposer des bénéfices. Il témoigna (L. 6).
une grande joie d'être appellé à la cour, et ne dut son élection comme
abbé de Ferrieres qu'à la faveur royale.
2. Il y eut plusieurs expéditions en Aquitaine. En 840 Charles alla
en Aquitaine combattre Pépin qui refusait de se soumettre à son au-

semper attritus, needum revalui ; quæ res ne cum aliis ad con-
dictum occurrerem placitum ' prohibuit. Misi tamen homines
nostros una cum comite pagi, qui expeditionis officia more solito exsequerentur. Vestram igitur supplicamus pietatem ut nos
offensæ metu levare dignemini. Siquidem, quamquam ad obsequendum cum aliis paratissimam baberem voluntatem, im-
becillitati tamen obviare non potui.

XX. — EPIST. 10 (842 Aut.)

AD MARCWD

Literarum vestrarum non aliam quam fuit esse decebat sententiam, cum olim tantus nos caritatis fervor affecerit ut eius
refrigerandi ne parva quidem remanere posset suspicio : Res
quam secreto parvitati meæ significastis, quam grata sit, æquis
oculis, ut puto, Deus aspicit, et vobis ab eo qui pertulit fideliter
exponetur. Gratias liberalitati vestræ super muneribus mihi et
fratribus missis artificiose non ego referre, cum pro comperto
teneatis quod, sieut vestram benivolentiam in nos singulariter
experti sumus, ita privatam quandam eius dignitatem animo
speculemur. Cæterum, ut ea quæ monuistis in me Deus operetur, vestrum erit assiduis orationibus impetrare, scilicet ut
qui nostri vobis infudit curam, profectus concedat audire lætitiam. Quid super Suetonio Tranquillo et Iosepho a vobis fieri
optem demonstrabit Eigil ², nostrarum rerum fidus interpres.
Salutate omnes fratres ex nostra parvitate, specialiterque

torité « His ita compositis in Aquitaniam festinus perrexit, superque Pip-
pinum et suos irruens fuga illos abire compulit. » (Nithard. Hist. II. 3.)
En 841, année de la guerre de Fontanet, il n'y eut aucune campagne
en Aquitaine. En 842 nouvelle expédition. Charles mit Pépin en fuite,
et se rendit ensuite à Metz, où il arriva le dernier jour de septembre,
(Nithard. Hist. IV. 4).

1. Le placite dont il est ici question est probablement le placite de
Worms qui eut lieu après la deuxième expédition d'Aquitaine.

2. *Eigil*, moine de Ferrières, vécut ensuite à Prüm auprès de Marcward,
et lui succéda comme abbé en 853. Ayant eu la faiblesse de consentir au
mariage de Lothaire II et de Waldrade, il se repentit, abdiqua le gouvernement de son abbaye (860) et vint en France où Charles-le-Chauve

Gerungum [1], Fulcoldum et Ansboldum [2] ; et ut nostri benigne meminerint dignamini postulare.

XXI. — EPIST. 40 (842. IN FINE.)

AD RHABANUM PRÆCEPTOREM SUUM

Reverentissimo patri eximioque præceptori Rh. L. plurimam [3] salutem. Rebus non potui hactenus gratias vobis agere, tamen quantas affectu habuerim occultorum cognitor semper inspexit. Deinceps autem, si idem Deus vitam vestram produxerit, optatamque pacem reformaverit, non erit impossibile quid animo geram factis ostendere ; namque consensu fratrum nostrorum X Kal decembr. [4] cœnobium Ferrariense mihi commissum est ; dominus que noster Karolus, mira me dignatione fovens, gratia sua donavit. Vestra igitur benivolentia me, unaque congregationem michi creditam sacris orationibus, quæso, commendare dignetur, ut sicut studia mea plurimum eruditione adiuvistis, sic officii difficultatem assiduis precibus temperetis. Cæterum audivi sarcinam administrationis vestræ vos deposuisse, et rebus divinis solummodo nunc esse intentos, Hattoni [5] vero nostro curam sudoris plenam reliquisse ; cuius rei ordinem, simulque alia quæcumque videbuntur, beatitudinis vestræ litteris expectabo cognoscere. Obto vos bene valere, meique perpetuo dignanter meminisse.

lui donna d'abord l'abbaye de Flavigny, puis l'archevêché de Sens en 865 (Cf. *translatio Sanctæ Reginæ in monasterium Flaviniacense*).

1. *Gerungus.* Un moine de Fulda de ce nom devint abbé d'Hirschau l'an 854 et mourut en 885 (cf. Trithemii, *Chronicon Hirsaugiense*).

2. *Ansboldus,* moine de Prüm, ami de Servat Loup qui lui adresse les lettres 69, 117 et 123, devint abbé de Prüm après l'abdication d'Eigil en 860. « *Anno Dominicæ incarnationis* 860, *Egil abbatiam Prumiensem sua sponte dimisit, et Ansbaldus in regimine successit, vir omni sanctitate et bonitate conspicuus.* » (Reginonis chron. sub anno).

3. *Plurimam* (omis par Bal.).

4. X Kal. decemb : 22 novembre 842.

5. *Hatto,* successeur de Rahan Maur comme abbé de Fulda, en mars 842 ; il mourut en 856. « *Decessit Hatto abbas Fuldensis cœnobii pridie Idus Aprilis, in cujus locum per electionem fratrum et auctoritatem regiam ordinatus est Thiolo, unus ex ipsis monachis* » (Annal. Fuld. 856).

XXII. — EPIST. 21. (843. Init.)

AD IONAM [1]

Moleste vos tulisse mearum litterarum sententiam non mediocriter mirari soleo ; cum si ea paulo diligentius consideretur, non modo dignitati vestræ nihil derogaverit, verum etiam detulerit plurimum, quando id, quod nos magna cogebat facere necessitas, ut vestra pace posset fieri exoravit. Tantum enim ahest me vestram cogitasse iniuriam, ut sincera caritate optem gradum vestrum prædicationemque nos [2] integritate vitæ semper æquare, nihilque in ea prorsus apparere quod sanctitatis vestræ opinionem fuscare prævaleat. Hinc fuit quod propinqui vestri Agii [3] vobis exposui, quæ a multis culparetur, immodicam rapacitatem ; ut quia vestra id fecisse iactabatur voluntate, cum a vobis deinceps compesceretur, extra illam ea omnia gessisse inspicere volentibus emineret. Et quanquam frustra prioris iacturæ querelam omiserim, et de illa quam post modum intulit, impellentibus his qui maximo adfecti fuerant damno questus fuerim domino nostro, atque ille ut ea in re lex conservaretur se velle responderit, persequi negotium, reverentiæ vestræ consideratione, destiti, hortantibus id clarissimo viro Eriboldo [4], et venerabili Fulcone [5], qui mallent me maximarum rerum quam amicitiæ vestræ dispendia sustinere. Ut autem vere vobis confitear, quod cupio vos episcopaliter accipere, in urbe vestra et in villulis, quas extrinsecus habebamus, nec tantum quidem nobis relictum est unde familia viveret agrique

---

1. *Jonas* était né en Aquitaine. Dès 818 il était évêque d'Orléans et abbé de Saint-Mesmin. Il assista aux conciles de Paris, de Sens, de Thionville, et d'Aix-la Chapelle. Il avait dans sa jeunesse écrit des ouvrages en vers qui ne nous ont pas été conservés. On a de lui des traités : *de Institutione regia, de Institutione laicali, de defensione sacrarum imaginum ;* on lui attribue aussi un ouvrage sur *la Translation de Saint Benoît.* Il mourut en 843.
2. *Vos* (Bal.).
3. *Agius.* Evêque d'Orléans après Jonas.
4. Peut être *Heribold,* évêque d'Auxerre, 825-857.
5. *Fulcon.* Chorévêque de Reims de 835 à 843.

fenus acciperent ; fuit autem nobis ibi non contemnenda vini et annonæ copia, salis quoque aliquantulum ; quæ vendita, et vestimentorum nobis præbitura erant solacia, et in expeditionibus, quæ hoc Reipublicæ turbulento tempore exiguntur, quantulamcumque facultatem argenti ; quarum rerum tantum nunc patior anxietatem ut illud mihi solum occurrat dicendum : *Tu es refugium meum a t. b. l. t. o. n. q. c. me* [1]. Hinc enim me fratrum vexat inopia, hinc impendenda itineribus vehementer affligit pecunia, et pene omnibus rebus nostris undique aut sublatis aut devastatis nusquam nisi in Dei amicorumque suffragio auxilium valeo repperire. Ceterum de abbate quondam nostro [2] falsa nescio quæ vobis relata esse audio ; et ne apud vos ea ulterius prævaleant, quæ super eo gesta sunt quam verissime sanctitati vestræ significo. Dominus noster ne in monasterio nostro esse permitteretur iussit, præfatus de eo talia quæ melius reticentur. Id reversus ad monasterium quam mollissime eidem abbati edixi, atque illi hominibus qui eum deducerent deputatis, equis et vestimentis, et argento ad viaticum concessis, cum iussu Domini regis II Kalendas Decembris promoverem, constitui ut intra III. Non, memorati mensis monasterio decederet, quod eo die ante dominum regem me venturum sperarem. Quod cum iuxta meam opinionem fecissem, post solemnem exceptionem quæsivit quidnam de præfato abbate fecissem. Ego qui crederem sic eumdem abbatem gessisse ut nobis convenerat, præceptum eius me super eo complevisse respondi. Accepta igitur licentia, cum pridie Idus Decembris monasterio propinquassem, comperi sæpe dictum abbatem ibi adhuc morari. Illinc vehementer anxius, quod aliter domino nostro dixeram, aliter inveniebam, præmisi nocte qui ei honeste diceret ut primo diluculo egrederetur : non esse honestum ut aut ego meum differrem ingressum, aut illum ibi, contra domini nostri præceptum, invenirem. Cumque ille mandasset se in crastinum exire disposuisse, ne aliquam inimicis calumniandi ansam relinquerem, remandavi me non ante ingressurum quam ipse egrederetur. Ita ille cœnobium egressus est, permissis sibi

---

1. *A tribulatione quæ circumdedit me.*(Psal. XXXI, 7).

2. *Odon*, abbé de Ferrières de 829 à 842, succéda à Aldric nommé évêque de Sens. Il assista avec Servat Loup au Concile de Francfort au temps do Louis le Pieux, se fit soupçonner par Charles-le-Chauve d'être trop favorable à Lothaire, et fut dépouillé de son monastère (Nov. 842. Gall. Christ. XII p. 159).

omnibus quæ illi ante largitus fueram, et nonnullis insuper attributis ; quam rem aulicis familiaribus meis continuo significavi, et oportune egomet domino nostro exposui, et mendacia quæ inde sererentur declaravi. Non aliter me facere debuisse eis concorditer visum est. Viderint qui alia inde sparserant an perperam fecerint ; ego certe simplicem in hac parte oculum habens, lucidum fore corpus meum divina auctoritate confido. Opto vos valere feliciter et bonis omnibus abundare.

XXIII. — EPIST. 27 (843.)

AD IONAM EPISCOPUM

Reverentissimo præsuli Ionæ Lupus et W[1]. in Domino salutem. Librum vestrum, sicut rogastis, excurrimus, sed ut parcissime dicamus, in eo mutare nihil voluimus, ut operis vestri sitis ipsi correctores, cuius estis auctores : siquidem expendenda nobis fuerit teneritudinis et tenuitatis nostræ ratio et ætatis ac ordinis vestri habenda consideratio, nec facilitatem ac delectationem quamdam reprehendendi, quam in quibusdam notare solemus, debuimus imitari.

XXIV. — EPIST. 38 (843.)

AD REGEM KAROLUM

Excellentissimo domino, iudicioque sapientium multis et maximis regnis dignissimo[2], summa veneratione nominando, in

1. *Wenilo* ou *Guenilo*, archevêque de Sens, successeur de Saint-Aldric (846). Loup était sans doute déjà abbé de Ferrières au moment où il écrivit cette lettre, de concert avec son métropolitain. Il est impossible de déterminer quel est l'ouvrage de Jonas auquel les deux prélats font allusion. Les auteurs de l'Histoire littéraire pensent qu'il s'agit de l'ouvrage de Jonas contre les erreurs de Claude de Turin (*Hist. litt.* Tom. V, p. 257).
2. *Maximis regnis dignissimo.* Ces mots sont peut être une allusion au traité de Verdun qui avait attribué à Charles la Neustrie et l'Aqui-

clyto regi K. devotissimus per omnia L. Licet inevitabilis necessitas me ad tempus vestris aspectibus substrahat, sic tamen animus meus vobis agglutinatus est, ut vos et vestra semper in occulis habeam, et, ut absque adulationis fuco verum vobis confitear, vix comprehensibili amore complectar. Nam cur ab omnibus bonis debeatis amari facile in vobis eminet. Unde quantum capio, quantum sufficio, quantum intellego, vobis fidelis sum [1]. Cæterum præsentes meas necessitates per venerabilem Hl., [2] qui vobis non minus quam decet fidus est, maiestatis vestræ notas facere studui ; quibus peto secundum datam vobis divinitus prudentiam, cui omnes congratulamur, pie consulatis ut Dei vestrique servitii talia nunc valeam in primordio ponere fundamenta quæ futuri obsequii devotis molitionibus, opitulante eiusdem Dei gratia, et vestro favore, respondeant. Me autem noveritis, quotiescunque possum, Dei clementiam intentis precibus implorare ut concedat vobis prolixam sospitatem, incruentam victoriam, perpetuam pacem, vitiorum odium, possessionem virtutum, sicque vos faciat regnare in terris ut regnum non amittatis in cœlis.

XXV. — EPIST. 22 (843.)

AD LUDOGVICUM [3]

Quantum congaudeam successibus vestris prosperioribus, etiamsi non scriberem, facile possitis ex antiquo nostro amore

taine. Le traité est du mois d'août 843, mais dès le mois de juin, Lothaire, Charles et Louis avaient eu une entrevue dans une île de la Saône près de Mâcon, et les bases du traité définitif avaient été arrêtées entre eux.

1. Ces protestations de dévouement sont un effet de la reconnaissance de Loup qui vient d'être nommé abbé.

2. *Ill.* Le chancelier Louis, abbé de Saint-Denys. (cf. lettre 22.)

3. *Ludovicus* : était fils de Roricon et de Rotrude, fille aînée de Charlemagne ; il était donc cousin de Charles-le-Chauve, et l'un des personnages les plus importants du palais. Il était abbé de Saint-Denys (840), de Saint-Wandrille (844), et de Saint-Riquer (848). Les diplômes de Charles le Ch. montrent qu'il remplit encore à la cour les fonctions de chancelier de 840 à 863. Il fut un des présidents du concile de Verneuil en décembre 844, et Missus dominicus dans les pays de Paris, Meaux, Senlis,

colligere; illud forsitan iuste flagitaverim ut vestra celsitudo
parvitatem meam non aspernetur, sed olim concessam notitiam
condescensionemque retinere dignetur. Me vero noverit in sui
obsequium fideliter præparatum. Ceterum vestram opinantissi-
mam [1] flagito liberalitatem, ut duos nostros famulos a vestris
fabris, quos peritissimos vos habere longe lateque fama vulgavit, auri et argenti operibus erudiri iubeatis, vestro beneficio
nobis et vicinis nostris plurimum profuturos. Unde, ne nostra
vota nimium differrentur, si quod petimus obtinere meruerimus [2], unum eorum quos dirigere cupimus ea iam imbuendum
arte procuravimus. Aurum præterea quod hic frater noster
apud vos deposuit eidem iubete restitui, utopere inspecto, quid
nobis agendum sit æstimare valeamus. Opto vos valere feliciter
et virtutum in dies eapere incrementum.

XXVI. — EPIST. 39. (843.)

AD EBROINUM EPISCOPUM [3]

Carissimo Ebroino Lupus perpetuam salutem. Causas meas
Hl. [4] nostro significavi; quas his litteris repetere superfluum

Vexin, Beauvais et Vendeuil en 853. C'est un des protecteurs de
l'abbé de Ferrières qui lui adresse les lettres22, 23, 24, 25, 32, 43, 83,
92, 113 et 114. En 857 il obtint un privilège du pape Benoît III. En
859 il reçut du roi la Cella de *Madriniacum* (Marnay) pour s'en servir
comme d'un refuge en cas de nouvelles invasions Normandes. En 862
il était présent au concile de Pistes, et fit un inventaire des biens de
son abbaye de Saint-Denys qui fut confirmé par Charles-le-Chauve
le 19 septembre 862. Il mourut le 9 janvier 867.
1. *Opinatissimam* (Bal.).
2. *Meruimus* (Bal.).
3. *Ébroin*, évêque de Poitiers de 839 à 856, abbé de Saint-Maur sur
Loire, de Saint-Benoît et de Saint-Germain des Près, et archichapelain
du roi, (Bouquet viii, 490), était le chef du parti de Charles-le-Chauve
en Aquitaine; il présida le concile de Verneuil de 844, parce que la
dignité de l'archichapelain l'emportait sur toutes les autres dignités
du palais (Sirm. ad Capit. Caroli Calvi.Gall. Christ. II. 1163).
4. Servat Loup avertit Ébroin qu'il a recommandé ses affaires au
chancelier Louis, comme il en a déjà averti le roi dans la lettre 38. Les
deux lettres ont été écrites vers le même moment.

duxi, cum eas quæ illi redditæ sunt, vos lecturos et velim et sciam. Tantum postulo ut in omnibus ita mihi adesse dignemini sieut me confidere illis etiam litteris cognoscetis. Misi vobis eburneum pectinem, quem quæso ut in vestro retineatis usu, quo inter pectandum artior vobis mei memoria imprimatur. — Bene vos valere cupio.

XXVII. — EPIST. 16. (843.)

AD ORSMARUM[1] METROPOLITANUM TURONUM

Reverentissimo O. M. Lupus in domino salutem. Germani[2] mei vestrique fidissimi relatione postquam mihi vestra opinio innotuit, miro semper ardeo desiderio experiri quod illins diligentia delectabiliter prælibavi; maximasque sanctitati vestræ ago et habeo gratias quod ultro certare beneficiis non fastidistis, memoratum fratrem episcopaliter excipiendo et benigne fovendo, parvitatem vero meam ad vestrum amorem sincerissimo affectn invitando. Quod an pura mente depromam facile vestra prudentia colliget, si facultatem demonstrandi divina unquam gratia nactus fuero. Interim quod iam didicimus quantum de vobis præsumere debeamus, impendio supplicamus ut Commentarios Boetii in Topica Ciceronis, quos in chartacio codice, sive, ut emendatius aliis dicendum videtur, chartinacio, Amalricus in armario Sancti Martini habet, optentos ab eo nobis per hunc, quem ob hoc direximus, nuntium dirigatis. Monemusque ut cum quilibet quæsierit cuinam præfatum codicem commodaturi sitis, nostra nomina supprimentes, quod quibusdam propinquis vestris id magnopere flagitantibus velitis eum mittere respondeatis. Si autem per vos illum accipere meruerimus, op-

1. *Orsmarus ou Ursmarus*, archevêque de Tours, coadjuteur de Landrannus I, devint évêque vers 837. Il défendit la ville contre les Normands, assista en 843 au concile de Germiny, donna en 844 à Odacre, abbé de Corméri, un domaine dans la paroisse de Truyes (?) — (*in Troillana parrochia*) et mourut vers 846. (Gall. Christ. XIV, 35.)

2. *Germani mei vestrique*. Il ne s'agit point d'un frère de Servat Loup, mais d'un moine de son abbaye. L'expression de *germanus* est employée dans le même sens dans la lettre 6 à Reginbert : *Adalgi germani nostri*.

time tractabimus, et tempore oportuno remittemus. Super vestra incolumitate, nobisque gratissima prosperitate, litteris nos
certiores facere dignamini, et ne aliqua ex parte ad vos frustra
miserimus pariter procurare.

XXVIII. — EPIST 37 (843.)

AD HERIBOLDUM EPISCOPUM

Suspectæ michi amplitudinis vestræ nuper missæ fuerunt
litteræ; idcirco temperandum responsione putavi quoad[1] rei
veritatem rescirem. Nunc quoniam communis frater, et earundem litterarum fidem et vestri status patefecit veritatem, bonæ
valetudinis vobis recuperationem quam celerrimam exoptans,
breviter litteris respondeo. Si naturæ memores, quæ nos artissi-
mo necessitudinis vinculo nexuit, pristinique amoris qui nos[2] unice
singulariterque devinxit (quorum unum est eventus, alterum
iudicii) sinceram mihi benivolentiam exhibendam decrevistis,
immo quia decrevistis, locorum interstitia, quæ michi questi esti,
detrimento esse non poterunt. Siquidem et frequenter invicem
videre nobis facultas est; et si quis casus id[3] impedierit, litte-
rale nobis haudquaquam deest commercium, quo vicissim in-
tentiones nostras (si vestra eousque se summittit sublimitas)
familiariter possumus revelare. Cæterum codicem Annotationum
Beati Hieronymi in Prophetas, necdum a me lectum, vobis morem gerens, dirigo; quem vestra diligentia cito aut excriben-
dum aut legendum procuret, nobisque restitui iubeat. Unde
vos monendum iudicavi; ne forte vobis in multis assiduisque
occupatis negotiis, nichil vobis collatura nobis earundem rerum ohesset dilatio. Atque utinam altissimum divinumque vestrum ingenium, quantum posset fieri a communibus aversum
negotiis, ad indaganda humanæ vel divinæ sapientiæ transfer-
retur secreta. Profecto vestra nobilitas, officiique clarissimi
gradus dignum sua amplitudine cæpisset emolumentum. Quod
nolim eo dictum a me accipiatis, ut me in hac parte perfectum

1. Quod (Bal.).
2. *Qui nos* omis par Bal.
3. *Id* omis par Bal.

iactanter existimem, aut vobis in aliquo prorsus conferendum, nedum præferendum, opiner, sed sieut vos convenientibus cumulatos congratulor honoribus, ita etiam ingeniis, maxime quæ excellent artibus, ornatos nosse desiderio [1]. Caius Iulius Cæsar historiographus Romanorum nullus est. Commentarii belli Gallici, quorum ad vos manavit opinio, tantum exstant ; nec quantum ad historiam, quod compertum habeam, quicquam aliud. Nam ceterarum eius rerum gestarum, postquam idem Iulius totius pene orbis causarum molibus est oppressus, Hirtius, eius notarius, in Commentarios seriem referendam suscepit. Eiusdem itaque Iulii Commentarios, ut primum habere potuero, vobis dirigendos curabo. Cupio vos valere feliciter.

XXIX. — EPIST. 87. (843.)

AD HUGONEM [2]

Fratres nostri, qui ad vos directi sunt, retulerunt nobis commotionem vestram, quæ occasione illius hominis accidit, qui cum aliis malefactoribus rapinam sectando, sibi vitam auferri coëgit, cuius rei nos non fuisse conscios optime nostis. Unde cum id venerabilis filius vester nobisque familiaris Stephanus, non sieut res erat, sed sicut ei falso relatum fuerat, narrasset, misimus præpositum nostrum talium peritum et, ut eius ætatem atque nobilitatem decet, anxie religiosum ; qui, secundum prudentiam quam in sæculo hauserat, causam cum vestro nuntio discerneret et finiret. Verum quia qui iustitiam

1. *Desidero* (Bal.).
2. Baluze voit dans ce Hugues le fameux abbé de Saint-Germain d'Auxerre et de Saint-Martin de Tours, fils de Conrad, frère de l'impératrice Judith. Il reçut en 866 les *honores* de Robert le Fort, et après avoir joué sous Louis le Bègue et ses fils un rôle politique considérable comme comte du palais, il mourut en 887. (Cf. E. Bourgeois : *Hugues l'Abbé,*dans le *Bulletin de la Faculté des Lettres de Caen*, 1886). D. Bouquet voit dans ce Hugues l'abbé de Saint-Quentin et de Saint-Bertin, chancelier de Louis le Pieux depuis 834, fils naturel de Charlemagne, mort au combat d'Angoulême, le 14 juin 844, en combattant pour Charles le Chauve. (D. Bouquet. Tom. VII, p. 489. n). C'est D. Bouquet qui nous paraît avoir raison, l'autre Hugues ne jouant encore à cette époque aucun rôle dans les affaires de France.

quærebat, ipse implere nolebat, exitum res non potuit invenire. Itaque has litteras celsitudini vestræ dirigendas curavimus ; quibus placare cupimus animi vestri motum, quem nequaquam ulla nostra negligentia aut pervicacia provocavimus.
Potentia enim culminis vestri nequaquam personis, sed iustis
causis favere debet, nec vilitatem nostram, sed divinam maiestatem, cuius, quamquam indigni, servi sumus, et Beati Petri
reverentiam attendere, nec nobis aliquid mali comminari aut
inferre, qui sic iustitiam repetimus sicut reddere parati sumus.
Hoc etiam prudentiam vestri culminis commonemus ne propter
defensionem perditorum hominum patrocinium Beati Petri et
nostram antiquam familiaritatem aspernemini. Sed cogitantes
quod scriptum est : *Quia sperantes in Domino misericordia
circumdabit*[1], et *Omnis qui se humiliat exaltabitur*[2]. Ita
exortam controversiam sopire dignemini ut nec nos gravari pa-
tiamini, nec vestros impune male agere permittatis ; ne forte,
quod absit, Dei vindicta in vos propter iniquorum consensum
redundet. Optamus vos bene valere, et sicut nobilitatem et sapientiam vestram decet in omnibus agere.

XXX. — EPIST. 88. (844. Init.)

AD UGONEM ABBATEM.

Summa veneratione suspiciendo Hugoni, abbatum summo,
Lupus præsentem et futuram salutem. Postquam vos nosse
cæpi, diu in vestram venire notitiam, fateor, concupivi. Quod
tandem vestra dignatione consecutus, plurimum vobis confidere
audeo, dum et singularem in vobis nobilitatem et convenientem
nobilitati sapientiam frequenter considero. Qua causa cum michi quod nec timueram, nec, ut opinor, merueram, contigisset
ut dominus rex cellam cænobii nostri, unde edictum et ipsius,
et patris eius domini Hlud. serenissimi augusti habemus, nobis
ablatam Odulfo comiti daret, eamque, ut eum decebat, Deo
inspirante, et amplissimo viro Adahl. ₃ cooperante, nobis res-

1. Psal. XXXI, 10.
2. Luc XVIII, 15.
3. *Adalhard*, puissant comte Neustrien, oncle d'Hermentrude qui

tituisset, vos potissimum hortante ipso Adalh. credidi expe-
tendos, qui et ipsius Odulfi periculosam aviditatem prudenter
compesceretis, et nobis benigne memoratam cellam restituere-
tis. Vestra igitur longe lateque bonitas pervulgata nobis vehementer indigentibus, pro Dei amore, secundum litteras regias,
quam celerrime fieri potest subveniat ; ut et calamitatis nostræ
commiseratio præmium vobis pariat sempiternum, et a nobis
et a posteris nostris beneficii vestri memoria fideliter cele-
bretur.

XXXI. — EPIST. 63. (844. Init.)

AD PRUDENTIUM EPISCOPUM [1]

Carissimo suo Prudentio Lupus in Domino salutem. VII Idus
April. Heribaldus episcopus paulo ante regressus a rege, man-
davit michi, ex præcepto eiusdem regis, ut quoniam se ipse
legationis functione absolvisset, eandem nos strenue ac celeriter
exequeremur, ut in conventu generali [2] memoratus rex de singulis locis posset certior fieri. Itaque quia et tempus appropin-
quat, nec sine difficultate, maxime propter equorum pabulum,
colloqui possumus, nec vero ante copiam herbæ quod iubetur

épousa Charles-le-Chauve, le 3 déc. 842. Il fut le chef d'un parti op-
posé à celui de Conrad, frère de Judith, et de ses fils, et exerça une
influence prépondérante de 842 à 852.

1. *Prudentius*. Il se nommait Galindo ; il était espagnol de naissance
et avait été élevé dans le palais de Louis le Pieux. Evêque de Troyes
vers 845, après la mort d'Adalbert, il assista au Concile de Paris en 846,
signa la lettre synodale à Noménoé (849), écrivit la vie de sainte Maure,
vierge de Troyes, qu'il assista à ses derniers moments, fut choisi
pour juge par les clercs ordonnés par Ebbon et menacés d'être dé-
posés par Hincmar(853). Il assista au concile de Kiersy (853), souscrivit à l'élection d'Enée évêque de Paris (853),et soutint contre Hincmar
et Pardule de Laon la cause du malheureux Gotteskalk. On lui doit
une partie des Annales de saint-Bertin (836-861). Il mourut vers 861.
2. Le Concile de Judtz près Thionville, d'après Mabillon ; mais ce
Concile ne fut tenu qu'au mois d'octobre 844. On s'expliquerait diffici-
lement que Loup soit si pressé d'accomplir sa mission avant le placite, puisqu'il a devant lui plus de cinq mois. Le *conventus generalis*
est plus probablement l'assemblée de printemps que le roi devait tenir
avant de partir pour l'Aquitaine.

inchoare, et valitudinem vestram, et quid super hac re vobis
placeat continuo directis litteris declarate. Ut autem hinc meam
sententiam vobis aperiam, supervacuum iudico loca quorum
statum iam perspeximus, iterum adire, quando nulla sit correc-
tio subsecuta, et in Aurelianensi, ac Senonico, et vestro ac nostro pago restent quædam cœnobia in quibus interim tempus
terere possimus, ut sieut in aliis locis, ita et in his etiam emen-
danda per nos rex cognoscat, et ne in legatis eius ipsius iussio
contemnatur, si voluerit, sanciat ; quanti enim simus habiti,
immo ipse qui nos miserat, nobis impensus honor patefecit et
monasteriorum instaurata religio. Proinde, antequam legationem adoriamur, regi per me de his quæ videbuntur suggerere
statui, et tractorias accipere, et tunc, favente Dei gratia, profi-
cisei. Vicissim ergo sensum vestrum litteris exprimite, ut optimum factu ex utriusque ingenio colligatur. Illud autem non
vos fugiat quantumcunque in hac legatione laboraverimus, nec
nobis nec hominibus nostris aliquid remittendum quin agamus
quod ceteri, si motus his qui actenus vexarunt extiterint si-
miles [1].

XXXII. — EPIST. 90. (844. Iul.)

AD ODACRUM [2] ABBATEM

Tertio Non. Iulii, Deo propitio, ad monasterium nostrum
reversus, primum ut potui vestræ prudentiæ has litteras dirigendas curavi, quibus totis affectibus vestræ benivolentiæ gratias refero quod fratres nostros et ceteros homines, tantæ calamitatis angustia deprehensos [3], aperto caritatis gremio excepis-

1. La date de cette *mission* de Loup en Burgondie est donnée par
la lettre 22 ad Ludovicum, bien datée de 845. (*Superiore anno, missus in Burgundiam, decem equos amisi.*) La mission de Loup est
de 844.
2. *Odacre*, abbé de Cormeri, et parent de Servat Loup. Cf.
L. 86.
3. Allusion à la détresse des hommes de l'abbaye après la désastreuse
bataille d'Angoulême (14 juin 844).

tis, et materna pietate fovistis ; quorum relatio [1] adeo me lætificavit, ut epistolaris angustia vix valeat indicium meæ in vos
voluntatis aperire ; cum et germanos meos singulari dilectione
tractetis, et amplissima liberalitate nostris omnibus quanta vix
unquam sperare potuerant, præbeatis. Prolnde opto ut divina
gratia, cuius munere tales estis, exiguitati meæ largiri dignetur,
ut quantulamcumque vicem rependere sufficiam, integra vero
merces ab eo vobis restituatur qui summam præceptorum suorum in soliditate caritatis constituit.

XXXIII. — EPIST. 91. (844. Iul..)

AD MARCWARDUM ABBATEM.

In Aquitanica congressione [2] manifesta morte liberatus,
post captivitatis molestia solutus, utroque periculo, ingenti
Dei gratia, cui maxime præfidebam, et sanctorum eius beneficio, præterea cuiusdan Turpionis [3] ereptus, integra valetu-
dine ad monasterium III Nonas Iulii remeavi ; ubi, quod ultro
sciebam, et fratrum meoru.n Hattonis et Ratharii relatu, et
litterarum vestrarum lectione, certior factus sum mea calamitate vos vehementer commoveri. Iamque michi videre videor
vos ingenti gaudio exultare, cum me, quem dolebatis aut captivum, aut mortuum, accipiatis incolumem in monasterio resi-
dere. Ego vicissim fratresque omnes de vestra tam fructuosa
reversione maxima lætitia gratulamur ; et Domino Deo nostro
gratias ingentes referimus, quod non solum vestram excellentiam nobis restituit, verum etiam vestro labore duplex patrocinium sanctorum providit. Pro vestra quidem incolumitate et
regressione cotidie Deo supplicabamus ; sanctorum autem per-
lationem voto continentes vestris amabilibus Deo studiis ut
suspicaremur de vobis talia facile adducebamur. Nunc Deum in
commune laudamus qui supra quam petere audebamus largitus
est. Illud unum ad cumulum gaudiorum restat, ut presentiam
vestram nobis exhibeatis : quod vos haudquamquam posse

1. *Relaxatio* (Bal.).
2. La bataille d'Angoulême (14 juin 844).
3. *Turpion*, comte d'Angoulême, tué en 863.

litteræ vestræ professæ sunt, nos hoc eas promisisse tenebimus ; quod si feceritis, cum parvitati nostræ plurimum, tunc etiam vobis aliquid conferetis ; siquidem et nobis consolationem et virtutis incitamentum suggeretis, et fratrum, qui vestrum post discessum decedentium supplevere locum, notitiam et firmiorem, si possit fieri, lucrabimini caritatem. Quæso præterea ut ad sanctum Bonifacium [1] sollertem aliquem monachum dirigatis, qui ex vestra parte Hattonem abbatem deposcat, ut vobis Suetonium Tranquillum de Vita Cæsarum, qui apud eos in duos nec magnos codices divisus est, ad exscribendum dirigat ; michique eum aut ipsi, quod nimium opto, offeratis, aut si hæc fælicitas nostris differetur peccatis, per certissimum nuntium mittendum curetis. Namque in hac regione nusquam invenitur, et credimus hoc quoque nos beneficium vestra liberalitate consecuturós. Filium Guagonis [2], nepotem meum, vestrumque propinquum, et cum eo duos alios puerulos nobiles, et quandoque, si Deus vult, nostro monasterio suo servitio profuturos, propter Germanicæ linguæ nanciscendam scientiam, vestræ sanctitati mittere cupio, qui tres duobus tantummodo pædagogis contenti sunt. Quod utrum dignemini præstare, ut primum se facultas obtulerit, ne gravemini aperire. Sterilitatem vini superiore anno passi sumus, aliis rebus pro tempore abundamus, et largiente Dei gratia, aliquantula pace fruimur, nisi quod sæculares quidam, qui vellent nostrum invadere monasterium, nobis moliuntur insidias. Unde vobis est studiose, propter caritatis debitum persolvendum, Deus orandus ut quod nobis maxime conducit in corde principum operetur.

1. *Fulda.* Ce passage prouve que Hatto était abbé de Fulda dès 844.

2. Loup parle dans la lettre 119 d'une de ses nièces qui avait épousé Hildegarius, vassal de l'évêque de Paris.

XXXIV. — EPIST. 86. (844.)

AD HATTONEM[1].

Carissimo suo Hattoni Lupus in domino S. Quamquam occupationes inevitabiles colloquium nostrum, quod frequens esse debuit, impediant, tamen eis paulisper dilatis[2], nobismet ipsis consulamus oportet, ne salutaria consilia, quibus invicem auctore Deo iuvare possumus, ad nostrum detrimentum ulterius negligantur. Curate igitur hoc mense Octobri, die quo significaveritis, ad Arceias[3] vestras michi occurrere; ut loco utrisque medio convenientes, oportune possimus de rebus necessariis consultare. Noveritis etiam Odacrum abbatem[4] et consanguineum nostrum libram auri, quam nostis, instante Viviano[5], repetere, cuius humanitas nulla inhumanitate exaspernanda[6] est. Mature cursorem hunc remittite, ut tempore quo significaveritis valeam vobis ad memoratum locum occurrere. Cum iam emisissem cursorem, supervenit Rath[7] et causas vestras nuda veritate pa-

1. *Hatto*, abbé de Fulda, après la retraite volontaire de Raban Maur en 842, est mentionné comme abbé de Fulda dans la lettre 91 de Servat Loup ayant date certaine de 844. Il mourut le 12 avril 856 (Cf. supra p. 98) et eut pour successeur Thioto.

2. *Paulum perdilatis* (Bal.).

3. *Arceias.... loco atrisque medio*. Peut-être *Arches* sur la Meuse, non loin de l'emplacement actuel de Charleville ?

4. *Odacre*, abbé de Cormeri, petite abbaye dépendante de Saint-Martin de Tours. Servat Loup fut secouru par lui en 844 à son retour d'Aquitaine (L. 90) et le recommanda plus tard à Hilduin abbé de Saint-Martin de Tours (L. 97). Odacre vécut jusqu'en 868.

5. *Vivien*, comte de Touraine, administrateur des abbayes de Saint-Martin et de Marmoutiers (845-851.) Au mois de mars 849 Vivien s'empara de Charles, frère de Pépin II roi d'Aquitaine. Il périt à la bataille du 22 août 851 livrée par Charles-le-Chauve à Herispoé. Il était odieux aux moines en sa qualité d'abbé laïque comme le prouve un texte cité par les auteurs du Gall. Christ. « *Ibi morietur perfidus et nefandus Vivianus, qui non extimuit conculcare nobilitatem ecclesiarum mearum, abbatem se glorians B. Martini et ceterorum Devorabat enim idcirco carnes ejus ferae silvarum.* » (Ex Lib.Revelationum Moduini. — Gall. Chr. XIV, 166.

6. *Exasperanda* (Bal.).

7. *Rath*. Ce nom se retrouve dans la lettre 91. Le personnage y est nommé en toutes lettres; il s'appelait Ratharius.

tefecit : quibus cognitis, accelerandum colloquium multo michi maxime visum est, ut rebus asperis, demonstrante Deo, per subtilem tractatum prudenter possimus occurrere. Interim quemadmodum idem Rath. (qui nichil meritus impetum indignationis excepit) restituatur elabórate, quia vehemens indignitas est quod propter rem ad se nichil pertinentem tam diuturni laboris præmio vacuatur.

XXXV. — EPIST. 92. (844.)

AD HLUD.

Præcellentissimo atque clarissimo abbatum summo Lupus plurimam salutem. Occupationum vestrarum considerationem habens, paucis vobis aperio magnum Adalh. cum adhuc proficisceretur, mihi serio promisisse quod nunc, oportunitate se ultro ingerente, Cellam Sancti Iudoci nobis recuperaturus esset, et ne quis apud regem nobis aliquid nocere posset in omnibus provisurus. Cum autem ab Aquitania, Dei servatus [1] clementia, reversus essem, et a tantis calamitatibus quas pro regis fidelitate passus fueram, vellem aliquantulum requiescere, fama dispersit datum nostrum monasterium Egilberto. Itaque de utroque, memores amicitiæ nostræ, solito more me adiuvare contendite ; præsertim cum et meam fidem in regem et servitium cognoscatis, et fieri magnam indignitatem facile comprehendatis me cum prædicto Egilberto conferri, nedum mihi eum proferri. Quæ proponere in tali negotio debeatis breviter complexus essem, nisi naturali prudentia et eruditionis copia vobis ultro suggerentur. Cupio vos bene valere et, parvitatis meæ memores, lætioribus in dies augeri successibus.

1. Baluze ajoute : servatus *bonitate et* clementia. — Ces mots n'existent point dans le ms.

XXXVI. — EPIST. 9. (844.)

AD LEOT[1].

Lupus abbas dilecto suo Leotcrico salutem.Molimina hostium nostrorum, quæ litteris nostris ex integro cognoscere concupisti, tam numerosa, tam callida, tamque tumentia extiterunt ut, si plene exponerentur, libri magnitudinem vindicarent ; unde factum est ut hac vice scriptori parcerem, tibi autem et quibusque benevolis beneficii divini seriem non quidem denegarem, sed in aliud tempus commodius, ut credo, differrem ; exitum tamen non tacui, propter quem et mihi et omnibus mei studiosis ingentes Deo sunt gratiæ et habendæ et referendæ. Guichardo, si cognoscendæ veritatis desiderio opus nostrum expetit, arbitror non negandum, cavendum tamen prudenter, nedum prætendit discendi desiderium, nocendi aditum subdola mente rimetur. Bene vale.

XXXVII. — EPIST. 65. (844.)

FRATRIBUS QUIBUS PRÆERAT

Dilectis fratribus suis Lupus abbas in Domino salutatem. Flagrante cupiditate hostes nostri multa quidem conati sunt [2], sed protegente nos Domino, meritisque sanctorum, spe sua deiecti sunt ; eodemque opitulante nunquam optatum sibi consequen-

1. Baluze propose la leçon *Leotaldum* (cf. Lettre 15.)
2. Cette lettre paraît se rapporter aux temps qui suivirent la campagne d'Aquitaine de 844. Loup avait été fait prisonnier au combat d'Angoulême, le bruit de sa mort avait circulé ; aussitôt des prétendants à sa succession s'étaient mis sur les rangs. Le plus redoutable était un certain Engilbert (L. 92. — ad Illudogwicum). Loup finit par triompher de son compétiteur ; et cette lettre 65 est vraisemblablement celle qu'il adressa à ses moines pour les informer de son succès.

tur effectum. Quod vobis declarare studui, ut Deo et sanctis eius dignæ gratiæ referantur, et excepta securitate mentes vestræ quietis gratia perfruantur.

XXXVIII. — EPIST. 80. (844 — IN FINE.)

AD USUARDUM ABBATEM[1].

Dilecto Usuardo abbati et archidiacono Lupus in Domino salutem. Non estis obliti quemadmodum vobis, præsentibus maioribus ecclesiæ vestræ, constitutum Synodi decretumque metropolitani Amuli[2] ostenderim super presbytero Godelgario, terruerimque vos, nisi præceptum domini nostri regis confirmantis quod sancta Synodus et metropolitanus iussisset impleretis, futurum ut iacturam gravis exsilii paterennini. Verum quia id hactenus distulistis, et memoratus presbyter tam diuturnam calamitatem cupit effugere, synodali et metropolitani simulque auctoritate regia commoneo ut quod per me vobis iniunctum est sine dilatione perficiatis, ne forte pro triplici contemptu multiplicem vindictam sustinere cogamini. Breves etiam quos de facultate monasterii vestri mittere debuistis, ut apud Sedelocum[3] michi reddentur absque ulla excusatione procurate. — Bene valete.

1. Abbé d'un monastère du diocèse d'Autun.
2. *Amulus, Amulo, Amalo, Hamulus, Amalo, Amularius*, archevêque de Lyon de 841 à 875, était diacre de l'Église de Lyon au temps d'Agobard, et devint métropolitain le 16 janvier 841. Il obtint de grandes donations de l'Empereur Lothaire en 846 et 850, tint un Synode en 846 et fut l'adversaire d'Hincmar dans sa querelle avec Gotteskalk. Il mourut le 31 mars 852 et eut pour successeur Remigius. (Gall. Christ. IV. p. 59.)
3. *Sedelocum*, Saulieu, chef-lieu de canton du département de la Côte d'Or, arr. de Semur, mentionné déjà par Ammien Marcellin L. XVI, 2, 3), se trouve sur la table de Peutinger. (Baluze, Notæ in S. Lupi epist.).

XXXIX. — EPIST. 81. (845 — init.)

AD AMULUM EPISCOPUM, EX PARTE GUENILONIS ET GHERRARDI.

Reverentissimo et clarissimo præsuli Amulo Guenilo Episcopus et Gherrardus comes [1] perpetuam S. Multa et magna iussu
domini nostri regis ex eius parte familiarissime vobis mandata
revelassemus, si quod ipse optavit, quod etiam suis vobis litteris significavit, nos quoque plurimum voluimus,ad Augustudu-
nensem urbem vacuum fuisset vobis expectationi nostræ occurrere. Sed quod nuntii vestri certissimas impossibilitatis vestræ
causas nobis prodiderunt, quæ copiose multipliciterque dicenda
verbis nobis commisit, sensuum veritate servata, conati sumus
vestræ sapientiæ compendiosis litteris aperire. Præcepit itaque
ut eius vobis sermonibus diceremus, se fideliter tenere, quod
Rex regum, idemque Sacerdos sacerdotum, qui solus potuit
Ecclesiam regere quam redemit, postquam humanitatem suam
in cœlum evexit, semper cum suis futurus divinitate, potestatem suam ad eandem gubernandam Ecclesiam, in sacerdotes
divisit et reges, ut quod sancti docerent pontifices, et ipsi im-
plerent, et impleri facerent devotissimi reges. Quamobrem se
cupere debitam sanctitati vestræ impendere reverentiam,
sieut ei quem sciat divinitatis cultum integre velle servare ; atque vicissim postulare ut cum eo tale fœdus concordiæ ineatis,
ut ubicumque ecclesiasticæ utilitati in portione regni divinitus
sibi collata, vestræ auctoritatis dispositione in re tanta cupit
consulere, unanimitate vestri consensus continuo adiuvetur. Et
ne vos longis ambagibus diutius fatigemus, recens incommodum Augustudunensis ecclesiæ et prolixa perturbatio flexit eius
pietatem, ut sua largitate, vestraque promotione talem ei præ-

1. *Gérard de Roussillon*, comte de Provence, fonda les abbayes de
Vezelay et de Poultières. Après la mort de l'Empereur Lothaire il fut
tuteur de Charles, roi de Provence, qu'il servit fidèlement contre
Charles-le-Chauve et contre les Normands. Il servit son successeur
Lothaire II (863-869) et voulut à la mort de ce prince conserver au moins
la Provence à Louis II. Il se retira en Bourgogne vers 870. Quelques
auteurs l'identifient avec Gérard, comte de Bourges de 838 à 872.

ficiat qui ruinas illius et spiritaliter et sæculariter strenue sar-
eire sufficiat. Est autem quem benignitati vestræ plurimum
commendat, propinquus eius Bernus [1], ab ætate memoriæ [2]
glorioso Imperatore Ill. tenere educatus, et claris ornatus honoribus; quem et ipse hoc suo tempore multis experimentis invenit idoneum, et opitulante gratia Dei, tanto negotio credit ap-
tissimum. In hoc probatissimorum eius consiliariorum adquies-
cit consensus. Idque vestræ prudentiæ dominus noster nobis
iussit suggerere non esse novicium aut temerarium quod ex palatio honorabilioribus maxime ecclesiis procurat antistites. Nam
Pipinus, a quo per maximum Karolum, et religiosissimum Hludogvicum imperatores duxit rex noster originem, exposita necessitate huius regni Zachariæ Romano papæ, in synodo cui
martyr Bonifacius interfuit [3], eius accepit consensum ut acerbi-
tati temporis industria sibi probatissimorum decedentibus episcopis mederetur, ne forte simplicitate pontificum posset contingere quod in hac Eduorum urbe, cuius nos nunc cura exercet,
evenit. Proinde se petere ut honorem a Papa romano maioribus
eius, et regibus et imperatoribus concessum, et a Lugdunensis
ecclesiæ metropolitanis, cui auctore Deo præsidetis, nunquam
hactenus infirmatum, a vobis nulla vestra iniuria consequatur.
Quod si in hac parte spretus non fuerit, facturum sit [4] ut in regno eius vestrum ministerium debitam semper venerationem optineat, et optatum exitum sortiatur. Cuius petitioni nostras nos
supplices iungimus preces, ut quod tantis viris videtur optimum
vobis quoque complaceat; ut in obsequendo vobis non solum
nos, verum etiam illos faciatis, quod optamus, cupidissimos debitores. Idque impetratum a vestra fidissima nobis familiaritate volumus ut quod vobis Deus inspiraverit nobis quam celerrime litteris ostendatis; ut per nos citius dominus noster rex,
quod plurimum cupit, benivolam in se vestram cognoscens voluntatem, dignas Deo referat gratias, et antequam necessitate
regni longius abducatur, damnosam præsulis dilationem re-

---

1. Parent de Charles-le-Chauve, est peut-être le même personnage
que *Bernardus Abbas Sancti Joannis Reomensis* (Montier en Der) Il n'a pas
laissé de traces de son gouvernement; il est probable qu'il sera mort avant
d'avoir été consacré. Son successeur Alteus était déjà évêque en
juillet 843. (Gall. Christ IV. 363.)

2. *A beatæ memoriæ* (Bal.), d'après une correction indiquée par le
ms.

3. Concile d'Estinne en 743.

4. *Se* (Bal.).

cidat, vobisque fidissimum adiutorem dirigat ordinandum. Go-
delsadum [1] etiam, quem ex palatio suo, more prædecessorum
regum maiorum suorum, ut ante monstratum est, Cabillonensi
præfecit ecclesiæ, flagitat idem rex ut hac quadragesima non
gravemini ordinare. Quod si per absentiam Teotbaldi [2] episcopi
visum fuerit impossibile, quocumque tempore constitueritis congruum vobis curabimus ex episcopis nostris facere supplementum, ut quod prosit populo christiano, absque dilatione per vos
Deus implere dignetur.

XL. — EPIST. 15. (845 — INIT.)

AD LEOTALDUM.

Lupus abbas Leotaldo suo salutem. Non eram nescius te id
animo continere quod litteris expressisti ; quoniam pene omnia
sunt mihi ac frequenter in oculis quibus modis benevolentiæ germanus animus sit solitus respondere. Unde autem te certiorem
fieri poposcisti, indulgentia Dei scias me pro tempore bene valere, meisque dispositionibus, quas iusticia semper condire cupio, nihil quod sciam, obsistere. Quamobrem bono animo esto,
et pro nostra communi salute hoc sancto tempore instantius
deprecare. Patrem patratum nomen esse gradus sacerdotalis
existimo, cum is qui eo fungeretur tantum venerationis a civi-
bus mereretur ut eorum pater factus diceretur, per quem ea
fiebant [3] quæ in Servio [4] legis ; ut hostes, quos viribus superare
moliebantur, prius religione terrerent.

1. *Go lelsadus,* évêque de Chalon de 844 à 862. succéda à Mile,
assista aux Conciles de Soissons et de Verberie (853), de Langres et de
Savonnières (859), de Toul (860) et de Pistes (862). (Gall. Christ. IV,
875.)

2. *Teotbaldus,* évêque de Langres de 838 à 859. (Gall. Christ IV,
531.)

3. *Faciebant* (Bal.).

4. Comment. ad Æneid. Lib. IX, 53; X, 14 ; XII, 206.

XLI. — EPIST. 64. (845.)

EXORTATIO AD REGEM KAROLUM.

Ut pacifice feliciterque regnetis observanda vobis fideli devotione collegi : Creatori vestro Deo, et iudici futuro gratias habete semper et agite, qui vos hactenus malis pluribus liberavit, et bonis multiplicibus exornavit ; utque vobis initium [1], profectum, atque perseverantiam in bonis aetibus largiatur cotidianis precibus flagitate. *Cum essetis parvuli, loquebamini ut parvuli, sapiebatis ut parvuli* : nunc autem ad virilem perducti aetatem, secundum eumdem apostolum, in quo evidenter Dei Spiritus loquebatur, *evacuate quæ fuerunt parvuli* [2]. Scilicet stulta quæque atque inania declinantes, rationabilia, præsenti et futuræ saluti profutura, sectamini. Quæ agenda sunt prospicite diligenter, et retractate subtiliter, communicato consilio cum Dei vestriqne perfecte fidelibus, quia, ut divinum nos instruit eloquium *qui sibi nequam est, cui bonus erit* [3] ? Nec vos cuilibet ita subiciatis, ut ad eius arbitrium omnia faciatis ; cur enim regium nomen prætenditis, si regnare nescitis ? Ut pace cunctorum dixerim, non expedit vobis et populo ut aliquem vobis æquetis, nedum præponatis ; quoniam Deus, qui seit quid sit in homine, præmonet, *ne des potestatem filiis tuis in vita, quia melius est ut illi te deprecentur quam tu illos* [4]. Si filiis hoc non est concedendum, quanto minus aliis ? Vicem vos genere Dei quis ignorat ? at ipse dicit : *Gloriam meam alteri non dabo* [5] Non admittantur ergo a vobis monitores quos baiulos vulgus appellat, ne gloriam vestram inter se ipsi partiantur, et meliorum amorem alienent a vobis. Imitatione Dei nolite personaliter iudicare ; sed in eadem causa dives, me -

1. *Initium*, indique que la lettre date des premières années de Charles-le-Chauve.
2. Cor. I. XIII, 11.
3. Eccl. XIV, 5.
4. Eccl. XXXIII, 20 et 22 : *Filio... non des potestatem super te in vita tua.... melius est enim ut filii tui te rogent quam te respicere in manus filiorum tuorum.*
5. Isa. XXLII, 8.

diocris et pauper eumdem vos sentiat [1] ; ut sit quod potentes terreat et quod mulceat non resistentes. Bene semel gesta nunquam nisi in melius immutaveritis, ut fidem vestram atque constantiam cuncti mirentur. Fugite levitatem, morum maturitatem apprehendite, ut vestra probitas cunctis possit prodesse subiectis : Vitate malorum societatem, quoniam, ut scriptum recolitis, *corrumpunt mores bonos colloquia mala* [2]. Amplectimini bonorum collegium, quoniam *cum sancto sanctus eris, et cum viro innocente innocens eris. et cum el. e. e et c. p. p.* [3] Et apud eumdem Regem et Prophetam pulcherrime dicitur : *ambulans in via immaculata hic mihi ministrabat n. h. i. m. d. m. q. s. r. qui l. i. n. d. in c. o. m* [4]. Ne metuatis potentes, quos ipse fecistis, et quos, cum vultis, extenuare potestis. *Ne confidatis in principibus, in filiis hominum quibus non est salus* [5] ; sed transferte spem vestram ad Eum [6] *qui fecit cœlum et terram, qui custodit veritatem in sæculum* [7]. Concipite honestam veritatem, ut quod vos non deeet præstare, nemo scienter a vobis audeat postulare. Cogitate multa, nec dicatis omnia, quia, vel iuxta divinam Scripturam : *qui custodit os suum custodit ab angustiis animam suam* [8], vel iuxta sæcularem litteraturam ; *Quod occultum velis, nemini dixeris quia non poteris* [9] *ab alio exigere silentium quod tibi ipse non præstas* [10], et ; *non potest vox missa reverti* [11]. Communem utilitatem et oportunitatem omnium carissimam vobis omnes intellegant, ut certatim omnes sibi vos præferre contendant. Divinas et humanas leges, iustas duntaxat, nemo sinatur contemnere, quia malorum impunitas vitiorum semper perperit incrementum. Humilitas cuncta opera vestra venustet, quia scriptum

1. Sentiant (Bal.).
2. Cor. I. XV, 33.
3. *Et cum electo electus eris et cum perverso perverteris.* (Psal. XVII, 26. 27).
4. *Non habitabil in medio domus meæ qui superbiam facit, qui loquitur iniqua non direxit in conspectu oculorum meorum.* (Psal C, 6. et 7).
5. Psal. CXLV, 3.
6. *Ad Deum* (Bal.).
7. Id. 6. et 7.
8. Prev. XXI, 23.
9. *Quomodo namque poteris* (Bal.).
10. Pseudo-Sen.,de Moribus, 10: *Quod tacitum esse velis, nemini dixeris. Si tibi non imperasti, quomodo ab alio silentium speras?*
11. Hor.,de Art. poet.,V, 390.

est : *Quid superbit terra et cinis*[1] *?* Et *quanto magnus es,* *humilia te in omnibus, et coram Deo invenies gratiam* , et ipse Redemptor noster admonet : *Discite a ne quia mitis sum, et humilis corde, et invenietis requiem animi vestri*[3]. Elemosinis assiduis Deum vobis placate, secundum illud ; *Miserere animæ tuæ placens Deo*[4], quia, ut sacræ continent litteræ, *helemosina a morte liberat, et non patitur animam ire in tenebras*[5]. Salvator quoque hanc ita commendat : *Date elemosinam, et omnia munda sunt vobis*[6]. Glorificate Deum in omnibus, quoniam ipse testatur. *Qui glorificat me, glorificabo eum, qui autem contempnunt me erunt ignobiles*[7]. Rex etiam et Propheta eximius sic sibi Deum præponit ; *Non nobis, Domine, non nobis, sed nomini tuo da gloriam*[8]. Hæc studiose custodientes, Deo, et bonis quibusque placebitis; rebelles, Deo, ut credimus, pro vobis pugnante, comprimetis atque vincetis, et post regnum temporale atque laboriosum, consequemini sempiternum et vere quietum.

XLII. — EPIST. 31. (845 — NOV.)

AD GUENILONEM E.

Summa veneratione colendo, insigni præsuli Gueniloni, Lupus plurimam salutem. Cum ad regem proficiscerer, et præmisissem sciscitari quid me facere vellet, ipse vero præcepisset ut festivitate Beati Martini ad monasterium eiusdem præclari confessoris ei occurrerem, eum vero utilitas publica alio traxisset, missis iterum nuntiis per amicos optinui cum gratia licentiam

1. Eccl. X, 9.
2. Eccl. III, 20.
3. Matth. XI, 29.
4. Eccl. XXX, 24.
5. Tob. IV, 11.
6. Luc. XI, 41.
7. Reg I. II, 30.
8. Psal. CXIII, 1.

revertendi. Cur autem, sicut constituerat dominus noster **rex**, ad Sanctum Martinum non accesserit, hæc, ut nuntii nostri retulere, causa fuit quod Britanni, sibi præter solitum dissidentes, regem nostrum Britanniam [1] versus evocaverunt, ut pars quæ contra Nomenoium sentiebat ad eum tuto deficeret. De Pippino [2] unde vestra quæsivit paternitas, nihil certi in palatio dicebatur; leviter tantum fama iactabat eos qui nuper ab eo descivissent in concordiam redituros. Quidam vero de Aquitania venientes Nortmannos [3] inter Burdegalam et Sanctones eruptionem his diebus fecisse retulerunt, et nostros, hoc est christianos, pedestri cum eis prælio congressos, et miserabiliter, nisi quos fuga eripere potuit, peremptos. In quo hello comprehensum ducem Vasconum Siguinum [4] et peremptum etiam iurando testati sunt; quæ res quam vera sit dominica sententia: *Omne regnum in seipsum divisum desolabitur* [5], indicat; et discordiam amplectentibus qui fructus maneat manifestat. Bene vos valere cupimus.

XLIII. — EPIST. 32. (845 — DÉC.)

AD HLUDOGVICUM.

Desiderantissimo suo Hludogvico, abbatum summo, Lupus p ræsentem etfuturam salutem. Dici non potest quanto nuper

1. *In* (Bal.). L'expédition de Bretagne eut lieu en 845 :; *Carolus iterum Britanniam pergens cum Nomenoio duce dimicavit, et victor extitit. Sed Nomenoius fuga lapsus est..* (Adem Cabann.) Toutes les autres chroniques sont d'accord pour dire au contraire que Charles fut battu. (*Chron. Fontanellens, Engolismense, Aquitanicum, Annal. Bertinian.*) — La chronique de Saint-Wandrille rapporte la bataille à l'année 846; mais D. Bouquet (Tom. VII, Rés. chronol.) la date de 845, et D. Lobineau adopte la même date dans son *Hist. de Bretagne* (T. I, p. 41).

3. Cette expédition eut lieu en 845. *Sigoinus comes a Normanni*s *capitur et occiditur.* (Chron. Engolismense, anno 845. D. Bouquet. Tom. VII, p. 222.) Même mention tirée de la chronique d'Aquitaine, anno 845.

4. *Siguinus*, comte de Bordeaux. Il en est parlé dans les Annales royales, dites d'Einhard, Anno 816.

5. Luc. XI, 17.

dolore adfectus sim, cum in hac Reip. calamitate feliciter
fallax fama disperserat [1] vos quoque inter alios cecidisse : hunc
mœrorem nullus unquam dies, ut vere fatear, nisi cum ultimo
michi spiritu abstulisset. At veritate comperta, ut par fuit,
inexplicabili gaudio exultavi, quod is viveret cum quo, si
possem, et esset necesse, iuxta illud Horatianum : *Meos
dividerem libenter annos* [2]· Immensas itaque gratias omnipotenti Deo, omnium nomine, refero, quod te michi servavit,
quo servato ipse quoque servatus sum. Præterea domini nostri
regis adversitati condolens, et ereptioni supra modum congau-
dens, instar illius evangelicæ viduæ, quæ duo minuta in gazo-
philacium misit, quicquid muneris consequi potui per vos
offerendum direxi : quod gratum ei, sicut michi expedire videtis, quæso dignamini facere. Ideo autem dixi illi me totum
quod invenire valuissem fideliter misisse, quod propter eius
frequens servitium, quod prius a præcessoribus meis non exige-
batur, et propter cellæ nostræ subtractionem, et frumenti
ante inauditam penuriam, omnia iam exhausta sunt, ita ut
empticio frumento fratres iam mense integro sustententur,
eodem tanta prolixitate usque ad novas fruges victuri ; nec
suffecerunt quæ ad communes usus parata fuerant ; sed urgente
inevitabili necessitate, paucissima vasa et cetera ornamenta
ecclesiæ nostræ dolentibus omnibus, distrahuntur. Quæ res
quo redundet, et quantum publicam prosperitatem impedire
possit, nec ammonita vestra videt prudentia. Proinde vestram
supplex imploro pietatem, ut regi meas et fratrum necessitates,
immo iam veras miserias aperiatis ; suggerentes ut quod suo
maximo periculo in Beatum Petrum et nos fecit, voti memor
quo se hoc anno obligavit [3], tandem aliquando immutare digne-

---

1. *Disperserit* (Bal.).
2. Ce vers n'est pas dans Horace.
3. Baluze (Not. ad. epist. 32. Migne, Col. 498) et D.Bouquet (T. VII,
p. 492, note b) placent le vœu de St Denys en 845. La lettre de Servat
Loup au chancelier Louis confirme cette date puisque Loup écrit après
la bataille de Ballon (22 nov. 845), et dit que le vœu de St Denys a été
fait dans le courant de l'année, *hoc anno.* Il ajoute (L. 42) que le vœu
a été fait à l'instigation d'Hincmar ; la date de ce vœu doit coïncider
avec l'élection d'Hincmar comme métropolitain de Reims, au concile
de Beauvais, en avril 845. Le 3e canon du concile est une sommation
adressée au roi qui devra restituer les biens de l'église de Reims qu'il
a distribués à des laïques. (Labbe, Conc. T. VII, col. 1811). Flodoard
rapporte à la date du 1er octobre 845 un premier édit de restitution

tur, ut et principem Apostolorum in suis rebus dubiis adiutorem et nos omnes ex corde possit habere intercessores. Neque
enim contemnere debet orationes servorum Dei cum de uno
quolibet iusto dicitur : *Multum valet deprecatio iusti assidua* ₁,
et de pluribus Dei cultoribus sacer insonet psalmis : *Voluntatem
timentium se faciet, et deprecationem eorum exaudiet*₂. Nec
de nostri instauratione cænobii tantum, verum etiam de totius
Ecclesiæ statu sollicite vobis admonendum est, ne forte, quod
absit, quam integram accepit, scissam, nobis flentibus, hostibus
autem eius tam occu'tis quam manifestis irridentibus, relinquere compellatur. Utinam ei non contingat quod Deus suis
contemptoribus comminatur : *Sola vexatio intellectum dabit
auditui*₃, nec experiatur quod ait Apostolus : *Horrendum
est incidere in manus Dei viventis*₄. In expeditione Aquitanica olim ₅, ut nostis, omnia perdidi. Superiore anno, missus
in Burgundiam ,₆decem equos amisi, nunc nos quam significavi premit inopia. Cupio etiam, si Deo placet, quod didici et
semper disco docere,quas res *(præter ultimam,)* ea enim velut
Reipublicæ iutilis iundicaretur, quæ meo iudicio ceterarum est
gravissima) ei me evocare voluerit ad comitatum, regi, quæso,
suggerite, quoniam nisi spoliem aliquid altare, aut fratres importabili affligam inædia, non habeo unde octo dies
in eius possim versari servitio, donec novæ fruges optatam
referant facultatem. Nisi autem absque periculo possitis, militarium hominum nostrorum nolo vos otium deprecari, quamquam et illis quam sit necessarium, ultro cognoscitis. Congra-
tulationis chartulam, si utilem futuram ex morum eius qualitate deprehenderitis, hoc est, ut ea ad bene agendum aliquo

(Gall. Christ. T. IX, col. 40). Le vœu de St Denys se place vraisemblablement entre cet édit, qui en est la conséquence, et l'injonction faite
au roi par le troisième canon du concile de Beauvais. Charles-le-
Chauve était encore à Compiègne le 5 mai 845 (D. Bouquet T. VIII p.
477); il a pu facilement se rendre de Compiègne à St Denys pour prêter le vœu en question, avant son départ pour l'expédition de Bretagne.
1. Jac. V, 16.
2. Psal. CXLIV,19.
3. Isa. XXVIII, 19.
4. Hebr. X,31.
5. Allusion à l'expédition d'Aquitaine de 844, et à la bataille d'Angoulême.
6. Cf. epist. 63.

modo incitetur, ei [1] ex parvitatis meæ nomine tradendam curate ; sin autem, quid animo contineam vos nosse suffecerit. De annuis donis, quæ adhuc penes me habeo, quid michi agendum sit per meum nuntium remandate. Munusculi similitudinem, quam nimia verecundia, quod aliud non habui, celsitudini vestræ direxi, memores primæ amicitiæ nostræ quæso ne dignemini aspernari. Exiguitatis meæ benigne memores, bene vos valere cupio, et ad bonorum emolumentum prosperis semper augeri successibus.

XLIV. — EPIST. 33.

EXHORTATIO AD DOMINUM REGEM

Præcellentissime domine, etsi dicere audeam, amantisssime, audita nuper status vestri adversitate, ineffabili dolore distabui. Namque mecum reputabam vestræ nobilitatis indolem, quam cupio ætatis maturitate[2], ac sapientiæ gravitate consummari, nimis immature nobis ablatam. Id quia inrecuperabile videbatur, quoniam id constanter fallax fama iactaret, totum me cum fratribus qui mecum Deo servire satagunt, ad impetrandam salutem animæ vestræ contuleram, cui vehementer timebam quorumdam non satis Deum timentium persuasiones obesse. Verum, quoniam sospitate vestra donati sumus, incredibili gaudio repleti, sincera fide maiestatem vestræ celsitudinis admonemus ut omnipotenti Deo nobiscum maximas gratias habeatis et referatis, qui nobis quantum se amare debeatis ostendit, cum, ut pace cunctorum dixerim, humano cessante auxilio, ipse vos potenter et pie servavit, et quantum de eo præsumere debeatis, manifestare dignatus est. Nolite igitur casu contrario nimium contristari, sed potius credite veridicis verbis eius: *Sine me nichil p. f*[3]. et *N. e. volentis, neque currentis, s. m. dei* etc. [4] *Omnia quæcumque voluit Dominus f. i. c. et i. t*[5].

1. *Ei* (Omis par Baluze).
2. Charles le Chauve avait 22 ans. Il était né à Francfort le 13 juin 823.
3. *Sine me nihil potestis facere.* (Iohann. XV, 5.)
4. *Non est volentis, neque currentis, sed miserentis Dei.* (Rom. IX, 16.)
5. *Dominus fecit in cælo et in terra.* (Psal. CXXXIV, 6.)

et : *Omnis voluntas mea fiet*[1] ; et : *Non salvatur Rex per multam virtutem*[2]; et : *Non est Domino salvare difficile in multitudine vel in paucis*[3] ; et : *Qui glorificat me, glorificabo eum, qui autem contempnunt me erunt ignobiles*[4]. Et spreto carnalium consilio, de quibus dicitur : *Dominus dissipat consilia gentium r. a. c. p. et r. c. p.*, *consilium autem Domini in æternum manet*[5] : Adquiescite consilio quod per Prophetam ipse dignatur dare mortalibus : *Iacta cogitatum tuum in Deum et ipse te nutriet,*[6] *et*: *Sperantes in Domino misericordia circumdabit*[7] etc. *Cum esses parvulus in oculis tuis, caput in tribubus Israel factus es*[8] *etc. Immola Deo sacrificium l. et. r. a. v. t. Et invoca me in d. t. e. t. et h. m*[9]. Præterea mementote quod Salomon ad regendum populum Israel, cui diu in maxima pace præsedit, sapientiam potissimum postulavit ; nec spernatis etiam eorum hortamenta qui, Deum ignorantes, utilia non tam sibi quam nobis viderunt, in quibus invenitur quod, antequam aliquid incipiamus, prudenter quid agendum sit debeamus inquirere, et cum invenerimus, matura festinatione perficere, et quod diu apparandum sit bellum, ut celeriter vincatur[10]. Hæc breviter celsitudini vestræ suggessi, ut divina et humana auctoritate quid vobis agendum sit indubitanter possetis cognoscere. Det autem ipse Deus ut spiritaliter et corporaliter quantum cupio valeatis.

1. Isa. XLVI, 11.
2. Psal. XXXII, 16.
3. Reg. I, XIV, 6.
4. Reg. I, II, 30.
5. *Reprobat autem cogitationes populorum, et reprobat consilia principum....* (Psal. XXXII, 10.)
6. Psal. LIV, 23.
7. Psal. XXXI, 10.
8. Reg. I, XV, 17.
9. *Sacrificium laudis et redde Altissimo vota tua.... et invoca me in die tribulationis, eruam te, et honorificabis me.* (Psal. XLIX, 14 et 15.)
10. *Maximum bonum in celeritate putabat.* (Sall.Catil. XLIII.)

XLV. — EPIST. 104 (846. Init.)

Carissimo suo Reg. Lupus in Domino salutem. Desideramus quidem adventum vestrum, ut dignum est, quem iam certæ litteræ spoponderunt ; sed suademus vigilantissima cautione tutum iter eligendum, propterea quod in regno Caroli regis nostri, novis exortis rebus, impune latrocinia committuntur, et nichil securius atque constantius quam rapinarum violentia frequentatur. Talis igitur est commeantium quærenda societas quorum numero atque virtute improborum factio evitetur, aut, si necesse fuerit, repellatur. Catilinarium et Iugurthinum Sallusti librosque Verrinarium [2], et si quos alios vel corruptos nos habere, vel penitus non habere cognoscitis, nobis afferre dignemini ; ut vestro beneficio et vitiosi corrigantur, et non habiti, numquamque nisi per vos habendi, hoc gratius quo insperatius adquirantur. Cupio vos valere feliciter.

XLVI. — EPIST. 71. (846. Init.)

AD REGEM KAROLUM, ANTE RECUPERATIONEM CELLÆ.

Præcellentissime domine, mi Rex, humiliter subplico, ut suggestionem tui devotissimi famuli digneris prudenter cognoscere, et clementer tractare. Religiosissimus Imper. Hlud. vestræ nobilitatis auctor, ad petitionem gloriosissimæ memoriæ Iudith Augustæ [3] matris vestræ, Cellam Sancti Iudoci monasterio Ferrariensi contulit, et suum donum præcepto firmavit ; ut et mo-

---

1. Cf. L. 6 et 7. Mabillon place la mort de Regimbert en 846.
2. Verrinarum. (Bal.)
3. Judith de Bavière mourut en 843.

nachi absque inopia in monasterio Deo servirent, et in præfata Celia hospitalitatem iuxta Dei timorem peregrinis impenderent, atque pro utriusque salute et prosperitate Deum delectabiliter exorarent. Eorum elemosinam primo benigne concessistis, novo etiam præcepto firmastis : sed postea ad persuasionem eorum qui cum Dei offensione non timent ditescere, evacuata duplici elemosina, votum secularium de memorata Celia implere coacti estis. Quam ob causam nunc Dei servi qui pro vobis assidue orant, hoc triennio [1] consueta vestimenta non accipiunt, et quæ ferre compelluntur, attrita et pleraque resarta sunt, leguminibus emptiti's sustentantur, piscium et casei consolationem rarissime consequuntur, famuli debita indumenta iam non accipiunt : quæ omnia nobis ex prædicta Celia ministrabantur, in qua intermissam transmarinorum curam, aliorumque pauperum, et neglectam sui culturam, utinam vobis Deus non imputet. Me, præter communem necessitatem et singularem laborem, gravissimus pudor onerat, quia id qnod alii abbates ad stabilitatem religionis munificentia imperiali consecuti sunt, ego quasi omnium vilissimus et inutilissimus amisi. Tamen spem gerens recuperandi meo servitio quod nulla in vos culpa, ut Deus testis est, perdidi, maxime cum vestram promissionem inde teneam, quam fallere nefas est, imploro quod iuste poscimus, ne ulterius differatis, sed continuo vobis nobisque dignemini consulere, ut et Deum faciatis vobis propitium, et nos ultimos famulos vestros reddatis ad intercedendum pro vobis omni tempore promptiores.

XLVII. — EPIST. 42. (846. Init.)

AD HINCMARUM EPISCOPUM [2].

Non sum nescius, cum tantis divinæ gratiæ muneribus abundetis, ultro vos cogitare apud principem iuvandi bonos faculta-

1. *Hoc triennio.* Depuis la nomination de Servat Loup à l'abbaye de Ferrières en Déc. 842. Cette lettre date donc de la fin de 845 ou du commencement de 846. Comparer avec les lettres 45. (*plus minus quadriennium est*) et 53 (*quatuor annorum spatio.*)

2. *Hincmar,* né vers 806, archevêque de Reims de 845 à 882, autour

tatem divinitus accepisse , ut quod in se non habent, in vobis possideant, et remunerandæ vestræ industriæ materiam præbeant. Proinde familiaritatis fiducia moneo ut, dum tempus habetis, usuram talenti multiplicare curetis ; ut instar solis, benevolentiæ vestræ splendor cunctos irradiet, nec quemquam excipiat, nisi qui superba cæcitate lucem iustitiæ aspernatur. Nobilitatem vestræ generositatis ornat eruditio salutaris, altitudinem officii commendet religio professionis. Hæc vestræ celsitudini non arrogantiæ vitio, sed amicitiæ studio scripsi, ut quoniam in vobis et nobilitas et sapientia convenerunt, quantum hæc societas valeat, etiam nolentibus emineat, qui ipsa quoque lumina Ecclesiæ obscurare contendunt. Loci nostri iactura vobis nota est; ut scilicet rex Cellam nobis nulla mea culpa substraxerit, quam pater eius etiam edicto contulerat, quod comperisset monachicam religionem apud nos durare non posse, nisi facultatum fulciremur augmento. Itaque ad tantam inopiam devoluti sumus, ut hoc anno vix duorum mensium frumenti sustentaculum habeamus ; famuli, quorum servitio carere non possumus, pœne nudi sunt, nec quid his faciamus habemus. Plerique fratrum nuditatem attritis atque scissis vestimentis vitare coguntur, hospitalitatem paupertate compellimur imminuere ; et hoc turbulento Reipublicæ tempore, his expensis quæ maiores nostri congrevarunt, a rege clementiam, a communi Domino patientiam flagitamus. Itaque tædio necessitatum afflictus vacationem officii, ad quod a fratribus electus sum, subinde cogito. Verum ab ea, et sæcularium perniciosa voracitate, et impatientiæ crimine, si in tanta perturbatione eosdem fratres relinquam deducor : cum enim pro viribus, immo ultra vires, regi servierim, et pro eo semper intente orem, non solum ut aliquid mediocritati nostri cœnobii conferret non merui, verum etiam hanc notam incurri ut partem eius optimam sæcu-

des Annales de Saint-Bertin de 861 à 882. et de nombreux écrits théologiques et politiques. Le plus célèbre est son *Epistola ad Proceres regni, pro institutione Carolomanni regis*, plus connue sous le titre de *De ordine palatii.* (Voy. l'éd. de M. Prou dans la *Bibl. de l'Ecl. des Hautes Études,*fasc. 58.) Nous possédons un assez grand nombre de ses lettres, mais nous en avons perdu bien plus encore. Flodoard les a toutes analysées dans le troisième livre de son *Historia ecelesiæ Remensis.* Il fut de 845 à 882 le vrai chef de l'Eglise de France et de 845 à 874 le vrai chef de l'État. Consultez sur cet important personnage les deux biographies de Noórden, Bonn, 1863, in-8,et de Schrœrs, Fribourg en Brisgau, 1885, in-8.

laii bomini traderet, non regendam, sed evertendam. Fecerit
hoc mea vilitas cur tantorum virorum, qui mecum Deo serviunt,
est contempta sanctitas? Vestro admonitu nosse debet esse inter nos aliquos de quibus merito scriptura testetur : *Voluntatem timentium;se faciet de. e. e. etc*[1]. et *Qui tangit vos quasi
qui tangit pupillam oculi mei*[2]· Quid ei sæcularis illius excellentia contulit? Numquid illi postea gentem aliquam barba-
ram subiugavit? Aut hoc sibi dissidens regnum composuit?
At si votum quo, vobis credo suggerentibus, in Ecc'.esia beati
Dionisii se obligavit, ex integro absque respectu ullins personæ
Deo persolvisset, immo primo consiliis quæ in Verno[3] quæsita et
inventa sunt adquievisset, iam eum pace regnare fecisset ille de
quo sacræ continent litteræ , *Non est sapientia, non est
prudentia, non est consilium contra Dominum*[4], canones
eosdem, sive, ut vos vocatis, capitula meo stilo tunc comprehensa vobis direxi, de quorum æquitate credo ætas posterior
iudicabit, et devotionis meæ non erit immemor cordium renum-
que scrutator. Vos autem interim michi, quæso, et quibuscumque similia patientibus, Mardochæi constantiam, Hester pietatem impendite ; ut hostes famulorum Dei vestra diligentia immo
divina virtute, non ut tempore cuius mentionem facio, ad suam

---

1. *Et deprecationem eorum c.caudiet.* (Psal. CXLIV, 19).
2. Zach. II, 8.
3. Le concile de Verneuil fut tenu au mois de Déc. 844 sous la présidence d'Hébroïn, évêque de Poitiers et archichapelain du roi. Loup
en rédigea les canons en douze articles dont voici les titres : 1. Ut
cultum Dei rex omnibus præferat et misericordiam cum judicio et ju-
stitia conservet. — 2. Ut mittantur legati a latere regis qui scelorum
patratores et apostolicæ disciplinæ contomptores coorceant. — 3. Ut
religiosi et idonei viri dirigantur qui monasteria scrutentur in quibus
collapsa est disciplina, et ad synodum postea referant. — 4. Ut monachi vagi ad sua loca revertantur, et profugi vel ejecti corrigantur.
Item de clericis ecclesiarum suarum desertoribus. — 5. De iis qui
sanctimonialibus illicite miscentur. — 6. De sponsa ab altero rapta
et de pœna raptoris. — 7. De sanctimonialibus quæ religionis causa
virilem habitum sumunt, vel crines attondent. — 8. Ut episcopi qui
ad bellum non eunt homines suos alicui ex fidelibus regis commit-
tant. — 9. Ut Remorum ecclesiæ, pastore diu destitutæ, quamprimum
præficiatur episcopus. — 10. Ut in ecclesia Aurelianensi ratam rex
esse permittat ordinationem Agii episcopi. — 11. De prælatione Dro-
gonis exspectandum videri episcoporum Galliæ Germaniæque conventum et consensum. — 12. Ut ecclesiis et monasteriis restituantur loca
et prædia ecclesiastica quæ laici possident.
4. Prov. XXI, 30.

perniciem, sed ad perpetuam salutem vincantur et opprimantur. Bene vos valere optamus.

XLVIII. — EPIST. 83. (846.)

Excellentissimo, bonisque omnibus carissimo Hlud. abbati Lupus plurimam salutem.Iussu regis ad palatium dirigens nuntium, ad vos eum iussi accedere, ut quæ mihi agenda essent per vos veraciter atque celeriter possim cognoscere. Proinde vestra insignis benevolentia mihi necessaria cognitu litteris comprehendat ; quibus certior factus, rebus gerendis occurram. Unum impense flagitaverim, ut si molitiones quæ occulte, ut fertur, cum Britannis exercentur[1] effectum habituræ credantur, non aspernemini significare, quod frustra expertum infructuosum periculosumque laborem etiam strenuorum animi valde refugiunt, et compertum atque in litteras relatum est nequaquam invitos ad bellum esse cogendos. De recuperanda Cella nostra si se locus optulerit, quemadmodum in omnibus, nos iuvare contendite, ut vestra industria et rex maximo purgetur peccato, et nos tandem aliquando necessitate nimia liberemur. Itaque semper ut cupio valeatis.

XLIX. — EPIST. 43. (Sept. 846.)

Præcellentissimo abbati Hlud. Lupus æternam salutem. Debita dona, quæ per vos rex iussit, direxi, quæ ut ei grata fiant

1. La lettre est antérieure à 849, date de la restitution de Saint Josse ; elle doit être postérieure à la bataille de Ballon (22 Nov. 845), car Servat Loup paraît ne pas croire au succès d'une nouvelle expédition, après toute la peine que l'on a déjà prise inutilement. La lettre doit donc se placer entre la fin de l'année 845, et l'été de 846, où une trêve intervint entre Charles et Noménoé.

vestra benivolentia non aspernabitur procurare. Quia vero
Odulfum ¹ cum regina ad regem venturum audivi, supplico ut
memores nostri esse dignemini, scilicet ut Cellam nostram, in
qua præter solum nichil pene aliud iam relictum est, tandem
aliquando recipiam ; quia eam nulla culpa mea perdidi, nec
eas facultates noster habet locus ut sine præfata Cella in eo durare possit religio ; namque inde eera ecclesiæ, fratribus et fa-
mulis vestimenta, pisces, caseus, et legumina ministrabantur ;
quibus omnibus utinam non ad duplum detrimentum domini
nostri gementes caremus. Admonete igitur eum sui periculi, ut
et sibi et nobis, aliisque similiter a se afflictis consulat ; nec ti-
meat Deum nostra consolatione placare, quem non timnit
acerba oppressione offendere. Siquidem generalis religioso-
rum assertio est, præter vindictam ultimam quæ impendeat,
nunquam eum felicitatis optatæ prosperitatem adepturum, donec redintegret Ecclesiam quam divisit, et gravibus ac maturis
bonorum, hoc est Deum timentium, consiliis adquiescat. Bene
vos valere cupio.

L. — EPIST. 44. (846. Aut.)

AD HINCMARUM.

Summa veneratione suscipiendo Hincmaro antistiti Lupus omnimodam salutem. Effectum petitionis meæ nuper a rege ves-

1. *Le Comte Odulfe* avait reçu de Charles le-Chauve la Cella de Saint
Josse, probablement avant l'élection de Servat Loup comme abbé de
Ferrières. En 844, sans doute après le concile de Verneuil, Charles-le-
Chauve s'engagea à restituer la Cella aussitôt que le comte aurait été
pourvu d'un autre bénéfice. (*Ann. Ord. S¹¹ Bened.* T. II, p. 650.) En 845,
Charles s'obligea par un vœu solennel prêté à Saint Denys à restituer
les biens d'église usurpés par des laïques. En 846 le concile de Meaux
excommunia les détenteurs de biens ecclésiastiques, mais dans un placite tenu à Épernay, où les évêques ne furent pas appelés, les seigneurs
refusèrent de reconnaître cette décision (Sirmond. *Cap. antiq. Gall.*
III, p. 63. *Capitula excerpta in Villa Sparnaco*). En 847 à Mersen, Servat Loup obtint du roi une promesse formelle de restitution, mais une
maladie du comte Odulfe empêcha la restitution d'avoir lieu. La Cella
de Saint Josse ne fut rendue au monastère de Ferrières qu'à la fin de
848, peut-être à la mort d'Odulfe (?) (B. Nicolas, Étude sur les lettres
de Servat Loup abbé de Ferrières. Thèse pour le doctorat, 1861.)

tra digressio impedivit ; quam urgente necessitate his litteris refrico, ut mea saltem importunitate, quæ ipsum quoque ingenuum pudorem excludit, vos ad subveniendum michi et aliis eamdem patientibus impellam. Neque enim congregandi auri, argentique, ac aliarum pretiosarum specierum sublatam nobis dolemus materiam, sed unde vitam mediocriter sustentabamus, hoc est unde vestimenta et alimentorum consequebamur omni tempore adiumenta. Cogimur itaque attrita et resarta ferre vestimenta, et famem pene semper solis oleribus et empticiis leguminibus temperare. Hinc queruntur infirmi, apud nos consueta requirunt, nec inveniunt. Hospites præsentia tempora infamantur, et Deus ad vindictam sine dubio provocatur. Verum quia, sicut priori epistolæ non adulatorie, sed serio comprehendi, totius Ecclesiæ causa vos dignitate ornatos et familiaritate principis donatos credimus, idque rebus cupimus approbari, dum adesse Odulfus dicitur, elaborare dignamini ut se rex tanto peccato exuat, et nos tam ingenti penuria liberet ; ne non tam eum nostra oratio sublevet quam afflictio importabilis deprimat. Siquidem vestra suggestione institutus magnam potest habere oportunitatem ut quod perperam fecit immutet, scilicet si sæcularibus, quibus res ecclesiasticas impertitus est, enumeret quæ seipsum et illos post consecuta sint incommoda, et iratum Deum non, nisi sua ei restituant, esse placandum. Ne aliter eos virtutem et consilium recepturos, nisi ex corde ad ipsum Deum reversi, rapinis abstineant, et suæ imbecillitatis conscii eius omnipotentiæ se summittant. Quod nisi facere dominus noster rex acceleraverit, et trepidaverit ubi non est timor, ultra quam diei potest formido ne citissime suis inimicis gaudium pariat exoptatum, nobis autem unice se amantibus opprobrium derelinquat. Bene vos valere cupio, et in dies ad meliora proficere. Imitatus veteres eruditionis artificio, etiam nunc nostra recuperare molitus essem, nisi hoc frustra temptans experimento proprio comperissem, et iam si Virgilius revivisceret, et totas tripertiti operis vires movendis quorumdam cordibus expenderet, nec lectionem quidem præsentium adepturum.

LI. — EPIST. 45. (846. Aut.)

AD DOMINUM. R K.

Omnipotentis Dei, quæso, recordamini,qui gratis dedit vobis vitam, nobilitatem, pulchritudinem, potentiam, laudabilemque prudentiam : et, quod his maius est omnibus, sui cognitionem ; et honorate eum in servis eius, quia ipsi, utpote habenti omnia, conferre nichil potestis. Pollicere dignatur ille : *Beati misericordes , quoniam ipsi misericordiam consequentur* [1] . Estote nobis nimium indigentibus misericordes, ut pro nobis beatitudinem misericordium ipse vobis restituat : Plus minusve quadriennium est, [2] ex quo septuaginta duo monachi, quos ad eorum votum electionemque michi commisistis, quique indesinenter, vobis in diversa occupatis,pro salute ac prosperitate vestra excubant, propter abstractas facultates patiuntur incredibilem vestimentorum, leguminum ac piscium indigentiam; et publica hospitalitas peregrinis, iuxta constitutionem priorem regum exhibenda, intermissa est ; famuli monasterii squaloretorquentur et frigore, nec possunt subvenire miseris, quoniam ab aliis multitudo collecta michi relicta est, et copia unde sustentabantur ablata. Siquidem intercedente gloriosa matre vestra serenissimus pater vester Hlud. Augustus ad remedium animæ suæ ac salutem posteritatis supplementum hoc cœnobio nostro contulerat. Nec tamen, cum id haberemus, noxia diffluebamus abundantia, ut in delicias intemperanter solveremur, quia quæ regula concedit, integris facultatibus monasterii vix poterant procurari. Nunc autem longe pauciora consecuti, abstinemus inviti, algemus coacti : pueros, senes atque infirmos, propter inopiam, non fovemus. In tanta calamitate patri et matri vestræ cotidianas preces et annuum officium persolvimus, quasi quod illi contulere possideamus ; fecerunt enim illi totum quod potuerunt, et donum suum robustissime firmaverunt. Tangat ita-

---

1. Matth. V, 7.
2. Servat Loup fut fait abbé de Ferrières le 30 nov. 842 ; il dit dans cette lettre qu'il y a environ quatre ans que le gouvernement de l'abbaye lui a été confié. La lettre date donc des derniers mois de 846.

que vos affectus eorum per quos esse cœpistis, instaurate illorum elemosinam, ingenti periculo hactenus intermissam, nec obliviscamini vestri, etenim vos iam elemosina indigetis : Tempus est ut Dei timor atque amor vestram compungat mentem, quia iam pervenit corpus ad virilem ætatem, nec [1] differatis, quæso, ulterius bonum quod vos velle dicitis, quoniam cum nesciatis quid superventura pariat dies, tamen quia nobiscum cotidie ad eius iudicium tenditis, cui verissime dicitur, *tu reddes unicuique secundum opera sua* [2], dubitare nequaquam potestis : *Horribile est autem incidere in manus Dei viventis* [3], nec vero dicere dignemini vos non posse. Siquidem, ut ait Apostolus, *Deus non irridetur* [4]. Scit ille quantum potestatis contulit, qui non nisi quod iustum est exigit ; nec [5] trepidetis timore, ubi non est timor. Audete potius benefacere, si in hac vita prospere et in futura feliciter desideratis regnare. Cur enim non constanter audeatis immutare, quod nullus iustum esse possit ostendere? Consensu bonorum omnium iustum est quod poscimus, possibile regali potentiæ, necessarium nobis, utile non tam nobis quam vobis. Nos enim ex hoc beneficio temporalem consequemur usum, vos autem, accedentibus aliis bonis, præmium sempiternum. Flectant igitur pietatem vestram iustissimæ supplicationes, humillimæ preces, quas maxima extorquet egestas ; et vel nunc perficere dignamini quod tunc firmissime concessistis, cum vobis daviticum illud servandum proposui , *fixum est quod locutus sum.* [6] Namque nec aliter decet vestram nobilitatem, atque probitatem, quæ omnibus imitabilis esse debet ; nec vero aliter convenit vestræ saluti atque Reip. paci : nos autem nec in debito famulatu reddendo inveniemur segnes, et in placanda vobis, quantum potuerimus, divinitate curabimus esse ferventes.

1. *Ne* (Bal.).
2. Matth. XVI, 27.
3. Hebr. X, 31.
4. Gal. VI, 8.
5. *Ne* (Bal.).
6. Reg. II, XIX, 29.

LII. — EPIST. 53. (846. Aut.)

AD D. R. K.

Præcellentissime Rex, licet tacendo, loquendo ac scribendo, nichil hactenus proficerimus, tamen quia Dei causa est quam ago, quiescere non audeo. Pro vestra salute ac prosperitate vos admoneo et supplex flagito, ut vosmetipsos liberetis periculo, meque devotissimum vobis famulum, secundum frequentes vestras promissiones, asperrimo sublevetis labore. Quæ beatæ memoriæ pater vester, intercedente gloriosa matre, peregrinis et Dei servis largiti sunt, ob redemptionem animarum suarum ; hæc afflicti variis necessitatibus, quatuor annorum spatio [1], quia omnes adesse non possunt, per me reposcunt a vobis. Ut ipsa etiam eorum verba sciatis, dicunt : iniustum esse ut a vobis fame torqueantur et frigore. cum assidue pro vestra temporali et perpetua salute cogantur orare, nec vos omnino consecuturos felicitatem quam desideretis donec cum parvulo nostro sancto Petro in gratiam amicitiæ redeatis. Ac ne putetis eos iocari, serio confirmant senes nostri experimento se proprio comperisse, idque sibi pueris a senibus esse traditum, quod quicunque monasterio nostro insigne aliquod intulerit damnum, nisi cito resipuerit, magnum incurrerit incommodum, aut sanitatis et vitæ pertulerit dispendium [2]. Ne igitur tali re aut similibus vestram impediatis prosperitatem, nec servorum Dei penuriam contempnatis, nec salutem vestram dubiam faciatis, reddite potius Deo vota vestra, dum potestis; ad cuius iudicium nimis tremendum cotidie properatis nobiscum, in quo absque respectu dignitatum aut personarum unusquisque recipiet quod meretur. Vita hæc brevis et incerta est, et iuniores vobis cotidie moriuntur. Ipse vero Deus promittit et minatur. *Qui glorificat me, glorificabo eum, qui autem contempnunt me é. i.* [3] Ad virilem ætatem perducti estis ; ne timeatis iustitiam facere, ut per eam tronus vester firmetur, Domine mi Rex, considera, quod sieut

---

1. *Qualuor annorum spatio.* — Dec. 846.
2. La menace se mêle à la prière. Cf. les lettres 33 et 45.
3. *Me erunt ignobiles.* — Reg. I, II, 30.

nuper in exhortatione prudenter dictum est, iam pater es [1] et in
magnis adhuc versaris laboribus ; et talem te omnibus exhibe,
ut boni te cupiant et optent videre fortunatum atque felicem
avum, et post huius vitæ transitum, cœlestis patriæ possesso-
rem.

LIII. — EPIST. 50. (846. Nov).

CUIDAM FIDO.

Non ignoras prolixi temporis laborem quem recuperandæ
Cellæ studio assumpsi, quo adhuc flagrans iussu regis, vita comite, ad colloquium proficiscar quod reges ad Traiectum [2] habituri sunt. Pecunia nobis iam nulla est, quæ tanto spatio vix
potuit sufficere. Proinde quia non videbatur consilium imper-
fectos conatus relinquere, donec evidenter appareat qui eos consequatur effectus, non usquequaque inhonestum credidi opem
ab amicis petere, quorum fides michi non fluxa in similibus inventa est. Itaque maxima spe ad dominam Rh. [3] direxi ; cui cum
nostro nuntio, aut si commodius iudicaveris, separatim, huius
meæ necessitatis volo causam aperias, eamque quam mollissimis
precibus flectas, ut sicut semper, nunc michi subveniat, et continuo per hunc meum nuntium argento quo in hoc utar itinere
iuvet me liberaliter ; ut et in cœnobii nostri, pro qua satagimus,
instauratione particeps existat, et me sibi devotiorem, si id fieri
possit, efficiat. Si quid etiam ab aliquo tibi datum babes, michi
mittere ingenti necessitate artato ne graveris, quoniam nichil
tam pretiosum aut parvum dirigere poteris, quod non patiamur
pro victu expendere.

1. Louis-le-Bègue était né le 1er avril 846.
2. Le placite de Mersen ou Marsna près Maëstricht.
3. Papire Masson avait imprimé: *per Dominum Rhuodingum.* — Baluze a rétabli le texte ; il suppose qu'il s'agit d'une femme noble dé-
vouée aux intérêts des monastères, et s'appelant Rhodinga ou Rhotil-
dis. Peut-être s'agit-il de la reine elle-même, et pourrait-on lire *ad
dominam rheginam ?* Une fille de Charlemagne nommée Rhotilde ou
Rhotrude était abbesse de Faremoutiers ; il est possible que Servat-
Loup ait eu l'idée de se recommander à elle.

LIV. — EPIST. 49. (846. Nov.)

AD HINCMARUM EPISCOPUM.

Suscipiendo Hincmaro antistiti Lupus omnimodam salutem. Angustiam nostram, quam temporis cum prolixitas, tum etiam asperitas peperit, nuntius a me directus vobis exposuit, nec aliud in paternitate vestra quam quod de ea præsumebam invenit. Sane priores certavimus officio ; nec tantum poposcimus quantum prœstitimus, scilicet implendæ materiam caritatis. Itaque nobis omnium quorum indiget usus penuria iamdiu magna properantia subvenite, ut promissionum benivolentiam optatus largitatis consequatur effectus. Hospitamur autem in villa, quæ antifrasticos [1] Viniacus [2] vocatur, et ab Atiniaco [3] in Africum plus minusve uno miliario distat ; hoc ideo ut etiam de vectura cogitet vestra insignis prudentia, quod huius quoque rei nulla nobis facultas est, quo et quanto, et quando nos visitaturi sitis, litteris per hunc latorem vicissim redditis pandere dignamini, ut interim et spe refici, et quid nobis agendum sit valeamus prospicere.

1. Ἀντιφραστικῶς, par antiphrase.
2. *Viniacus*. Cette localité ne saurait être identifiée avec Guincourt, comme nous l'avons fait, p. 24, après D. Bouquet. Elle était au S. (in Africum) à un mille d'Attigny et Guincourt est au nord, et à 10 kil. Voncq. au S-Est à 4 kil. correspondrait mieux comme situation et distance, mais se dit *Vongum* et non *Viniacus*. Ce nom a dû disparaître.
3. *Atiniaco*. Attigny (dép. de l'Aisne, arr. de Vouziers). Clovis II y bâtit un palais dont quelques vertiges subsistent encore. Les rois Carlovingiens y résidèrent souvent : Pépin le Bref y assembla un synode en 750 ; une assemblée générale des Francs s'y tint en 765, Carloman y séjourna en 769 ; Charlemagne y célébra la fête de Noel en 771, et celles de Pâques en 772 ; Witikind y reçut le baptême en 786 ; Louis-le-Pieux s'y soumit à une pénitence publique en 822 ; deux conciles y furent réunis en 834 et 854. Le palais d'Attigny était la résidence favorite de Charles-le-Chauve au moment où Servat Loup y fut mandé par le roi. (H. L. Hulot. *Attigny avec ses dépendances*. 1 vol. in-8°, 1826). Charles-le-Chauve s'était fait sacrer avec la reine Irmintrude à St Médard de Soissons au mois d'août 846, et se rendit de Soissons à Attigny pour aller rejoindre son frère Lothaire (D. Bouquet, T. VII, p. 93.)

LV. — EPIST. 55. (846. Dec.)

AD MARCWARDUM ABBATEM.

Desiderabili maximaque veneratione suscipiendo Marcwardo abbati clarissimo L. præsentem et futuram salutem. Nithadi[1] adventus ad Sylvacum,[2] quo me monasterii necessitas traxerat, vehementer me lætificavit *(cuius præsentia factum est ut hæ litteræ vestræ paternitati reddentur)* cum vos esse sospites, et communem filium Eigilem ex validissima infirmitate [3], opitulante favore divino, revaluisse ostendit. Tantam siquidem expertus sum vestram benivolentiam et liberalitatem ut nemini quam vobis me maiorem debere sentiam devotionem. Verum quanquam temporis malitia obstiterit ne possem hactenus obsequiis pandere quod merito concupisco, bonitate vestra præfisus, audeo supplicare ne ad regem nostrum venire gravemini ; quia et res vestras forsitan recuperare poteritis, et nobis in recipienda cella Sancti Iudoci prodesse plurimum ; super qua et vobis iam et michi sæpissime, et Adhal,[4] nuperrime tam serio promisit, ut,

---

1. *Nithad.* Baluze croit pouvoir assimiler ce personnage au fils d'Angilbert. Mabillon conteste au contraire cette assimilation, et tout porte à croire qu'en 846 Nithard n'était point moine à Fulda. M. Portz croit qu'à partir de 843 Nithard s'est retiré à St-Riquier, Wattenbach cite une épitaphe attribuée à Fredigarius, et remontant au ixᵉ siècle, qui rapporte la mort de Nithard au 18 des Kal. de juin, mais ce jour correspond aux Ides de mai, et l'on sait d'autre part que le 18 des Kal. de juillet, ou le 14 juin 844, l'abbé de Saint-Riquier, Richebod, fut tué dans un combat contre les Normands. M. Dümmler propose de lire le 18 des Kal. de juillet, et admet que Nithard mourut dans ce combat avec son abbé. S'il en est ainsi, le Nithard de la lettre 55 ne peut-être le fils d'Angilbert. On remarquera d'ailleurs tout ce qu'il y aurait de singulier à voir un petit-fils de Charlemagne chargé de porter les lettres de l'abbé Marcward.

2. *Sylvacum.* — Servais à une demi-lieue de la Fère.

3. Pour achever la guérison d'Eigil, Marcward l'envoya en Gaule pour qu'il se fît soigner par Didon, abbé de Saint-Pierre-le-Vif de Sens.

4. Baluze a lu *Adhal.* comme le porte le Ms ; il propose de remplacer ce nom par celui de Hludogvicum ; mais Adalhard est nommé à l'occasion de la même affaire dans la lettre 88 ; la lecture ne fait pas le moindre doute.

si adesse dignemini, dilationis nullum possit invenire perfugium. Ita et rei discrimine terrebitur, quod et peregrinis nobis
que monachis a suo patre et matre relicta stipendia sustulit ; et
promissionum suarum serie constringetur, ut saltem tunc faciat
quod olim se facturum spopondit. Pridie Kalendarum decem-
brium ad comitatum accessi et ingentibus dispendiis atque laboribus cum rege versor, assidue spes meas differente propter
absentiam, ut fatetur, Odulfi : Is languere dicitur, nec tam peri-
culose ut vel admonitus corrigatur, quod optaremus, nec tam
graviter ut moriatur, quod propter eius certissimam damnationem doleremus. Properate itaque, ut quoniam propiores aliquantulum facti sumus, post tanta spatia desideratis refovear alloquiis
et vestro annisu, auctore divina gratia, liberer angoribus vix
ferendis. Tales, quæso, nostris estote pueris quales non modo nostris , verum etiam vulgo fuistis omnibus paternitatem vestram pie quærentibus. Exiguitatis meæ nomine carissimum Eigilem, et relicos omnes fratres dignamini salutare. Laboriosum [1]
difficillimo tempore negotium, præsertim nichil meritus, vobis
imponere haudquaquam præsumpissem, nisi quod rex noster
vos ad colloquium invitaret, comperissem; adeo ut michi quoque
hoc tempore præceperit, ut si forte ad monasterium nostrum
accederetis, ad se vos deducendos curarem ; utque licentiam
impetraturi, inter alia commode imperatori suggerere possetis a
me fratribusque nostris, qui pro eo semper oremus, vos precibus fatigari ; ut quoniam de loco nostro sitis, a quo vos corpore
duntaxat ecclesiastica utilitas abduxerit, isque dimminutione
facultatum vehementer attenuetur, atque religioni paupertas
impedimento sit, intercessionis opem instaurationi eius impen-
sissimo studio conferatis. Vale, domine paterque carissime, Lu-
pique tui semper benigne memineris.

LVI. — EPIST. 57. (846. Dec.)

EIDEM [2].

Dilectissimo abbati Ratberto L. omnimodam salutem. Quod
flagitastis exequi absque dilatione contendi, evolutisque ratio-

---

1. Laboriosimum (Bal.).
2. (Ratberto Abbati).

cinationibus multis, ad hanc virum compuli condicionem ut non
modo noceat nichil, verumetiam prosit plurimum, si erga eius
propinquum, qui tempore tumultus discessit, et instaurata pace
reverteretur, benigni extiteritis. Id vos et libenter facturos, et
in omnibus quæ iubere dignaretur obsecuturos, dum eius gratia
frueremini, fiducialiter spopondi; atque eo usque institi donec
firmissime promitteret nichil se vobis effecturum, nisi prius mecum causam conferret. Itaque modum petitionis meæ hoc fine
terminavi, ut si quando rebelles eius favore suas querelas ful-
ciri depcscerent, non vulgo adquiesceret, verum res duntaxat
dignas vestræ conscientiæ reservaret. Quædam alia comperi
tam caute revelanda ut ea litteris comprehendere tutum non
putaverim, tamque necessaria cognitu, ut quam potestis celerius, præterita qualibct alia utilitate, michi ad colloquium occurrere debeatis. Ceterum, nisi iam molestum sit, profecturo michi cum rege, si Deus vult, ad Silviacum [1] nuncium dirigite; ut
cum gratias agere cœpero, uberius dicendi copia frustra conantem plurima non destituat. Ut vero epistolam serio claudam, obsecro ne sim vobis oneri quod nimiæ familiaritatis fiducia
multa postulo: quia si vitam et prosperitatem Deus mihi concesserit, non sum nunc ad accipiendum paratior quam quondam
ad largiendum esse curabo.

LVII. — EPIST. 58. (846. Dec.)

EIDEM [2].

Quod petistis necdum regi suggessi, quod oportunitas defuit,
maturabo tamen vobis, cooperante Deo, morem gerere, communi
honesiate servata. Bene valete.

1. Servais. Rapprocher ce détail de la lettre 55 à Marcward. Il y
eut un synode à Servais en 853, mais il ne peut être question ici de
cette assemblée puisque la lettre 57 est adressée à *l'Abbé Ratbert*, et
que Paschase renonça à son titre d'abbé en 851 (Cf. Ep. 56).
2. (Ratberto Abbati).

LVIII. — EPIST. 56. (846. Dec.)

RATBERTO ABBATI [1].

Bonis omnibus amplectendo Ratberto Lupus in Domino saluem. Habita diligenter oportunitatis ratione, suggessi domino regi, annitente Vulfegiso nostro, super Ivone id vos postulare ut quoniam nec ad monasterium remeasset, et verisimile esset eum quæ fuerit solitus iterare, si quando reverti temptaret, ne in sui aliorumque perniciem potestatis eius præsidio muniret. Siquidem esset indignum eius maiestate, nisi resipiscentibus, perversis aperire accessum, nedum impunitatis indulgere securitatem. Ille, quo solet vultu cum gratiosus apparet, post quædam alia, iure se ipsi monacho deinceps negaturum auctoritatis aditum respondit, quo hactenus uti contempserit, atque hoc sibi satius videri ne pereat ut constringatur convenienti custodia, priusquam societatis communionem recuperet. Nos vero, tametsi offerret quæ sperare vix omnino possemus, idque, ut par erat, amplecteremur, vos nec citra decretum regulæ subsistere, nec ultra velle progredi constanter astruximus. De liberalitate vestra quid sentiam nolui præcipiti declarare præconio, donec experirer an copia piscium, quæ ventura erat, cum maxima, tum etiam, ut opinabar, optima, mei supergrederetur ingenioli facultatem.

---

1. *Paschase Ratbert*, né à Soissons vers la fin du viiie siècle. Après une jeunesse troublée, il se retira à Corbie. En 822 il accompagna Adalhard et Wala à Korvei. En 830 Louis le Pieux l'envoya auprès de Wala, alors exilé sur les bords du lac de Genève; il avait mission d'obtenir de Wala au moins quelque témoignage de repentir. En 844 il devint abbé de Corbie et se mit à écrire des Traites théologiques ; il diseuta avec Ratramne, moine de Corbie, sur la manière dont le Christ etait sorti du sein de sa mère. En 845 il offrit à Charles-le-Chauve son livre : *De corpore et sanguine Domini*. En 847 il obtint un privilège au synode de Paris. En 849 il assista au Concile de Quierzy. Peu après, des troubles éclatèrent à l'abbaye de Corbie, et Paschase Ratbert se retira à Saint-Riquier. En 851 il se démit du gouvernement de Corbie, et mourut le 27 mai 865. Gall. Christ. X. 1269).

LIX. — EPIST. 51. (846. Dec.)

FRATRIBUS FERRARIENSIBUS.

Dilectis fratribus. Quod gaudium capiam de R. si forte vestrum aliquis ambigit, repetat illud memoria quod auctoritas
divina , *neque rapaces regnum Dei possessuros*[1] affirmat,
et ultra dubius esse non poterit. Præceptor vero eius, ne se in-
solubile argumentum repperisse glorietur, accipiat omnium
villarum nostrarum, meum, meum inquam, esse regimen et laborem, usum vero fructuum ipsum etiam secundum meam dis-
positionem, fratrum esse communem. Ita nec sæcularem religio minuit potestatem, nec potestas confundit religionem. Interim prospicite nostris equis, ne a magistro aut a discipulo sub-
trahantur ; et absque ullo in hac parte meo respectu, quicquid
secundum leges valetis, contra violentiam pervasoris agere
contendite,industriam vestram hoc michi gratiorem scientes futuram, quo maior et illustrior enituerit. Michi potiora molienti
quod oportunitas hinc, immo Deus permiserit, curæ erit perficere. Ego quoniam cum rege ad Traiectum, Deo volente, iturus
sum,quo ei ad colloquium fratres occurrent et recipiendæ Cellæ
mihi bona spes est, nec possum adesse vobis, ut unusquisque
vestrum agat mecum quod solet et debet, sicut superiore anno
convenit nobis, qui potest agere studeat ; quousque rediens, si
aliquid sit immutandum, cognoscam. Satio studiosissime procuretur[2] ; et quod nostri boves post solemne debitum non suffece-
rint, frequentes impleant corrogationes. Bene vos valere cupio,
et diligentissime orare pro nobis.

1. Cor. I vi, 10.
2. A rapprocher de la lettre 48 où il est également parlé des semailles.

LX. — EPIST. 48. (846. Dec.)

SAR [1].

Contentionis obstinatione posita, et superandi pervicacia, æquus æstimator necessitatum, vide ut affluens annonæ copia, quam tibi commisi, prosit utilitatibus nostris; namque sationi et animalium pabulo et, cuius ingentem te habere curam desidero, iustæ hospitalitati adhibita diligentia, non dubito superfuturum quod præstare non mediocre commodum possit.

LXI. — EPIST. 47. (847. Init.)

EIDEM [2].

Non est quicquam quod metuas. Nam et domestici et extrarii hostes, tametsi plurimum sibi, nichil mihi oberunt, quod pro· tegere meam parvitatem dignabitur qui me sibi iussit et dedit confidere. Proinde irridend i illorum omnis molitio est, qui vel implacabili cruciantur invidia, vel inexhausta cupiditate tor· quentur.

LXII. -- EPIST. 46. (847. Init.)

CUIDEM NECESSARIO.

Iusta copiosaque suppetente materia, ne dubitetis tu, et quos fideles iudicasti, perfidi commenta subvertere, qui impudentia singulari, et beneficiis meis, ut in monasterio nostro sub-

---

1. Peut-être faudrait-il lire ici *necesSARio* ? — il s'agit évidemment d'un serviteur de l'abbaye, comme dans les lettres 47 et 46.
2. Cuidam necessario.

sistens, utitur, et lacerare non desinit a quo fovetur, atque opertus ignominia, et refertus invidia, unde se non valet expedire, me conatur propellere. Et quia fugit eum optata victoria, mirabili amentia serere infamiam delectatur, illi similis qui quod se nequaquam recuperaturum cognoscit, amoliri ab aliis non quiescit. Cur autem eum non constantissime invictis et insolubilibus argumentis opprimatis, quem iuxta fidem divini oraculi anima Dei detestetur, quod humana divinaque iura permiscens, seminet inter eos discordias, quos vel natura protulit, vel religio fratres fecit? Tu vero nullis omnino maleficiis a loco nostro avellaris, quod ope divina nec illud continget quod formidas, et eveniet cito quod optas ; consequenterque securi studebimus ; ita michi iam explorata sunt omnia. Demosthenes noster ipso interdum caule indiget, et cibario nonnumquam pane altus fert modice ; desperatione quoque vini ad hoc perductus est, ut venali cervisia delectetur ; et vel in hoc Tullium superat, cum quod ille dormiens, id iste vigilans patitur. Ita nec lateribus robur comparatur, nec vocis conservandæ cura laborat. Rhetoricæ magis actionis immemor, retinendæ vitæ facultate contentus est. Verumenimvero auctor bonorum omnium nostram et vestram inopiam larga, ut credimus opulentia, abolebit.

LXIII. — EPIST. 52. (847. Init.)

PRÆPOSITO .

E. noster probabilia fecit quæcunque abs te gererentur, quod michi cordi fuit, moneoque te ut, sicut cœpisti, in officio sincera fide permaneas. Furiosum illum, super quo scripsisti, quia etiam pœnitens suspectus michi est, et germana sanctitate us-

1. *Le prévôt de Ferrières.* — Ducange définit l'office de prévôt : *Munus ecclesiasticum, cui scilicet prædiorum ecclesiasticorum certæ partis ad tempus vicissim cura demandatur.* (Glossar. — Ed. 1734. sub verbo) Le prevôt de Ferrières avait des droits plus étendus, et jouait le rôle d'un officier de police en même temps que celui d'intendant « *Misimus præpositum nostrum talium peritum, et, ut eius ætatem atque nobilitatem decet, anxie religiosum ; qui, secundum prudentiam quam in sæculo hauserat, causam cum vestro nuntio discerneret et finiret.* » (Ep. 87. ad Hugonem).

que ad fastidium satiamur, vehementer me recusaturum co-
gnosce ; ac si se ingesserit ne tridui moras excedat ceteris
persuade ; quia quod toleremus non opus est nobis extrinsecus
querere.

LXIV. — EPIST. 54. (847. Mart.)

NECESSARIO.

Non ignorabam haud aliter te quam volebam quamque opor-
tebat facturum, et maleficia illius perditissimi maxima ingenii
auctoritate præventurum. Unde et tibi gratulor, et omnipotenti
Deo, si non dignas, certe quantas possum, et ago et habeo
gratias, qui sic me necessariis aliqua in parte destituit ut tamen
hoc dispendium fidissimi devotione suppleret. Nec vero ille impudenter inimicus solum cavendus et eludendus est, verum et
hi quos nuper dubitando præfeci, tua semper industria confir-
mandi, ut dicto audientes existere contendant, nec sibi ullate-
nus reniti tutum arbitrentur. Vultus noster, cum redierit, forsitan tibi metum detrahet, interim sine pavere ingratos.

LXV. — EPIST. 17. [1]

Quanquam vasta terrarum amplitudo diversis nos secernat
locis, tamen quia caritas illius, qui per fidem facit unanimes
habitare in domo Ecclesiæ, nos concordi sociat religione æquum
est ut quæ, dictante utilitate, vicissim vobis scribimus germana reverentia complectamur. Itaque frater vester post longos
errores ad nos devenit, delictique sui qualitatem simpliciter
exposuit, quam litteris comprehendere otiosum iudicavimus,

1. *Ad Iunetum* (Pap. Masson). On ne peut savoir où Papiro Masson
a pris le nom de ce personnage ; le Ms. ne porte aucun titre. C'est
la seule lettre qui n'ait point de suscription. On peut conclure des
mots *sanctitati vestræ* que Servat Loup s'adresse à un évêque ou à un
abbé. Cf. la lettre 52 où Servat-Loup se dit fatigué des allusions
que fait le moine rebelle de Ferrières à son frère le prélat : *germana
sanctitate usque ad fastidium satiamur.*

quando et rebus et verbis illius scire volentibus absque difficultate constabit. Cuius condolentes calamitati, et congratu-
lantes conversioni, sanctitati vestræ has tenuitatis nostræ litteras destinandas decrevimus, quibus imploramus ut excessus
illius viudictam nostræ deprecationi remittere non dedignemini.
Siquidem temeritatis suæ adeo dignum refert pretium, ut si
qui forte sint eius inimici, tantæ, tam molestæ, tam denique
infructuosæ peregrinationis illius exsaturari possint iniuria. Perditorum enim hominum adquiescens circumventioni pene usque
ad ultimas Galliæ partes abductus est ; omnique ope nudatus,
inde ad vos magno cum rubore, ut videtis, revertitur. Quocirca
vestra clementia, nostris flexa precibus, et culpam dignanter
indulgeat, et pietatis gremium ei citius pœnitenti aperiat.

LXVI. — EPIST. 59. (847. Mart.)

AD MARCWARDUM ABBATEM.

Non ignoratis, credo, reges nostros apud **Traiectum** ebdomade
secunda[1] Quadragesime celebraturos colloquium, quo me trahit ecclesiastica necessitas ; qua urgente, ut vobis iam aliis expressi litteris, cum rege quartum ago mensem[2], ita ut ne die
quidem a comitatu afuerim. Præbeat igitur se mihi saltem illic
desiderabilis vestra paternitas, ut nostra familiariter viva tandem voce valeamus cognoscere. Siquid præterea, ut passim so-
letis omnibus, nobis quoque facultas fuerit impendere, libenter
nos accepturos cognoscite, *Debent enim parentes thesaurizare
filiis* [3], ut fallere nescia divini Spiritus confirmat auctoritas. Benigne mei memores cupio vos valere fœliciter.

1. Pâques tomba le 10 avril, en l'année 847.
2. Loup écrit dans la lettre 55 qu'il est arrivé à la cour le 30 novembre (846). Le quatrième mois de son séjour à la cour a donc commencé
le 1er mars 847. — L'assemblée de Mersen devant commencer la seconde semaine de Carême (8-15 mars) la lettre 59 se place entre le 1er
et le 8 mars 847.
3. Cor. II xii, 14.

LXVII. — EPIST. 60. (847. Mart.)

AD EUMDEM.

Carissimo patri Marcwardo Lupus Officiosa humanitas vestra vicit petitionem meam, quæ leviter tetigit quod temporis poscebat necessitas. Proinde fuit ea gratior quam æstimare valeant ærumnarum expertes.molestissime autem fero quod vobis non visis discedo, quanquam consoletur meam mœstitiam quod post Pascha nostram vos visitaturos pollicemini parvitatem. Commode autem et me præsente id vos facturos puto, si secunda hebdomade mensis Maii iter ad nos arripiatis. Nam quinto decimo die post Pascha Synodus magna, ut aiunt, apud Atiniacum [1] celebrabitur, cui me abesse nequaquam, ut credo, nostri præsules patientur. De Cella nostra nichil aliud paternitati vestræ possum exprimere, nisi quod promissionum ubertas spes nobis varias pene cotidie pariat, et quod sicut omnium, præter malorum, illius quoque rei effectus incertus sit. Abbas monasterii quod Germanice Saligstat [2] appellatur, cui nomen est Ratlegio, partem quandam cuiusdam libri faciet michi describi, eamque vestro, michi reddendam, nuntio se traditurum promittit ; atque obsecrat ut tabulas, quas immo Hilpericus pictor beatis vovit martyribus, ebdomada secunda post Pascha ipsi dirigere

1. Après l'entrevue de Morsen, les trois frères Lothaire, Louis et Charles avaient décidé de tenir une grande assemblée à Paris pour la saison suivante. C'était sans doute pour préparer les travaux de cette assemblée que devait se tenir le placite d'Attigny (25 avril.) On comprend dès lors que si Marcward se met en chemin dans la seconde semaine de mai, Servat-Loup espère être rentré à Ferrières avant son arrivée. Ni le placite d'Attigny, ni l'assemblée de Paris n'eurent lieu : « *Renuente Lothario concordiam cum Carolo propter injuriam sibi a Gisalberto vasallo Karli, in raptu filiæ suæ factum.* » Annal. Fuldens. Anno 847.)

2. *Seligenstadt.* — Nom donné par Einhard au domaine de Michelstadt où il avait construit une église en l'honneur des Saints Pierre et Marcellin. Les reliques de ces saints lui avaient été apportées de Rome par un de ses disciples, qui les avait dérobées avec effraction parce qu'on ne voulait point les lui donner. L'abbé Ratlegius ou Ratlaïcus, successeur d'Einhard, est mentionné dans l'hymne 24 de Raban Maur.

dignemini. Quod etiam causa petitionis meæ vos maturare cupio ; ut cum ad nos veneritis, præfatam partem ipsius libri nobis afferendam curetis: In pueris multum nobis præstiteritis, si quod cœpistis paterna pietate non gravemini consummare. Capitis autem dolorem nepoti meo parcitas potus forsitan detrahet si eius appetentior fuerit deprehensus ; alioqui nostro curandus reservabitur medico, qui omnes, quarum nullam non ignorat, depellere se posse confidit infirmitates. Integerrime vos amans felicissime valere desidero, et ut me semper apud Deum præcipue invare dignamini supplex efflagito.

LXVIII. — EPIST. 70. (847. Sept.)

AD MARCWARDUM.

Desiderantissimo et integritate vitæ merito suspiciendo Marcwardo Abbati Lupus perpetuam salutem. Dignas vobis rependere gratias non valemus, sed non idcirco vel verbis id temptare non debemus. Siquidem inter alia quæ nobis iam plurima præstitistis, linguæ vestræ pueros fecistis participes, cuius usum hoc tempore pernecessarium nemo nisi nimis tardus ignorat. Itaque non istis gratam rem solum, verum etiam utilissimam nobis omnibus contulistis. Dilectissimum fratrem Eigilem et ceteros iiii Non. Septembr. lætus excepi[1]; sed ut congruum curationi tempus impenderent, iusto celerius dimisimus, ea conditione obstrictos ut per nos, dum redierint, proficiscantur. Sumus enim de eorum sanitate, et ipsorum et vestri causa, vehementer solliciti. Ceterum hunc novicium cursorem nostrum vestræ sanctitati commendamus, omni genere conversationis professioni suæ respondentem, nisi quod adhuc, credo propter timores nocturnos, solus cubare non potest. Opto vos valere feliciter, meique semper paterno affectu meminisse.

---

1. Le 2 septembre. — Cf. la lettre 55 où Nithard annonce à Servat Loup la maladie d'Eigil, et la lettre 72 à Didon où Marcward prie l'abbé de Saint Pierre-le-Vif de donner ses soins à Eigil et à ses frères.

LXIX. — EPIST. 69. (847. Sept.)

AD ANSBALDUM. [1]

Dilecto suo Ansbaldo Lupus salutem. Moleste tuli quod tanta opportunitate comperta, ut parcissime dicam nichil michi vel mandare vel scribere voluisti. Tamen quanquam curam nostri tam facile deposueris, quod in te reprehendo, ipse nequaquam imitabor, sed me aspernantem pio complectar alloquio. Tullianas epistolas, quas misisti, cum nostris conferri faciam, ut ex utrisque, si possit fieri veritas exculpatur. Tu autem huic cursori nostro Tull. in Arato [2] trade, ut ex eo quem me impetraturum credo quæ desse illi Eigil noster aperuit suppleantur. Bene vale, et tuis me semper orationibus protege.

LXX. — EPIST. 72. (847. Sept.)

AD DIDONEM [3], EX PERSONA MARCWARDI.

Reverentissimo et plurimorum præconiis celebrando Didoni abbati Marcwardus plurimam salutem. Artis vestræ singularis peritia multorum ore pervulgata, fratris Nithardi potissimum relatione nobis innotuit ; quo etiam referente comperimus pas-

1. *Ansbold*, moine de Prüm, et abbé de ce même monastère après Eigil. cf., lettre 117: — Cette lettre faisant allusion à l'arrivée d'Eigil à Ferrières est datée de sept. 847 par comparaison avec la lettre 40.
2. Cicéron avait traduit en vers, les *Phénomènes* d'Aratus, et nous en avons conservé une partie, insérée par lui au § 41 du livre II, du *de Natura Deorum*. La lecture de Baluze « *in Arabo* » n'offre aucun sens.
3. Didon, abbé de Saint-Pierre-le-Vif de Sons. Cette abbaye célèbre avait été fondée au commencement du vi° siècle au bourg de Saint-Savinien près de Sens, et s'était appelée d'abord : *Sancti Petri vici*, d'où l'on a fait par corruption *Sancti Petri vivi*, Saint-Pierre-le-Vif. D'après la chronique du monastère, Didon succéda à l'abbé Anastase, comme abbé de Saint-Pierre-le-Vif en 847 : il mourut en 859 et eut pour successeur Aquila, disciple d'Eigil.

sim vos accessum indigentibus apperire, et sempiternam usuram temporali ægrotantium remedio procurare. Unde tametsi
vobis adhuc sumus ignoti, non dubitavimus propter eiusdem religionis unitatem, cuius etiam vos observantissimos gratulamur,
materiam nobis præstandi beneficii ultro præponere, parati vestræ opinatissimæ liberalitati modis quibuscunque possumus
respondere. Namque et filii nostri, quos et vestros optamus,
molestia corporis laborabant ; quam aliquot adhibiti apud nos
medici propulsare nequiverunt ; hos, Domino et vestræ caritati
fidentes, curandos [1] vobis offerimus ; ut per vos optatæ sanitatis solatia temperantes, auctori eiusdem nobiscum gratias referant, et vestro labori. Illi quidem devotionem, quam solam possunt, utpote monachi, repensent ; nos autem dignum omnino
servitium persolvamus. Petitionem nostram diu verbis exten-
dere noluimus, ne forte de vestræ caritatis perfectione dubitare
videremur, quæ non solum ignotis, verum etiam inimicis prodesse contendit ; et ideo, ut optime nostis, oraculi mandatum
attestatione prophetica confirmatur. Optamus vos valere feliciter [2].

LXXI. — EPIST. 89. (847.)

AD PARDULUM, EX PARTE REGINÆ.

In nomine Dei solius et omnipotentis Irmind [3], divina ordinante
gratia, Regina venerando Pardulo episcopo salutem. Res novas

1. Dom Bouquet fait de cette lettre une lettre de remercîment pour
les soins donnés. Le mot *curandos* indique, au contraire, que les moines de Prüm ne sont pas encore guéris, et que Marcward les recommande à l'abbé Didon. Nous daterons donc la lettre de 847 et non de
848 comme D. Bouquet. (Cf. D. Bouquet. T. VII, p. 7.)
2. A partir des mots *passim vos accessum indigentibus apperire*, le
manuscrit de la Bibl. Nat. offre une lacune qui s'étend jusqu'à la fin
de la lettre 84 à Wénilon. Le texte devait être déjà très mutilé à la fin
du xvie siècle puisque Papiro Masson, qui n'a pas connu d'autre ms.
que le nôtre, n'a pu établir complètement le texte des lettres 73 et 74.
3. Irmintrude ou Ermentrude, fille d'Eudes, ou Wodon, comte d'Orléans, et d'Ingeltrude, était nièce d'Adalhard, et première femme de
Charles-le-Chauve. (Nithard, Hist. iv, 6). Elle épousa le roi en 842, fut

super quibus vos nichil posse scribere significastis, nisi quod
per Rhotbertum iam mandaveratis, prosperas, exuberante Dei
gratia, provenire cupimus et audire. Diem vero vestræ ordina-
tionis nostris et nostrorum precibus vobis utinam profuturis solemnem facere studebimus. Præterea quæ misistis munera grata
nobis fuerunt ; et stolæ cuius imposuistis laborem libenter experiri curabimus, et secundum vestram suggestionem, propitio
Deo, qui nos fecit, et tantis bonis cumulavit, noxium studebimus otium evitare. Vestris tamen semper efficacibus iuvemur
orationibus ; quia nichil unquam nobis præstabilis quod non de
vestra probabili fidelitate præsumpserimus. Hoc a vestra benignitate impetratum volumus ; ut pro his qui in defensione patriæ suas posuerunt animas [1] Dei clementiam suppliciter flagi-
tetis, et superstitibus eorum hominibus auxiliemini quanti-
cumque vobis possibile fuerit.

LXXII. — EPIST. 12. (847.)

AD PARDULUM [2].

Clarissimo præsuli P. Lupus plurimam salutem. Cum repeto
memoria intimos vos esse regi, nihil miror quando ad fidei ves-

sacrée reine en 866 dans la basilique de Saint-Médard de Soissons
(Ann. Bertin.),reçut l'abbaye de Chelles comme dotation (Edict.Pistense
V,) et mourut à Saint-Denys le ii des nones d'octobre 869. Elle avait
eu six fils : Charles, roi d'Aquitaine † 866 ; Lothaire-le-Boiteux, † 865,
abbé de Saint-Germain d'Auxerre ; Pépin et Drogon, morts la même
année à l'abbaye de Saint-Amand ; Karloman qui se révolta contre son
père (870) et eut les yeux crevés (873); enfin Louis-le-Bègue,successeur
de Charles-le-Chauve.
1. Il n'y eut pas de guerre l'année où Pardule fut élu évêque de Laon
(847),mais les Normands ravagèrent l'Aquitaine maritime et assiégèrent
Bordeaux. Le 29 mars ils pillèrent l'abbaye de Grandlieu (Ex chron.
Engolismensi. D. Bouquet, VIII, p. 222.)
2. *Pardulus*, vidame de Reims en 840, *missus* dominicus en Bourgogne avec Servat Loup en 844,évêque de Laon en 847, assiste au synode
de Quierzy (849), signe la lettre synodale à Noménoé, assiste aux conciles de Soissons, de Verberie et de Bonneuil, est encore mentionné
comme *missus* dans les Capitulaires 9, 10 et 13 de Charles-le-Chauve,
est un des adversaires les plus acharnés de Gotteskalk, et meurt vers
858. (Gall. Christ.,IX.)

træ meritum, et sine invidia sapientiæ metior privilegium ; immo gaudeo plurimum quod iacentes res ecclesiasticas credo vestra industria sublevandas. Proinde fiducia familiaritatis hortor et moneo, ne præceptam a Deo gratiam negligatis. Talentum enim, ut optime nostis, cum usura restituendum a Domino accepistis. Ecce quanta vobis lucrandi ultro confertur occasio. Monachi Sanctæ Columbæ[1], privilegio et antiquorum et præsentium muniti episcoporum, regumque et imperatorum et priscis et recentibus instructi edictis, spem recuperationis aliquam nacti, pietatis regiæ portum petunt, ubi tutum perfugium vestra intercessione cupiunt invenire. Dignamini, quæso, legere quæ ferunt, et ut a rege clementer audiantur efficere ; et prudentiæ vestræ laudabili acumine ne gravemini aperire : hii qui ante eum feliciter regnaverunt, quam proficuum sibi et patriæ iudicaverunt, si Dei servis postulata concederint. Ferte opem indigentibus, præstate refigerium laborantibus, sit vestrum memoriale saltem aliquorum Dei servorum instaurata libertas. Occupationum vestrarum intuitu parcius rem suggero, quam vestra mirabilis capacitas effectu tanti boni sufficienter intellectam desiderantibus patefaciat. Benigne mei memores cupio vos valere feliciter.

---

1. *Sanctæ Columbæ.* Le monastère de Sainte Colombe de Sens était situé à un mille au sud de la ville, sur les bords de l'Yonne. Charlemagne l'exempta de la juridiction du métropolitain. Louis-le-Pieux confirma ce privilège en 833, puis le retira. En déc. 847, à la prière de Bernard, abbé de Sainte Colombe, et parent du roi, Charles-le-Chauve restitua à l'abbaye toute son indépendance. Sous le successeur de Bernard, Echardus, qui fut abbé de 850 à 856, Wénilon bénit la basilique de Sainte-Croix et opéra la translation des reliques de Sainte Colombe et de Saint Loup. Après Echardus, Theodoricus fut abbé de 856 à 858. Wénilon obtint de Louis-le-Germanique (858) le gouvernement de l'abbaye, et le garda jusqu'à sa mort. (Gall. Christ. XII., p. 146.)

LXXIII. — EPIST. 30. (847.)

AD GODESCALCUM [1] MONACHUM.

Ni veritus fuissem ut me ab observatione caritatis aversum nullius flecti posse precibus putando, eandem caritatem offenderes, etiam nunc silentii latebram fovens, nihil ad ea quæ consuluisti respondissem, duabus videlicet ex causis : altera, ne otio tuo materiam exercendi ingenii vel imminuerem vel detraharem ; altera ut, habita consideratione illorum quos super eadem quæstione te sollicitasse olim cognovi, mediocritatem meam non præiudicare quorumdam excellentiæ æstimatione propria comprobarem. Verum autem illorum colloquio et rescripto potitus, quod ego hinc sentiam desideras experiri ; quoniam de eisdem quæstionibus diversa sentire, quousque contra fidem non est, aut nulla aut parva culpa est. Quid mihi sentire visus sit beatissimus ac doctissimus Augustinus in eo loco quem enodandum proposuisti non gravabor exponere. Et illa quidem prior quæstio, quam, quia nullis divinarum Scripturarum exemplis aut testimoniis aut ægre aut nequaquam definiri poterat, in medio reliquit, penitus omittatur ; scilicet an in illo cunctis exoptabili fidelibus culmine resurrectionis oculi carnis

---

1. *Godescalcus.* Gotteskalk, appelé aussi Fulgence, naquit vers 806 et fut moine d'Orbais au diocèse de Sens. Il soutint sur le libre arbitre et la prédestination, la grâce et le prix du sang de J.-C., des doctrines hardies qu'il prétendait appuyer sur l'autorité de Saint Augustin, et qui ont été reprises après lui par la plupart des réformateurs chrétiens, Luther, Calvin, Jansénius. Inquiété au sujet de ses opinions par Hincmar, métropolitain de Reims, il se réfugia en Italie ; chassé d'Italie il parcourut la Dalmatie, la Pannonie et le Norique, fut découvert, et traduit devant un concile qui se réunit à Mayence le 1er oct. 848, sous la présidence de Raban Maur. Il refusa de se rétracter, et fut remis à Hincmar. Il a l'air d'un moine, disaient les Pères, mais il a l'âme d'une bête féroce : *Habitu monachus, mente ferinus.* Hincmar fut pour lui sans pitié ; il le fit condamner au concile de Quierzy à être battu de verges, et renfermé dans un monastère. Gotteskalk eut pour prison le monastère de Haut-Villiers, près d'Epernay, et mourut en 868 sans avoir voulu faire amende honorable. (Labbe, Conc., T. III. — Sirm· Conc. Antiqu. Gall. III,p. 64 et 65. — D. Bouquet,T.VII,p. 233. —Hincmar, de prædestinatione. Cap. 2.)

aliquid sint mentis simile habituri ; siquidem futuras earum rerum imagines aliqua nos mentis acrimonia posse apprehendere
quæ illius tanti auctoris ingenium sunt transgressæ, si vel opinari possemus, esset id extremæ dementiæ.Nec tamen felicitati
nostræ in illa resurrectione aliquid derogabitur,si divinitatis excellentia carnalibus oculis conspicua non fuerit ; quando nullum
hoc tempore dispendium intellegentiæ nos pati sentimus, si rationem quam mentis acumine contuemur, manu perpetua, quod
est incorporea, palpare non possumus. Nec indignum aliquid
nostra patietur natura, si spiritus longe sublimiori donetur excellentia, qui iam inde ab initio nostræ nativitatis tantum ex-
celluit, ut et in eo, etsi aliquandiu decolor, propter peccatum,
semper tamen Dei perseveraverit imago, et ab eo in unam ean-
demque personam redacta gubernata sit caro. Alteram vero
quæstionem quibus verbis idem præcellentissimus auctor mo-
deratus sit vigilanter considerantes eorum mentem dispicia-
mus. « *Aut quod est,* inquit *ad intellegendum facilius, ita
nobis erit Deus notus atque conspicuus ut videatur spiritu, in
singulis nobis videatur ab altero, videatur in seipso, videatur
in cœlo novo et terra nova, atque in omni quæ tunc fuerit
creatura* [1]. » Hactenus quid hæc verba obscuritatis pariant non
vides ; quippe clarissimus auctor, quia divinæ auctoritatis ob-
servantissimus, quemadmodum sit futurus Deus omnia in omnibus copiosius explicat ; scilicet quod electis divina gratia ad
angelicam provectis æqualitatem, remoto pristinæ ignorantiæ
nubilo, semetipsum plene manifestet, ac sua ineffabili visione
in perpetuum beatificet,tantaque suæ præsentiæ lætificet eviden-
tia, ut uniuscuiusque spiritus dubitare non possit quin nobis
et reliquis sanctis omnibus insit Deus, atque cuilibet aliæ creaturæ ; ita ut rationabilem tantummodo sui notitia glorificet,
inrationabilem vero, hoc est, terram et cœlum, præsens ubique
totus gubernando contineat. Ac per hoc rationabili aderit per
notitiam et præsentiam, inrationabili per solam præsentiam :
quæ tamen longe præstantius quam nunc ad electorum notio-
nem deducta ut augmentum scientiæ, ita etiam incrementum
felicitatis factura est. Nam et nunc præsentia sua regit cœlum
et terram, cuius veridica vox est: *Cœlum et terram ego impleo* [2],
sed ad comprehendendum quemadmodum totus in cœlo,totus in

---

1. Aug. De Civit Dei. Lib. XXII, cap. 29.
2. Jer. XXIII, 24.

terra sit, acies mentis nostræ caligat; quandiu *corpus quod corrumpitur adgravat animam* [1], ne naturæ suæ vim libere [2] queat exerere. Quodcum totius corruptionis non molestia modo, verum etiam suspicione fuerit liberatum, glorificata duntaxat, non mutata natura (neque enim hinc nos errare permisit qui ait: « *Palpate, et videte. q. s. c. et o. n. h. s. m. v. h.*) [3] tantamque cum spiritu, cui nunc repugnat, habuerit concordiam ut cum eo deinceps nec velit peccare, nec possit, idem spiritus Deo suo tunc vere inhærendo, unum cum eo effectus, intueri merebitur habitatorem sui similiumque creaturarum, cæterarum vero rectorem. Hæc est visio, in qua sanctis [4] constabit et secura felicitas, et felix securitas, cui videndæ oculos non corporis, sed cordis, hoc est mentis, mundari veritas præcipit : *Beati*, inquit, *mundo* [5] *quoniam ipsi deum videbunt* [6]. Huiusmodi vero mundationem fides hic inchoat, illic caritas consummat. Nam quousque affectus noster dicere Deo possit : *Quid mihi est in cœlo, et a te quid volui super terram?* [7] hoc est, quamdiu in cœlestis alicuius creaturæ potentia, vel excellentiæ mundanæ illecebra, et non in Deo, a quo sumus conditi, spem nostræ beatitudinis reponi mus, crassum glaucoma nostris obductum oculis patimur. At cum salubriter ea sordere cœperint, quæ prius animum nostrum perniciose aut eludebant opinionum falsitate, aut oblectabant fallaci suavitate, paulatim Dei clementia fatiscente caligine, noster visus recuperatur, ac divinorum præceptorum in dies exacuitur collirio, donce deposita mortalitatis sarcina, ad videndum eum, in quem tota fuerat translata intentio, perducatur. Præmonstratis verbis super quorum sententia non ut voluimus, sed ut valuimus (res enim quam significant incomprehensibilis est) diutule locuti sumus. Idem mirabilis auctor subiecit. « *Et per corpora in omni corpore, quocumque fuerint, spiritalis corporis oculi acie perveniente directi* [8]. » Hic vel parum sæculari litteratura imbutus nemo du-

1. Sap. IX, 15.
2. *Livere* (Bal.).
3. *Quia spiritus carnem et ossa non habet, sicut me videtis habere* (Luc. XXIV 39).
4. *Scilicet.* (Bal.).
5. *Corde* (Bal.). Omis dans le ms.
6. Matth. V, 8.
7. Psal. LXXII, 25.
8. August. De Civit Dei. Lib. XXII, cap. 29.

bitat a communi subaudiendum, et ut videatur spiritu per corpora in omni corpore. Opinionem enim illam, ut videri possit Deus carnalibus oculis, nisi aliquid mentis optinuerint, ipse manifestissime removet. Quid vero in eo voluerit intelligi, quod ait, *per corpora in omni corpore*, scrupulosius quæri posset, nisi eandem rem, adhibita quadam similitudine, præstruxisset. Denique præmisit : « *Vitam quidem suam* (haud dubium quin spiritus) *qua nunc vivit in corpore, et hæc terrena membra vegetat, facitque viventia, interiori sensu quisque non per corporeos oculos novit. Aliorum vero vitas, cum sint invisibiles, per corpus videt : Nam unde viventia discernimus a non viventibus corpora, nisi corpora simul vitasque videamus, quas nisi per corpus videre non possumus* [1]. » Siquidem hac eius tam lueulenta sententia colligitur, quod *per corpora*, hoc est, per corporis oculos, *in omni corpore*, quod idem conspexerint oculi, videndus sit Deus, non in sua substantia, quod privilegium spiritui reservatur, sed in evidentissima gubernationis præsentia. Sic enim cum per sensus corporeos vitas aliorum in corpore intuemur, non vitas invisibiles aspicimus ; sed eas tamen inesse vivificationis potentia dubitare non possumus, nec sustinebunt quicquam contumeliæ oculi, si spiritu Deum ubique præsentem comprehendente, illi eum tantummodo in corporibus quo direxerint aciem, quemadmodum superius ostendi, poterunt intueri ; sicut neque nunc patiuntur aliquid ignominiæ cum sensu aurium dulcissimum quemlibet sonum capiente, ipsi intra metas proprii muneris cohibentur. Hic a me monstratus intellectus capituli omnibus te quas proposuisti questionum angustiis liberabit ; inter quæ etiam oculis nihil simile mentis habentibus in quovis corpore, nec proprie, nec figurate Deum fore conspicuum declarabit. Namque proprietas [2] eius cognitione spiritus sibi dignitas vindicabit. Quod autem tam evidenter creaturas suas divina reget maiestas ut ne oculos quidem corporeos latere possit, nihil præterquam quod geritur significare, omnis qui sobrie sapit facile advertit. Ad hunc enim exitum circunstantia, sine superstitionis pervicacia considerata, cautum instructumque lectorem perducunt. Quod adeo mihi constat ut etiam beatissimum Augustinum, si revivisceret, aliter quemquam

1. Id. De Civit. Dei. Lib. XXII, cap. 29.
2. *Proprietatem* (Bal.).

sensisse credam non mediocriter miraturum [1]. Proinde semper solvendo et nunquam persolvendo caritatis debita, te, suspiciende frater, exhortor, ut nequaquam ultra in talibus tuum ingenium conteras, ne his ultra quam oportet occupatus, ad utiliora vestiganda sive docenda minus sufficias. Quid enim tantopere quæramus quod nobis nosse necdum forsitan expedit? Certe divinitus illustrata mens Deo loquitur : *Oculus non videt, Deus, absque te quæ præparasti expectantibus te* [2]. Et nos illius ineffabilis visionis plenissimam rationem complecti animo, concretis vitiorum sordibus adhuc gravato, desideramus? In amplissimo scripturarum sanctarum campo interim spatiemur, earumque meditationi nos penitus totosque dedamus, faciemque Domini humiliter, pie ac semper quæramus, *quoniam inquirentibus Dominum non deficit omni bono* [3]. Eius erit clementiæ ut dum, considerata nostra condicione, altiora nobis non quærimus, nec fortiora scrutamur, nos ad sublimiora et robustiora sustollere, purgatisque nostræ mentis obtutibus, quibus videri se posse revelavit, semetipsum dignetur ostendere. Ceterum daturus necne sit oculis post resurrectionem aliquid simile mentis, eius arbitrio relinquamus, cuius iudicio et hæc, et alia innumera impune, quoad mortaliter vivitur, ignoramus. Quaternionem quem reperisti nescio quis mihi sublegerat. Verborum vero, quorum flagitasti rationem, quia nec plenaria statim omnium occurrit, et eam indagare maximæ causarum moles, quibus assidue obruor, inhibuerunt, in aliud tempus distuli ; quamquam non sim nescius Græcorum sermonum proprietates a Græcis potius expectandas. Sane si quando scribendum parvitati meæ decreveris, obsecro superfluis aut falsis laudibus non oneres ; sed magis Domino supplices ut me semper suæ laudis avidum faciat, meæ vero laudis fructum in illud tempus differat quo laus erit unicuique ab eo.

1. *Miratum* (Bal.).
2. Isa. LXIV, 4.
3. Psal. XXXIII, 11. *Inquirentes autem Dominum non minuentur omni bono.*

LXXIV. — EPIST. 93. (848).

AD. D. R. K.

Explicari facile non potest quam cupiam, Domine mi Rex, gloriose Karole, ego ultimus vester famulus in omnibus vestram prosperitatem et spiritalem et sæcularem ; propterea aliquotiens et verbis et scriptis ultro me ingessi, ut mea devotio, opitulante Dei gratia, vestræ prodesset felicitati. Nunc etiam quod utilissimum vobis et vestro regno multa meditanti occurrit, paucis aperio. Observantia iustitiæ non solum apud Deum meritum vobis comparat, verum etiam terrenam potestatem confirmat. Bonorum societas profectum vobis et laudem parit ad exemplum beati David, qui se imitandum proponens ait : *Ambulans in via inmaculata, hic mihi ministrabat*[1]. Segregatio etiam perversorum æque laudabilis est, ut idem ipse David instituit : *Non habitabit in medio domus meæ qui facit superbiam, qui loquitur iniqua, nec direxit in conspectu oculorum meorum*[2]. Quod autem fidissimus quisque debeat esse familiarissimus illa sententia instruimur : *Quæ pestis ad nocendum efficacior esse potest quam familiaris inimicus*[3]? Quorum consilio Respublica, Deo faciente, de quo dicitur : *Fiat pax in virtute tua*[4], possit esse tuta et quieta Sanctæ Litteræ his verbis insinuant : *Multitudo supientium sanitas est orbi terrarum*[5] ; hi enim intelligunt quia *non est sapientia, non prudentia, non est consilium contra Dominum*[6] et in dandis consiliis[7] ab æquitatis tramite non recedunt : unde et eadem consilia ab ipso Domino ad utiles diriguntur effectus. Alibi etiam satis hinc aperte docemur, ubi legimus.' *Consilium*

1. Psal. C, 6.
2. Ibid. 7.
3. Boèt. de Cons. philos. Lib. III.
4. Psal. CXXI, 7.
5. Sap. VI, 26.
6. Prev. XXI, 30.
7. *Davidis consiliis* (Bal.).

semper a sapiente perquire[1]. Sapientem hic intelligimus quem aut experientia docuit, aut lectio erudivit, aut inspiratio divina cæteris prætulit. Magnum aliquid facturi, quæso, recolite memoria illud quod prudentissime dictum est. *Antequam incipias, consulto, et ubi consulueris, mature facto opus est*[2]. Sic enim et præcipitatio vitabitur et nocitura dilatio. Romani orbis terrarum domini, quibus consiliariis usi sint, hac una et brevi sententia ad vestram nostramque utilitatem considerare dignamini : *Fidum erat et altum Reipublicæ pectus Curia, silentiique salubritate munitum et vallatum undique; cuius limen intrantes, abiecta privata caritate, publicam induebant*[3]. Tales, quæso, tales quærite qui publicam dilectionem, hoc est totius populi, præferant privatis commodis, et miserante Deo motus isti molestissimi conquiescent. Imperatorum Gesta[4] brevissime comprehensa vestræ maiestati offerenda curavi, ut facile in eis inspiciatis quæ vobis vel imitanda sint, vel cavenda. Maxime autem Traianum et Theodosium suggero contemplandos, quia ex eorum actibus multa utilissime poteritis ad imitandum assumere. Ita diutissime regnetis ut semper Deus regnet in vobis.

LXXV. — EPIST. 61. (849).

AD GUIGMUNDUM EBORACENSEM EPISCOPUM[5].

Reverentissimo magnaque veneratione suspiciendo Guigmundo, Eboracensis Ecclesiæ antistiti, cunctisque sub eo Domino Deo famulantibus, Lupus abbas et universa cœnobii Ferrariensis congregatio in Domino salutem. Ingens fluxit spatium

---

1. Tob. IV, 19.
2. Sallust. in Catil. VLIII *facto, non consulto, in tali periculo opus esse.*
3. Val. Max II, 2.
4. Ouvrage perdu. Le Ms. porte en marge : *ab ipso Lupo descripta.*
5. Wimond, évêque d'York, succéda à l'évêque Vulsius vers 837 ou 838, et mourut en 854. *Post Eanbaldum Vulsius rexit archiepiscopatum, Eanredo regnante. Moriens autem Vulsius Wimundum habuit successorem, præfato rege regnante. Cui decimo sexto episcopatus sui anno morienti Wlfhere successit in archiepiscopatum.* (Labbe).

temporis quod, perturbationibus variis crebrescentibus, societas quæ à præcessoribus nostris, auctore Domino, inita est,
nulla præter orationes protulit indicia caritatis. Nunc autem,
aperiente se gratia pacis, et recepta Cella sancti Iudoci [1], unde
et hæc scribimus, curavimus, ut par fuit, priores certare officio, vosque sive ad repetendam, sive ad declarandam amicitiam
provocare. Ac primum illud ante omnia suppliciter poscimus,
ut et in privatis et in publicis precibus nostri memores esse
dignemini. Deinde volumus ut vicissim nobis præstare stude-
amus quicquid gratiosum fore litteris utrinque directis consti-
terit, et facultas permiserit. Maturate igitur vestram nobis pandere voluntatem, ut et ad morigerandum vobis continuo præ-
paremur, et fructu dilectionis Dominus Deus noster glorificetur
ac delectetur. Cupio vos valere feliciter, amantissimi patres.

LXXVI. — EPIST. 62. (849)

AD ALTSIG. ABBATEM [2].

Venerabili Altsig. abbati, Lupus monasterii Bethlehemitici
sive Ferrariensis in Domino salutem. Ingenti clementia Dei
nostri discordiæ peste mitigata, [3] quæ totas Gallias Germani-
amque hactenus vexavit atrociter, inter ipsa pacis exordia fœdus
quod inter nostram vestramque olim fuit Ecclesiam, directis ad
reverentissimum Guigmundum [4] Episcopum litteris, studui re-
novare. Quia vero vos amore sapientiæ, cuius et ego sum avi-
dus, flagrare comperi, vel secundum illud Tullii *pares ad
pares* [5] *facile congregantur.* Et iuxta receptæ Scripturæ as-

---

1. La restitution date de la fin de 848. — Cf. les lettres 13 et 14,
LXXVII et LXXVIII, écrites vers le même temps.
2. *Altsigus*, abbé des Augustins d'York.
3. *Mense Januario Clotharius et Dominus Carolus Rex ad Peronam palatium accedunt, ibique jure amicitia sese constringentes, datis invicem
muneribus, unusquisque in proprium sui regnum ingressus est.* — (Chron.
Fontanell. anno 849).
4. Les lettres 61 et 62 ont été écrites en même temps.
5. *Cum paribus* (Bal.).

sertionem : *Omne animal diligit sibi simile, sic omnis homo*, hac epistola meam offero et vestram expeto amicitiam, ut nobis vicissim cum in sacris orationibus, tum etiam in quibuslibet aliis utilitatibus prodesse curemus. Atque ut quod polliceor vos exequamini priores, obnixe flagito ut Quæstiones beati Hieronymi quas, teste Cassiodoro[1], in Vetus et Novum Testamentum elaboravit, Bedæ quoque vestri similiter Quæstiones in utrumque Testamentum, item memorati Hieronymi Libros explanationum in Hieremiam, præter sex primos, qui apud nos reperiuntur, ceteros qui secuntur, præterea Quinti L.[2] Institutionum oratoriarum libros XII, per certissimos nuntios mihi ad Cellam Sancti Iudoci, quæ tandem aliquando nobis reddita est, dirigatis tradendos Lantramno, qui bene vobis notus est, ibique exscribendos vobisque quam potuerit fieri celerius remittendos. Quod si omnes non potueritis, at aliquos ne gravemini destinare, recepturi a Deo præmium impletæ caritatis, a nobis autem quamcunque possibilem duntaxat iusseritis vicem tanti laboris. Valete, nosque mox ut se oportunitas optulerit exoptabili responso lætificate.

1. Il n'y a pas de livre de Saint Jérôme qui porte le titre de *Quæstiones in Vetus et Novum Testamentum*. Loup fait ici allusion à un passage du premier chapitre du *De Institutione divinarum litterarum* de Cassiodore où nous lisons : « *Sanctus Hieronymus uno volumine de libro Geneseos hebraicas solvit quæstiones propositas, quæ per utriusque Testamenti Scripturas divinas tanquam linea uno calamo deducta, parili nitore descendunt..... De Novo quoque Testamento fecit alterum librum, ubi quæstiones ad eamdem legem pertinentes diligentissimus doctor enodavit.* » Nous possédons le livre intitulé : *Liber quæstionum hebraicarum in Genesim.* (Migne, t. XXII), et deux autres semblables sur les Rois et les Paralipomènes ; (t. XXIII). Mais il ne nous reste pas d'ouvrage de Saint Jérôme intitulé *Quæstiones in N. T.* Nous n'avons que des commentaires de saint Mathieu, saint Marc et diverses épîtres (t. XXVII et XXX). On attribue à Bède un livre de *Quæstiones* snr les Rois (Migne, t. XCII), d'autres sur l'Exode, les Lévitiques,les Nombres, le Deutéronome, Josué, les Juges, encore sur les Rois, un enfin de Questions variées (t. XCIII) ; il était l'auteur d'*Expositiones*, de Commentaires sur le Pentateuque, Samuel, les Rois, Esdras, Néhémée, les Proverbes, le Cantique, les évangiles et les épîtres canoniques (t. XCI et XCII). Les commentaires sur Jérémie par saint Jérôme sont complets en 6 livres.

2. *Quintiliani* (Bal.).

LXXVII. — EPIST. 13. (849).

AD EDILULFUM REGEM [1].

Ad laudem et gloriam Dei magnis laudibus efferendo Ædilulfo Regi omnium servorum Dei ultimus Lupus abbas, ex monasterio Sancti Iudoci, præsentis temporis felicitatem, et beatitudinis æternæ salutem. Quoniam regiminis vestri opinionem bonam cognovimus, et vires vobis a Deo collatas contra inimicos Christi audivimus : omnipotentem Deum, qui easdem vires tribuit, precamur ut contra omnes Christiani nominis hostes vos insuperabiles faciat, qui potestate sua incomprehensibili, sed tamen iusta, omnia semper dispensat. Verum quia meam parvitatem a vestra excellentia separat continens, obsequendo notus vobis fieri cupio, maxime postquam vestrum in Dei cultu fervorem ex Felice didici, qui epistolarum vestrarum officio fungebatur. Præcipite igitur quicquid possibile mihi creditis, et me in omnibus ad famulandum paratum invenietis, sed ut vos ad promerendum Deum excitemus, certandi vobis prioribus materiam ostendimus, et in præsenti spem, et in futuro seculo mercedem procul dubio præbituram. Ecclesiam in monasterio nostro, quod est mediterraneum [2], et Ferrarias appellatur, ac Bethlehem a conditore [3] impositum nomen possidet,

1. *Edilulfum Regem.* Ethelwulf, fils d'Egbert-le-Grand, roi d'Angleterre en 836, mit son royaume sous la suzeraineté du Saint-Siège et établit la dîme dans ses Etats. Il se rendit à Rome en 855 et fut reçu avec honneur par Charles-le-Chauve (Annales Bertin, *sub anno*). A son retour de Rome, il épousa Judith, fille de Charles ; Hincmar de Reims bénit ce mariage au palais de Verberie le 1er octobre 856. Rentré en Angleterre, Ethelwulf eut à lutter contre son fils Ethelbald, né d'un premier mariage, et mourut après 857.

2. Le Ms. porte en marge, d'une écriture moderne, une explication de ce mot : « a mari fluminibusve remotum. »

3. *Conditore.* Le monastère de Ferrières était déjà fort ancien au IXe siècle. Servat Loup ne nomme pas son fondateur. Pascal II, abbé de Ferrières en 1103, nomme le duc Wandelbert, et la *Vita Sti Eligii ab Audoeno conscripta*, I, 10, nomme Buchinus pour premier abbé. Il aurait eu pour successeurs, jusqu'au temps de Servat Loup, Wido I, Gerontius, contemporain de Dagobert, Waldebertus, mort vers 720,

operire plumbo molimur, post Deum in honore Beati Petri et omnium cæterorum Apostolorum consecratam, cuius operis, si dignamini, vos esse participes precamur. Estote igitur in Dei honorem ad hoc perficiendum adiutores, non meriti nostri, sed respectu divinæ mercedis, quia qui sine vestra largitione pro vobis intercessores sumus, alacriores erimus, si vobis et nobis profuturum, ad animæ tantummodo remedium, munus acceperimus. Erimus tamen, sicut ante significavimus, in omne quicquid nobis possibile iniunxeritis parati. Omnipotens Deus ad propagationem et conservationem suæ fidei vos et posteritatem vestram diutissime regionis vestræ faciat esse principes, et quandoque sempiternæ beatitudinis heredes.

LXXVIII. — EPIST. 14. (849).

AD FELICEM [1].

Dilectissimo amico Felici Lupus, abbas monasterii Ferrariensis atque Sancti Iudoci, salutem. Licet aliquot anni fluxerint ex quo nos invicem, largiente Dei gratia, in monasterio Faræ [2] primo cognovimus, nec postea evenerit oportunitas, quod optavi, ut familiariter loqueremur, tamen quia in neutro nostrum fervor caritatis refrixit, precor ut apud laudabilem vestrum

Adelbertus, Gervasius et Garmundus, qui ne sont peut-être qu'un même personnage sous deux noms différents, Ogerius, Constantius, Gilon, Alcuin (vers 792), Ségulfe, Adalbert, Aldric (821-829) et Odon (829-842). Gall. christ. XII, p. 156.

4. Ce Félix était, comme nous l'apprend la lettre précédente, secrétaire dn roi Ethelwulf. Il avait été moine au monastère de Faremoutiers. (Fara, Faræ monasterium), fondé en 670 par sainte Fara, sœur de l'évêque de Meaux, saint Faron. Il est probable que Loup aura fait quelque séjour à Faremoutiers dans un de ses voyages entre Fulda et Ferrières. Faremoutiers était à l'extrémité sud du diocèse de Meaux, tout près des limites de celui de Sens. C'est là que Loup connut Félix qui était moine. Les lettres de Loup nous montrent combien les relations avec le royaume de Wessex et avec le diocèse d'York étaient restées intimes même après la mort d'Alcuin.

5. En marge du Ms, on lit Ferrarias. Papire Masson avait lu in monasterio Ferrariensi.

Ædilulfum mea petitio vestra diligentia sortiatur effectum :
Siquidem recordatur quantæ illum liberalitatis prædicaveritis,
per literas flagito ut quoniam statui ecclesiam Beati Petri principis Apostolorum in monasterio Ferrariensi tegere plumbo, ad
diuturnitatem contignationis, ut ad augmentum bonorum suorum ex eodem plumbi metallo ad memoratum opus, quantum
ei Deus inspiraverit, nobis dignetur largiri. Quod si exuberante Dei clementia, et vestra cooperante industria, optinuero,
vestræ rursum erit sollicitudinis, ut munificentiæ illius beneficium ad villam Stapulas [1] provehatur. Nos autem, sicut et in
literis præfato regi directis expressimus, et pro illo semper orare parati sumus, et si quid possibile nobis iniunxerit celeriter
exsequi. Cupio vos valere feliciter.

LXXIX. — EPIST. 78. (849 Init.)

EIDEM [2].

Unice singulariterque dilecto **Pardulo** Episcopo Lupus in Domino salutem. Sacris domini regis non sum evocatus [3], propterea
ad conventum non veni ; litterarum ipsarum exemplar dirigen-
dum curavi, ut si forte mentio de me inciderit, iuste me re-
mansisse possitis ostendere. Cæterum, quia me intra conseptum
familiaritatis admisistis, queso ut et nunc, et quotiescumque
possibilitatem Deus largitus fuerit, tutum vestra intercessione

---

1. *Étaples* est le port le plus voisin du monastère de Sᵗ Josse. Baluze croit que la lettre a été écrite avant le recouvrement de Sᵗ Josse,
parce que Loup n'aurait pas manqué, s'il avait été en possession de la
Cella, de l'indiquer comme port de débarquement au scribe Félix.
Baluze oublie que *Sᵗ-Josse-sur-mer* est à cinq milles de la mer et n'est
pas un port (cf. la Carte de l'État-Major.)

2. *Eidem.* Ad Pardulum. Pardule, évêque de Laon de 847 à 858, cf.
Lettre 12.

3. Allusion au synode de Chartres tenu au mois de Juin 849 (Annales de Sᵗ Bertin). « *Mense Junio, apud urbem Carnutum, conventum
habente, post missarum solemnia, ambonem Ecclesiæ conscendens, innotuit
omnibus voce propria se ob divinæ servitutis amorem clericum nullo cogente velle fieri (Carolum filium Pippini secundi regis), ibique ab episcopis qui præsentes aderant benedictus, et ad clericum tonsus est.* »

reddere curetis. Ego, ut nostis, hostem ferire ac vitare non didici, nec vero cetera pedestris ac equestris militiæ officia exequi, nec rex noster solis bellatoribus indiget. Admonitu vestro et, si opus fuerit Ilincm., si expeditio ingruerit, obsecro doceatur ut, quoniam studia mea non magni facit, vel dignetur considerare propositum, et talia [1] michi iniungere, quæ ab illo penitus non abhorreant. Id, si me sincere amatis, sic potestis efficere, ut non solum offensæ contraham nichil, verum etiam gratiæ consequar aliquid. Ita michi comperta et probata est vestra prudentia. Itaque dum tempus et locum habetis, et michi et quibuscunque valetis, quæso, succurrite, certi et Deum iustum retributorem futurum, et nos sinceram beneficiorum memoriam habituros. Litteras quæ me lætificent remittite; et mei benigne semper memores bene valete.

LXXX. — EPIST. 77. (849. Init.)

AD PARDULUM.

Carissimo suo Pardulo Lupus plurimam salutem. Secundum quod statuistis, direxi nuntium qui super meis recentibus litteris quid vobis visum fuerit, et quæcumque cognitu necessaria iudicaveritis, comprehensa vestris apicibus reportaret. Peto itaque ne illum vacuum aut tardius remittatis. Cupio vos valere feliciter.

LXXXI. — EPIST. 79. (849 Init.)

AD ROTRAMNUM [2] MONACHUM.

Carissimo suo R. L. s. Quoniam ad conventum non evocatus nolui me ultro ingerere, venerabili Episcopo Ilincmaro litteras

---

1. *Et alia* (Bal.).

2. Rotramne, ou plutôt Ratramne, moine de Corbie, (Gall. Christ T. X, p. 1269), ami de Loup et de Gotteskalk. écrivit contre Paschase Radbert deux traités : *De corpore et sanguine Domini* et *De eo*

diiigens, inter alia Ililmeradi [1] nostri causam apud eum studui commendare. Ex eisdem litteris verba hic posui, ut eidem Hilmerado possitis ostendere quam velim rebus eius favere. *Hilmeradus*, inquam, *quem rex Ambianensium episcopum iussit, quadam michi necessitate coniunctus est, cui supplico prosit quod apud vos plurimum valeo. Nam licet desit ei forsitan aliquid eruditionis, tamen poterit esse utilis, cum et vestræ doctrinæ parebit. Et si plene non potest docere instituta divina, poterit tamen facere unde et ipse et eum sequentes efficiantur salutis æternæ capaces* [2]. Hæc ad illum sic scripsi ; vos quæso ut in coepta semper amicitia maneatis, certi me nunquam ab officio recessurum. Bene valete.

LXXXII. — EPIST. 68. *(849.)*

AD DOMINUM MARCWARDUM ABBATEM.

Carissimo ac desiderantissimo patri Marcwardo Lupus plurimam salutem. Orationis gratia, et quarundam ecclesiasticarum studio causarum, quas, Deo volente, reversus cum vos videro, paternitati vestræ aperiam, Romam proficiscor. Et quoniam in conficiendis rebus Apostolici notitia indigebo, ea vero sine munerum intercessione iniri commode non potest, velut ad paternum, immo ad maternum gremium, ad vos confugio, supplicans ut, sicut nunquam in ulla necessitate defuistis, ita in hac adesse dignemini, michique, si ullo modo potestis, per præsentes nuntios duo saga veneti coloris [3], et totidem lintea, quæ Germanice *glizza* [4] vo-

quod *Christus ex Virgine natus est*. Il a défendu les idées de Gotteskalk dans son écrit : *De prædestinatione Dei*, et a répondu aux attaques de l'Eglise grecque contre l'Eglise romaine dans son ouvrage en 4 livres : *Contra Græcorum opposita Romanam Ecclesiam infamantium*. Ces divers écrits ont été publiés entre 845 et 870. Ils se trouvent au t. CXXI de la Patrologie de Migne.

1. Ililmerade, évêque d'Amiens de 849 à 871.
2. La lettre à Hincmar, dont Loup recopie ici un fragment, n'existe pas dans le recueil qui nous a été conservé.
3. *Veneti coloris.* Couleur bleue.
4. Du verbe allemand *glànzen*, briller. Il s'agit d'une toile fine et satinée.

cantur dirigatis, quæ illi comperi esse carissima atque gratissima. Horum si fuerit vobis integritas ardua, nequicquam videbitur nobis ipsa medietas contempnenda ; namque ita seculari eruditione docti sumus ut sperantes minora, maiora poscamus. Ac ne ingenio nostro latiorem defuisse materiam suspicemini, si equo tolutario [1], vel quolibet alio fortissimo, nostrum iter sublevaveritis, pluiimum nobis collatum esse ducemus. Sane nichil me optinuisse moleste non feram, si communicatis his litteris cum filio Eigile, risum uterque vestrum tenuerit. Cupio vos valere feliciter, meique benigne memoriam gerere.

LXXXIII. — EPIST. 67. (849.)

AD. W [2].

Venerabili V. L. Necopinanti michi, optanti tamen, videndi vos sese optulit occasio, quod ab urbe quæ in vestra cura et patrocinio requiescit Romam proficiscentibus, quo ipse tendo, iter patere cognovi. Facite itaque ut, positis aliis occupationibus, sinceræ caritatis fruamur alloquiis, et præsenti utilitate et futura salute tractemus. Otiosum autem existimo præmoneie ut me iuvare his quæ usus poposcerit studeatis, cum nihil derogare debeam vestræ prudentiæ et liberalitati confidere pluiimum. Peritiam ergo regionis in qua versamini, affectumque patriæ in qua orti sumus, præstare nobis contendite. Transibo vero, si Deus vult, per vos, ut opinor, aut extrema æstate, aut certe primo autumno. Cupio vos valere feliciter.

LXXXIV. —EPIST. 66. (849.)

AD REGINFRIDUM EPISCOPUM [3].

Reverentissimo præsuli Reginfrido Lupus in Domino salu-

---

1. *Equo tolutario.* — Trotteur.
2. *Wuenilon*, Métropolitain de Sens.
3. On ne sait de quelle ville ce Raginfrid a pu être évêque. Nous sc-

tem. Profecturis Romam [1] transitum nobis fore haud longe ab urbe vestra didicimus ; ubi vestram humanitatem, quam animo præcipimus, re ipsa cupimus experiri, maximeque, cuius nobis penitus copia deest, Italicæ monetæ argento, quod solum usui futurum [2] interrogati concorditer quique confirmant. Conspectum quoque vestrum, favente Deo, nobis exhibebitis, ut officii beneficium hac, ut decet, gratia cumuletis. Sane adventus nostri certum tempus præfigere non valeo, tamen hunc futurum, aut præcipiti æstate, aut prima suspicor parte autumni. Bene vos valere cupio.

LXXXV. — EPIST. 84. (849. Nov.)

AD NOMENOIUM [3].

Landrannus [4], Turonum metropolitanus episcopus ; Dodo,

rions tentés de penser que ce Raginfrid était évêque d'un des diocèses sur les frontières d'Italie. Les listes d'évèques des sièges du midi sont très incomplètes pour le IXe siècle.

1. Le voyage de Loup à Rome est attesté par lui-même dans la préface de son traité *De tribus quæstionibus*, et se place entre le mois de septembre et le mois de novembre 849. Il annonce dans cette lettre 66 qu'il partira vers la fin de l'été ; et si l'on admet qu'il fut un des rédacteurs de la lettre synodale à Noménoé, il faut admettre aussi qu'il assista au Concile tenu à Tours en novembre 849. On peut trouver bien court le délai de deux mois et demi qui lui reste pour effectuer son voyage ; il est donc très probable que la lettre synodale à Noménoé n'est pas de Servat Loup ; il ne dut revenir de Rome que pour assister au concile de Bourges en décembre 849.

2. Baluze rétablit ainsi le texte de la phrase : quod solum usui futurum *est nobis permutandi id* interrogati concorditer quique confirmant. Le membre de phrase ajouté par lui n'existe ni dans le texte, ni en marge du Ms.

3. *Noménoé,* nommé duc des Bretons par Louis-le-Débonnaire en 826, refusa après la mort de l'Empereur de reconnaître l'autorité de Lothaire et de Charles le Chauve, défit le comte de Nantes Rainold, et lança les Normands contre la ville. Il ne tint aucun compte des ordres de Louis le Germanique et de Lothaire qui l'engageaient à se soumettre à Charles, il le vainquit à Ballon et poussa ses ravages jusqu'à Angers et jusqu'au Mans. Il érigea la ville de Dol en métropole religieuse de la Bretagne, brava l'excommunication et se maintint indépendant jusqu'à sa mort(7 mars 851).On a vu plus haut,(nol. 1) les raisons pour lesquelles nous ne croyons pas que cette lettre ait été rédigée par Loup.

4. Landrannus, métropolitain de Tours de 846 à 849.

Andegavorum ; Aldricus, Cenomannorum episcopus ; Guenilo, Senonum Metropol. episcopus ; Heriboldus, Antissiodori episcopus ; Prudentius, Trecassinorum ; Agius, Aurelianorum ; Ercanradus, Parisiorum ; Hucbertus, Meldorum ; Helias, Carnutum ; Herimanus, Neveruorum ; Hincmarus, Remorum metropolitanus episcopus ; Immo, Noviomagi ; Pardulus, Lugduni ; Rhothadus, Suessionum ; Hilmeradus, Ambianorum ; Erpoinus, Silvanecti ; Ermenfridus, Belloacorum ; Paulus, Rotomagi metropolitanus episcopus ; Saxbodus, Saiorum episcopus ; Freculfus, Lexoviorum ; Balfridus, Baiocacensium ; Nomenoio, Priori gentis Britannicæ, salutem quæ est in Christo Iesu Domino nostro.

Diu est quod Deus occulto, iusto tamen iudicio, permisit esse te rectorem gentis tuæ ; in quo tamen regimine qualem te exhibueris testis est conscientia tua, et amaræ quærimoniæ diversarum ecclesiarum, et afflictiones nobilium et ignobilium, divitum et pauperum, viduarum et orfanorum, quos damnabili cupiditate et horribili crudelitate vexasti. Sed quia Christianum nomen non penitus abiecisti, et nos ex Apostolica successione debitores sumus omnibus, ut bene agentes ad perseverantiam exortemur, delinquentes autem ad penitentiam auctoritate divina provocemus, vehementissime tuis excessibus condolemus,

Dodon, évêque d'Angers (836 — 9 nov. 880).
Aldric, évêque du Mans (832 — 7 janv. 856).
Wénilon, métropolitain de Sens (836-865).
Héribold, évêque d'Auxerre (828-857).
Prudence, évêque de Troyes (846-861).
Agius, évêque d'Orléans (843-868).
Ercanrade, évêque de Paris (832 — 9 mai 856).
Hucbert, évêque de Meaux (823 854).
Helias, évêque de Chartres (840-850).
Herimannus évêque de Nevers (840 — 22 juillet 860).
Hincmar, métropolitain de Reims (845-882).
Immon, évêque de Noyon (840-859).
Pardule, évêque de Laon (847-858).
Rhotade, évêque de Soissons (832 ou 833-862).
Hilmerade, évêque d'Amiens (juin 849-872).
Erpoin, évêque de Senlis (840-871).
Ermenfried, évêque de Beauvais (846-860).
Paul, métropolitain de Rouen (6 janv. 849-855).
Saxbod, évêque de Séez (840-849).
Fréculfe, évêque de Lisieux (vers 825 — vers 850).
Balfried, évêque de Bayeux (846-858).

et a tuo interitu paterna et episcopali sollicitudine te cupimus
revocare.

Cupiditate tua vastata est terra Christianorum, templa Dei
partim destructa, partim incensa, cum Sanctorum ossibus ce-
terisque reliquiis. Possessiones ecclesiarum, quæ fuerunt vota
fidelium, redemptio animarum, patrimonia pauperum, illicite
in tuos usus redacta. Hereditates nobilium ablatæ, et maxima
multitudo hominum vel interfecta vel servitute oppressa. Rapinæ
crudelissimæ perpetratæ, adulteria et corruptiones virginum
passim commissæ. Episcopi legitimi sedibus propriis expulsi, [1]
et, ut mitius loquamur, quia dicere nolumus fures et latrones,
mercenarii introducti. Patroni nostri Beati Martini quondam dio-
cesis, ex qua vos esse negare non potestis, violata, omnes postremo ecclesiastici ordines perturbati ; quod nimis dolendo et
compatiendo dicimus.

Satis hæc ad tuam perditionem sufficiebant, sed ad cumulum
malorum auxisti temeritatem, et omnem læsisti Christianitatem,
dum vicarium Beati Petri Leonem Apostolicum [2], cui dedit Deus
primatum in omni orbe terrarum, sprevisti. Cum enim postu-
lasses ut in libro suo te scriberet, et pro te Dei clementiam,
exoraret, et ille directis litteris se id facturum promisisset, si
se monentem obedienter audires, non solum nichil eorum quæ
mandaverat fecisti, sed ne litteras quidem ipsas recepisti, et
quia nolebas a malo desinere, timuisti bene monentem audire :
In eo igitur læsisti apostolos, quorum est princeps Petrus ;
læsisti episcopos, qui iam cum Deo regnant in cœlis et mira-
culis coruscant in terris ; læsisti et nos, qui etsi non habeamus
eorum meritum, idem tamen divina gratia possidemus officium.
Nuper etiam excipiens Lantbertum [3], quem Ecclesia materna

1. Les évêques expulsés étaient Subsannus, évêque de Vannes (838-
845), Salacon, évêque de Dol (abdique en 848), Félix, évêque de Quim-
per (s'enfuit en 848), Liberalis, évêque de Léon (s'enfuit en 848), et
Actardus, évêque de Nantes (843-846).

2. *Léon IV*, pape de 847 à 855).

3. *Lantbertum*, noble frank. Était déjà du parti de Lothaire en 834
(Nithard. Hist. I, 4 et 5). En 841 il vint trouver Charles-le-Chauve au
Mans, et lui demanda le comté de Nantes pour prix de son concours
(Chron. Namnet). Charles donna le comté à Rainold, comte de Poitiers, et Lambert irrité passa au service de Noménoé. Le comte Rainold fut tué par lui, Nantes fut livrée aux Normands et le pays distribué
aux soldats. Plus tard Lambert envahit encore le territoire d'Angers, bat-
tit sur la Maine les soldats de Charles le-Chauve, tua le comte Vivien en

pietate ex aliqua parte **receperat**, ea scilicet conditione ut se corrigeret, et mala solita perfecte declinaret, fecisti te participem, immo auctorem perturbationis populi Christiani. Eum enim amator pacis dominus noster rex, etiam ad tuam suasionem, removerat a finibus tuis, et aliis honoribus decoraverat ; et nunc eum rebellare **conantem**, velut in gremium recepisti, et ut in malo proficiat fovere non desinis. Iube afferri libros tuos ; in eis comminantem Deum audies : *Impio præbes auxilium, et his qui oderunt Deum amicitia iungeris* [1], et non solum qui faciunt, sed etiam qui consentiunt facientibus dignos esse morte invenies.

Nec ignoras quod certi fines ab exordio dominationis Francorum fuerint, quos ipsi vindicaverunt sibi, et certi quos petentibus concesserunt Britannis. Quomodo ergo despicis legem Dei, quæ præcipit *ne transgredieris terminos quos posuere patres tui* [2]*?* et terram Francorum iniuste tibi defendere conaris? nec formidas illud. *Maledictus qui transgressus fuerit terminos proximi sui* [3]*?* O quid facturus es in die magni iudicii, cum tibi reddenda erit ratio de tuis annis, mensibus, horis, momentis? et hoc erit celeriter. Verum est enim quod iuvenis possit cito mori, sed senex diu non possit vivere: Ante te prolixum fuit sæculum, post te quoque Deo certum est quantum durabit; pro hac vita brevissima noli tibi sempiternam miseriam comparare.

Nisi deponas pervasionem alienorum, oppressiones omnium, societates perditorum, et recipias admonitionem Sedis Apostolicæ nostræque unanimitatis, non tibi prodest fides, nec quæcunque putas bona opera; quia Salvator dicit : *Non omnis qui dicit michi Domine, Domine, intrabit in regnum cœlorum s. q. f* [4]. Cogita quid mereatur qui scandalizaverit unum de pusillis, et ita poteris colligere quam ingentem sis perlaturus, nisi resipueris, damnationem, qui partem maximam populi christiani gravissime perturbasti.

851, et fut tué lui-même peu de temps après par Gauzbert ; en 851 d'après la chronique de Fontenelle, en 852 d'après les annales de St Bertin. Il fut enterré à Savonnières près d'Angers (Frag. Hist. Britann. Armoric.; ap. D. Bouquet T. VII, p. 49).

1 Paralip. II, XIX, 2.
2. Prov. XXII, 28.
3. Deuter. XXVII, 17.
4. *Sed qui facit voluntatem patris mei qui in cœlis est, ipse intrabit in regnum cœlorum* (Matth. VII, 21).

Monèmus te, obsecramus, obtestamur, tuæ salutis cupidi,
pone finem malis tuis, convertere ad Deum, cuius nemo nostrum potest effugere iudicium. Fac fructus dignos pœnitentiæ ;
hoc est, quia granditer deliquisti, granditer bona exerce ; ut
non solum non torquearis cum diabolo, et reprobis in inferno,
verum etiam gaudeas cum Deo et electis eius in cœlo. Id quoque
tibi pollicemur, quia si te Deo restitueris, apud eum intercessores pro peccatis tuis esse cupimus ; et apud pium principem
nostrum, ut tibi tuæque posteritati benigne consulat, conabimur obtinere. Maximum reatum te contraxisse scimus quod
epistolam Sedis Apostolicæ respuisti, existimans aliqua in ea
tibi noxia contineri ; sed quod exemplar eius venerabilis Papa
nobis dignatus est dirigere, notum tibi facimus nichil in ea
contineri quod ad tuam pertineat læsionem ; et propterea parati sumus, si vis, secundo legatum Sedis memoratæ cum
scriptis toto [1] mundo venerandis dirigere. Quod si eum non rece-
peris, nos, qui monuimus, excusabiles erimus : si autem rece-
peris et auscultaveris, et Deum, et Beatum Petrum propitios,
et nos habebis in fide coniunctos et intercessione proficuos. Si
vero nos benigne monentes contempseris, certum tibi sit nunquam tibi futurum locum in cœlo, et cito non futurum in terra ;
quia tua culpa separatus ab Apostolica et nostra societate,
anathematis ultione, locum habebis, quod avertat Deus, in
Tartaro. Hæc etiam per tuum ministerium denuntiamus Lam-
berti hominibus et quibuslibet gentis tuæ, quia si communica-
verint ipsi et rebellioni eius consenserint, anathemate condem-
nabuntur, et traditi Satanæ sine fine peribunt. Conversos autem recipimus, et in pace Christiana permanere optamus,
atque pro eis parati sumus domini nostri regis clementiam,
quantum possumus, flectere.

LXXXVI. — Epist. 76. (849 In Fine.)

AD HINCMARUM.

Clarissimo præsuli Hincmaro Lupus perpetuam salutem. Collectaneum Bedæ [2] in Apostolum ex operibus Augustini veritus

---

1. *Toti* (Bal.).
2. Baronius refusait à Bède ce commentaire sur les épîtres de saint

sum dirigere, propterea quod tantus est liber ut nec sinu ce-
lari, nec pera possit satis commode contineri ; quanquam si al-
terutrum fieret formidanda esset obvia improborum manus
quam profecto pulchritudo ipsius codicis accendisset, et ita
forsitan et mihi et vobis perisset. Proinde tuto vobis memoratum volumen ipse commodaturus sum, cum primo, si Deus
vult, aliquo nos contigerit sospites convenire. Pineas autem
nuces, quot cursor ferre potuit, hoc est decem, mittendas curavi. Rescriptum vestrum quo notarii, ut scripsistis, me privavit
impedimentum, cursor idem noster ad hoc directus, ut a vobis
propositum est, accipiat, ut lectione illius vel erudiar vel delec-
ter. Benigne vos mei memores opto valere feliciter.

LXXXVII. — Epist. 96. (850.)

AD KAROLUM REGEM.

Glorioso Domino præcellentissimo Regi Karolo integre fidelis
Lupus. Cum a vestra maiestate digrederer ¹ præcepistis ut,
impendente quadragesima, quiddam vobis dirigerem nnde ca-
peretis fructum aliquem ædificationis. Sermonem itaque Beati
Augustini, in quo iurandi consuetudinem dissuadet ², quamque
sit ferale periurium ostendit, vestræ prudentiæ destinavi, profuturum vobis plurimum credens, si vobis admonentibus, quidam assidue iurare desistant, et quod recte iuraverint non con-
temnant. Non adulandi vitio in gratiam vestram dico, sed desiderio salutis eorum qui nobiscum patrem in cœlis invocant qui-

Paul ; Bellarmin le lui concédait au contraire ; le passage de Servat
Loup tranche la question. Trithème (*de viris illustribus Ordinis S*ᵗ
Bened. cap. XLIV), attribue cet ouvrage à Florus, dont il fait un
moine de Sᵗ Trond au diocèse de Liège. Mais Florus était diacre de
l'Église de Lyon. Il est connu sous le nom de Florus Magister, il a
composé un assez grand nombre d'ouvrages, et on y fait figurer une
Expositio in Epistolas B. Pauli (Migne, t. CXIX). Comme le pense Chif-
flet, l'attribution à Florus doit venir du titre qui se trouve dans certains
mss. : *Bedae liber Florum ex libris S. Augustini, super epistolas Pauli
apostoli.*

1. Peut-être après le concile de Bourges (fin de 849).
2. Le Sermon 28, *De verbis apostoli.*

cumque fidem vobis iureiurando firmaverunt si ab ea saltem latenter deficiunt. Iam sibi mortem animæ intulerunt, nec possunt esse filii Dei, qui nolunt esse pacifici. Admoneantur ergo vestra industria sui periculi, et saluberrima institutione tanti doctoris ad correctionis remedium invitentur. Misi præterea celsitudini vestræ gemmas quas dudum opifex noster exsculpendas et poliendas acceperat, quarum formam atque nitorem si approbaveritis memorato artifici gratulabor. Opto et oro ut bene semper agatis, et propitio Deo felici successu diutissime gaudeatis.

LXXXVIII. — Epist. 128. (850).

AD DOMINUM REGEM.

Domino glorioso Regi Carolo sincere fidelis Lupus. Dudum in urbe Biturigum [1] quæsistis de prædestinatione et libero arbitrio ac redemptione sanguinis Christi quid sentirem ; et ego quæ in divinis litteris didiceram, et in maximis auctoribus inveneram vestræ majestati strictim aperui. Et quoniam aliter videtur quibusdam, qui me putant de Deo non pie fideliterque sentire, ipso Deo, cui ab intelligibili ætate plurimum confisus sum sensum et stylum meum regente, memoratas quæstiones, quas audacter multi ventilant, intelligenter pauci capiunt, breviter, veraciter perspicueque dissolvam. Neque enim longa disputatione vos tenere debeo, aut in aliquo fallere, aut obscuritatibus, retardare, cum vestras occupationes in disponenda republica non ignorem, vobisque post Deum fidem debeam singularem.

Deus Adam rectum condidit, ut Sancta Scriptura docet, et originaliter in eo nos omnes rectos creavit. Hic parens humani

---

1. L'Assemblée de Bourges est du mois de Déc. 849. Loup composa alors son traité de Tribus Quæstionibus, dont la lettre 128 n'est qu'une sorte de résumé. On peut donc la dater par approximation de l'année 850. Loup n'était pas loin d'admettre les principales propositions de Gotteskalk ; il se refusait toutefois à attribuer à la prédestination des damnés le caractère fatal que le moine d'Orbais, incontestablement plus logique, lui reconnaissait.

generis, rectitudinem deserens naturalem, nullo cogente pec-
cavit tam granditer ut et se ipsum perderet, et in se omnes
utroque sexu natos condemnaret. Deus ergo fecit excellenter
bonam hominis naturam, sed eamdem ipse homo vitiavit miserabiliter per spontaneam culpam. Denique fuit Adam, ut ait
Beatus Ambrosius, et in eo fuimus omnes. Periit Adam, et in
illo omnes perierunt. Laudemus igitur Dei opificium, et cognos-
camus culpæ nostræ nihil aliud deheri nisi supplicium. Sed
Deus, cui præterita, præsentia et futura æque præsto sunt
(ipse est enim qui est, nec scientiæ illius accedit aliquid, aut
decedit), cum sciret in Adam massam totius humani generis
peccato corrumpendam, non abstinuit ab ea bonum suæ crea-
tionis, bene usurus etiam malis, et ante constitutionem mundi
elegit ex ea quos a debita pœna per gratiam liberaret, ut ait
Apostolus : *Sicut elegit nos in ipso ante mundi constitutionem* [1],
cæteros autem, quibus non banc gratiam misericordia impendit,
in damnatione quam ipsi peccando meruerant justo judicio de-
reliquit : et hoc modo, ut docet Apostolus : *Cujus vult miseretur, et quem vult indurat* [2]. Miseretur eorum quos assumit per
gratiam, indurat illos quos per eamdem gratiam non emollit,
sed quamvis occulto, justo tamen judicio derelinquit. Hi ergo
quorum miseretur prædestinati sunt ad gloriam secundum illud
Apostoli : *Quos præscivit et prædestinavit* [3] ; et appellantur
vasa in honorem. Hi debent Deo totum quod sunt et quod
babent ; siquidem ejus bonitate facti sunt, cum non essent ;
ejus benignitate salvati sunt, cum perditi essent. Illi vero quos
indurat, hoc est non emollit, qui in damnatione relinquuntur,
quam originaliter vel actualiter meruerunt, dicuntur vasa in
contumeliam, perfecta vel apta in interitum. Hi quod creantur,
Dei donum est : quod puniuntur, malum ipsorum. Hos Beatus
Augustinus in multis libris, et in eo quem fecit ultimum non
dubitat dicere prædestinatos ad pœnam, non intelligens fatalem
perditorum necessitatem, sed immutabilem relictorum deser-
tionem. Legebat enim de Deo : *Si concluserit hominem nullus
est qui aperiat* [4] ; itemque : *Considera opera Dei, quod nemo
possit corrigere quem ille despexerit* [5], illud etiam : *Dimisi eos*

1. Ephes. I, 4.
2. Rom. IX, 18·
3. Rom. VIII, 29.
4. Iob XII, 14.
5. Eccles. VII, 14.

secundum desideria cordis eorum, ibunt in adinventionibus suis [1]. Et, ut opinor, dirigebat eum in hunc sensum illud maxime testimonium de Deo qui fecit quæ futura sunt. Cui et dicitur : *Reddes unicuique secundum opera sua* [2]. Quod nimirum facturus est omnibus, nisi quos fecerit beatos remittendo iniquitates eorum, et tegendo peccata. Qui gratiam ipsius Dei summis efferentes præconiis dicere possunt; non secundum peccata nostra fecit nobis, neque secundum iniquitates nostras retribuit nobis. Consentiunt Augustino verbis aliis Hieronymus et Gregorius, eodem autem vero Beda et Isidorus. Quod ex ipsis auctoribus, si vestræ placuerit celsitudini, facile potero demonstrare.

Liberum sane arbitrium in bono quod contempsit primus homo peccans perdidit, in malo autem quod elegit retinuit. Quemadmodum vero, si velit quis, vel subtrahendo sibi cibum se potest perimere, peremptum autem non potest vivificare, ita potuit homo voluntate delinquens usum in bono liberi arbitrii perdere, sed id, etiam si velit, non potest suis viribus resumere. Non erit igitur in bono liberum illi arbitrium, nisi fuerit divina gratia liberatum. Dominus Jesus *sciebat*, ut scriptum est, *quid esset, in homine* [3], id salubriter aperiens : *Sine me*, inquit, *nihil potestis facere* [4], nihil scilicet boni. Nam ipse mali auctor et cooperator esse non potest, qui, ut Johannes ait Baptista : *Agnus Dei est qui tollit peccata mundi* [5], et quæ scilicet facta sunt, et ne fiant. Item alibi Dominus : *Si vos filius liberaverit, tunc vere liberi eritis* [6]. Sanctus Cyprianus, martyr gloriosissimus, et doctor suavissimus, bene expendens verba Apostoli : *Quid habes quod non accepisti? quid gloriaris quasi non acceperis* [7]? statuit in nullo gloriandum, quando nostrum nihil sit. Unde bona quoque voluntas præparatur a Domino, ut memoratus Apostolus docet. Deus est qui operatur in nobis et velle et perficere opus bonæ voluntatis; propter quod subjungit, *et perficere pro bona voluntate* [8]. Ipsam etiam bonam cogitatio-

1. Psal. LXXX, 13.
2. Psal. LXI, 13.
3. Joann. II, 25.
4. Joann. XV, 5.
5. Joann. I, 29,
6. Joann. VIII, 36.
7. Cor. I, IV, 7.
8. Philip. II, 13.

nem a Deo nobis esse doctor gentium manifestans, *non quasi sufficientes simus*, inquit, *cogitare aliquid a nobis, quasi ex nobis, sed sufficientia nostra ex Deo est*[1], Dei gratia nos prævenit, propter quod scriptum est : *Deus meus, misericordia ejus præveniet me*[2], ut bona velimus et inchoemus. Dei gratia nos subsequitur,ut scriptum est : *et misericordia tua subsequetur me*[3], ne frustra velimus et cœperimus. Hinc principaliter Dei sunt, ut præmissis testimoniis claruit, et consequenter nostro, quia voluntate a nobis fiunt. Et scriptum est : *Domine pacem da nobis, omnia enim opera nostra operatus es nobis*[4]. Reatus quidem peccati in baptismate solvitur, sed conflictus ejus propter exercendam fidem servatur, ita ut adjutorio Dei semper et comprimendis vitiis et obtinendis virtutibus egeamus. Hoc et unusquisque Deo pie militans in semet ipso sentit, et Apo. tolus, jam Christi sacramentum consecutus, sic humiliter confitetur : *Condelector legi Dei secundum interiorem hominem. Video autem aliam legem in membris meis repugnantem legi mentis meæ, et captivum me ducentem in lege peccati, quæ est in membris meis*[5]. De libero arbitrio concorditer ita senserunt quicumque mentem divinorum eloquiorum probabiliter perceperunt.

Postremo quos redemit Dominus sanguine suo evangelica lectione colligitur apud Matthæum : *Bibite*, inquit Dominus, *ex hoc omnes, hic est enim sanguis meus Novi Testamenti, qui pro multis effundetur in remissionem peccatorum*[6]. Apud Marcum : *Hic est sanguis meus Novi Testamenti qui pro multis effundetur*[7]. Apud Lucam vero : *Hic est calix Novum Testamentum in sanguine meo, qui pro vobis fundetur*[8]. Duo ergo evangelistæ ponunt *pro multis*, unus *pro vobis*, quia et discipuli multis annumerantur, nullus pro omnibus : Et ne id ergo temere scrutatus existimer, Sanctus Hieronymus, explanans locum Evangelii : « *Sicut Filius hominis non venit ministrari, sed ministrare, et dare animam suam redemptionem pro mul-*

1. Cor. II, III, 5.
2. Psal. LVIII, 11.
3. Psal. XXII, 6.
4. Isa. XXVI, 12.
5. Rom. VII, 22 et 23.
6. Matth. XXVI, 28.
7. Marc. XIV, 24.
8. Luc. XXII, 20.

tis [1], quando inquit, formam servi accepit, ut pro mundo sanguinem funderet, et non dixit dare animam suam redemptionem pro omnibus, sed pro multis, id est, pro his qui credere voluerint. Qua expositione iuxta fidem catholicam docuit solos fideles esse intelligendos, sive in gratia permansuros, sive ab ea suo vitio recessuros. Item Beatus Augustinus aperiens populo sententiam Evangelii : *Vos non creditis quia non estis ex ovibus meis* [2]. Quomodo, ait, istis dixit, *non estis ex ovibus meis*, quia videbat eos ad sempiternum interitum prædestinatos, non ad vitam æternam sui sanguinis pretio comparatos. Ilis tam claris luminibus doctrinam suam evangelico sensu roborantibus qui audeant contradicere nisi qui erubescunt sine luminibus apparere ? Ut pace tamen et reverantia tanti viri dictum sit, hunc intellectum evangelico fonte manantem non videns Joannes Constantinopolitanus episcopus [3], cum exponeret illud Apostoli qualiter gratia Dei pro omnibus gustaverit mortem : Non pro fidelibus tantum, inquit, sed pro mundo universo ; et ipse quidem pro omnibus mortuus est. Quid autem si non omnes credunt ? Ille quod suum erat implevit. Verum cur hoc senserit, nullo divino testimonio comprobavit. Quod si quis excellentiæ culminis vestri ostendit aut ostenderit Faustum [4] quemdam de his longe diversa scribentem, ne acquieveritis erranti : quoniam docet Gelasius [5] cum septuaginta episcopis viris eruditissimis qui scriptores essent vel non essent recipiendi : statuens primo commendationem Augustini et singulares laudes Hieronymi, memorati Fausti scripta his verbis exauctoravit. *Opuscula Fausti Regensis Galli apocrypha.* Hanc fidem, quam expressi in supradictis quæstionibus, tenuerunt Ecclesiæ catholicæ invictissimi defensores. Hanc ego minimus omnium custodio, hanc volentibus absque invidia ostendo ; nolentibus meæ mediocritatis conscius non ingero. Nec, ut quidam suspicari se simulant, inaniter, hoc est, vanæ gloriæ studio cupio innotescere, cum terreat me plurimum illa de Scribis et Pharisæis Domini sententia. *Omnia opera sua faciunt ut videantur ab hominibus* [6] ; et de hypocritis : *Amen dico vo-*

---

1. Matth. VII.
2. Joann. I.
3. St Jean Chrysostome, qui occupa le siége de C. de 394 à 404.
4. Faustus, év. de Riez (430-481).
5. Gelase Ier, pape de 492 à 496.
6. Matth. XXIII, 5.

bis, receperunt mercedem suam[1], sed asserendæ veritatis intuitu quod in divinis auctoritatibus earumque sensum sequentibus præcellentissimis auctoribus Deo inspirante deprehendi
quærentibus absque contentione manifesto. Vestræ igitur opinatissimæ prudentiæ si jam satis factum est, gaudeo. Sint autem, vel nunc, vel cum Deus noster optatam vobis quietem
contulerit, propter alia etiam negotia ecclesiastica, evocatis ad
conventum doctioribus quibusque, rectene, perperamve sentiam, subtilior plurium tractatus poterit invenire. Sic Deus vos
opto et oro, diu feliciterque faciat regnare, ut secum vos in
æternum regnare concedat.

LXXXIX. — Epist. 129. (850.)

AD HINCMARUM.

Reverentissimo præsuli Hincmaro Lupus perpetuam in
Domino salutem. Scrutanti mihi diu multumque de prædestinatione, de qua in pace, in qua vocati sumus a Deo, quærimus
et deliberamus, quid probabiliter esset sentiendum, ne illud
Apostoli, *quos præscivit et prædestinavit*[2], pateat; illud vero,
vasa iræ perfecta, sive parata, sive apta in interitum[3]; et
illud quod divinitus alibi scribitur, *nescit homo utrum amore
an odio dignus sit*[4], itemque, *considera opera Dei, quod nemo
possit corrigere quem ille despexerit*[5], et similia passim in divinis reperta eloquiis, dignum non habeant exitum, hæc verissi-
ma videtur sententia, ut prædestinatio sit in bonis juxta intellectum doctissimi Augustini, gratiæ præparatio, prædestinatio
autem in malis secundum nostram capacitatem, gratiæ sub-
tractio. De quibus idem certissimus auctor ita scribit : Quibus
non vult subvenire non subvenit, de quibus in sua prædestinatione aliud judicavit, ita tamen ut in utrisque creator æquissi-
mus inveniatur, dum et illis gratiam misericordia impertitur,

1. Matth. VI, 2.
2. Rom. VIII, 29.
3. Rom. IX, 22.
4. Eccl. IX, 1.
5. Ecoles. VII, 14.

et istis eamdem gratiam quamquam occulto, justo tamen judicio non largitur. Dumque in Adam omnes recti creati sumus, et libertatem arbitrii absque ullius difficultatis impedimento et interpellatione accepimus, sponte autem peccante Adam, *in quo*, ut Apostolus testis est, *omnes peccaverunt*, omnes, ex eo duntaxat utroque sexu progeniti, conditionis dignitatem amisimus, et pœnam peccati, hoc est concupiscentiam, et mortem, non animæ solum, verum etiam corporis merito nostro incurrimus. Hinc est quod qualis Adam a Deo creatus est non nascimur, sed originaliter peccatores, damnatique pœna peccati: quorum alterum fecit spontanea culpa nostri primi parentis, alterum culpam puniens tremenda severitas justissimi judicis. Cum ergo communiter omnes damnati simus cujus nostrum vult Deus miseretur, et quem vult indurat, hoc est, in propria duritia derelinquit. Miseretur magna bonitate, indurat nulla iniquitate. Sic itaque hos quos indurat prædestinat, non ad supplicium impellendo, sed a peccato quod meretur supplicium non retrahendo ; quemadmodum induravit cor Pharaonis, non ad culpam urgendo, sed gratia emollitum a culpa non revocando. Sic recte possumus dicere, induci a Deo in tentationem qui non exaudiuntur, orantes : *Et ne nos inducas in tentationem* ; non quod ipse inducat in malorum tentationem, quod utique, ut alibi docetur, *intentator malorum est*[1], sed quodam locutionis genere inducere dicitur cum judicio desertos patitur in tentationem induci, quos a tentatione gratia non educit. Nemo tamen opinetur aut justis aut injustis reprobis prædestinationis veritate fatalem necessitatem induci, cum in utrisque suspicionem necessitatis libertas excludat voluntatis. Siquidem electi accipientes a Deo et velle et perficere libenter agunt unde sempiternum præmium consequantur; perversi autem deserti ab eodem Deo, non inviti, sed et ipsi libenter agunt unde in æternum merito puniantur. Quis vero, nisi ut mitius loquar, tardus sit, ibi asserat necessitatem ubi videat regnare voluntatem vel adjutam misericordia, vel desertam divino judicio ? Bonorum ergo voluntatem sic divina commendant eloquia : *Beatus vir qui timet Dominum, in mandatis ejus volet nimis*[2]. Porro malorum talem insinuant: *Noluit intelligere ut bene ageret, iniquitatem meditatus est in corde suo: astitit omni viæ non bonæ, malitiam autem non odivit*[3].

1. Jac. 1, 13.
2. Psal. CXI, 1.
3. Psal. XXXV, 4 et 5.

Permissus est ergo injustus agere quod elegit, ut de malo bene operante Deo claresceret quid esset inter servientem ei et non servientem, et salvati quantas habere et agere deberent ipsi Deo gratias agnoscerent, dum eamdem habentes damnationis causam, in isto aspicerent quod liberatoris gratia evasissent. Hæc assertio voluntatis ne in recens quidem natis locum non habet. Nam aut percepta baptismatis gratia si decedunt, voluntate Dei salvantur, aut eadem gratia ejusdem Dei judicio fraudati, hæreditarii peccati merito paterna commissi voluntate damnantur. Ego quod sentio simpliciter vobis aperui. Vos vicissim, si in aliquo diversi estis, ne gravemini reserare. Simile et Pardulo nostro direxi. Cupio vos valere feliciter.

XC. — EPIST. 115. (850.)

AD ERCANR. EX GUEN. ET ALIORUM PERSON.

Reverentissimo præsuli Erc. G. H. et Ag[1]. episcopi et universa Synodus apud Murittum[2], in Dei nomine congregata, perpetuam salutem. Sanctitati vestræ gratias agimus quod, quanquam tardiuscule, tamen vestrum vicarium direxistis qui pondus deliberationum nostrarum nobiscum exciperet, definiendisque rebus necessarium conamen adhiberet. Sed persona vestra apud simplices quosque tantum amplius contulisset auctoritatis quantum præcedit apice dignitatis. Proinde quia, peccatis nostris merentibus, turbulentissimum tempus est, et tot sibi succedentibus annis, exuberante iniquitate, defuit facultas celebrandi conventum, ac regis cor Deus ita mollivit, ut nobis aliquam correctionis largiretur oportunitatem, momenta vero vitæ

1. Erc. G. H. et Ag. La lettre est adressée à Ercanrad qui fut évêque de Paris de 832 à 856 (cf. plus bas, ep. 98) au nom de Wénilon, archevêque de Sens, d'Agius, évêque d'Orléans, et d'un autre des suffragants de Sens dont le nom commence par un H. Ce ne peut être Hildegaire de Meaux, comme le veut Mabillon, car Hildegaire ne devint évêque qu'en 854. Mais il peut s'agir d'Héribold d'Auxerre, d'Hucbert de Meaux, d'Hélie de Chartres, ou d'Hériman de Nevers. Je pense qu'il s'agit ou d'Hélie de Chartres, ou d'Hucbert de Meaux, ou d'Héribold d'Auxerre qui étaient les évêques les plus voisins de Meaux.
2. Le Synode de Moret eut lieu d'après Labbe en 850.

nostræ nullam sui transitus dilationem recipiunt, causam ipsius Dei nostri haudquaquam segniter debemus curare, nec nos ab executione officii, quod indigni suscepimus, ulla nisi impossibilitatis necessitate subtrahere; quoniam, ut scriptum est: *Homo videt in facie, Deus autem in corde*[1], *qui redditurus est*, ut alibi verissime dicitur, *unicuique secundum opera sua*[2]. Atque utinam supererogaremus aliquid, ut ipse rediens optata mercede cumularet. Caritatis igitur[3]. . . . . .

. . . .

nostri detrimenta, ubi aliquot discipuli bene iam instituti immatura morte decesserunt, compensare illorum eruditione, qui vel in profectu positi suæ profectionis augmenta desiderant, vel eorum qui felicibus indiciis spem sui profectus, plurimum id nobis cupientibus, iam dederunt, nimirum crederem me totius boni auctorem tam fructuoso promereri labore. Ut ergo particeps efficiatur doctrinæ memoratus puer, cui iuste consultis[4], si licentiam et litteras sui habet episcopi, perducatur ad nos a dilectissimo Remigio[5] IIII Kal. Iul. et gratia Dei opitulante, conabimur cum aliis illi quoque prodesse.

XCI. — EPIST. 75. (851.)

AD BERTOLDUM[6].

Dilecto suo Bertoldo Lupus salutem. In hoc quem nuper habuimus conventu, quanquam voluissem, idque episcopo vestro dixissem, demiror contigisse ne nos invicem videremus. Præter

---

1. Reg. I, XVI, 7. *Homo enim videt ea quæ parent, Dominus autem intuetur cor.*
2. Matth. XVI, 27.
3. Baluze signale en cet endroit une lacune dans le texte ; les mots caritatis igitur terminent la page 66, verso. On ne voit pas le moindre vestige du feuillet arraché, comme cela se voit parfaitement pour le f° 36 aujourd'hui disparu.
4. *Consultis* (sic) pour consulitis.
5. *Remigius* est nommé dans la lettre 116. Loup en parle comme d'un de ses parents, *per carissimum propinquum Remigium.*
6. *Bertold*, abbé d'un monastère qui avait la jouissance d'un domaine à Marnay.

alia vero quæ inter nos familiariter conferrentur, statueram vos precari, quod nunc efflagito, ut in saltu apud Matriniacum [1] vestrum largiamini nobis viginti arbores, earumque peritos commodetis aliquot cæsores,ut iuncti nostris naviculam [2] nobis componant meliorem quam invenire possimus venalem. Per hunc ergo nuncium quod vobis concedere placuerit remandate.

XCII. — EPIST. 73. (851.)

AD GUENILONEM.

Reverentissimo antistiti Gueniloni . . . .
cuius lectione vestro victus amore pœne . . . .
. . . . . . per communem propinquum nostrum ab ra
. . . . . . dirigite. Quem quantopere diligantur . .
. . . . quod eum præter vos nulli unquam passus sim . .
. . . . . autem ecclesiæ nostræ quod fanum appr . . .
. . . . æquissimum iam decrevistis et . . .
. . . . quærere ipsi optime intelligitis. Quamquam in proximo conventu vobis gratias retulerim, putans penitus litem esse sopitam, noveritis nihil esse definitum,sed ad votum eorum quietiam iniuste non erubescunt,immo appetunt esse victores,occasione dilationis presbitero vestro præparatum quod quæsivit emolumentum ac nostro, quam fastidit, iam spem inanem relictam. Proinde vestra insignis prudentia, quæ didicit ex Evangelio non personaliter iudicare, instructa est etiam i'lo veteri præcepto : *Iuste iudicaproximo tuo* [3], iudicii veritatem, ut cœpit, constanter, et cito perficiat, ne, quod absit, abutantur vestra nobilitate qui cupiditatis patrocinium suscepere. Nam et ipsa illis ad subversionem Ecclesiæ nostræ oratorium novum commenta est, et ne veritati acquiescant, unanimitatemque caritatis dissolvant, adhuc inde sese hortatur. Peto etiam ut ad supplicationem Gerohaldi presbiteri Lau. diaconum eius pro_

1. *Matriniacum*, auj. Marnay, département de l'Yonne. Ce lieu fut donné par Charles-le-Chauve à l'abbaye de St Denys en 859.
2. *Naviculam*. Servat Loup parle de cette barque dans ses lettres 111 et 113.
3. Levit. XIX, 16.

pinquum in ipsius titulo dignemini ordinare, quoniam difficultate visus frequenter non sufficit sacerdotale munus implere. Cete . . . . . perfectione quæso me fieri e vestigio certiorem . . . . digno tamen qualicumque parvitatis meæ discedatis . . . . , ... valere feliciter

XCIII. — EPIST. 74. (851.)

AD EUNDEM.

. . . . . . Præsuli Gueniloni L. in Domino S. T. Livium per hunc . . . . agite, quia illo non mediocriter indigemus. Bene . . . . tamen postulavimus dignamini implere . . . . sanctos ordines largiemini participem cum . . . . insensum infirmitas illius promotione . . . . . . meum quod elaboravi delibero ac . . . . . . veritate precii quo redempti sumus [1] ipse vobis elegi ostendere quam per quemlibet dirigere, ut otio nobis divinitus collato, tantarum rerum subtilitatem facilius mecum possitis advertere.

XCIV. — EPIST. 113. (851.)

AD HLUDOGUICUM ABBATEM [2].

Clarissimo abbatum II. L. præsentem et futuram salutem. Non dubito ubertate divinæ gratiæ factum ut vestra sublimitas meæ humilitati dignaretur condescendere, et me in qualicumque amicorum ordine numerare. Per vos enim et sæpe alias et proxime intolerabili [3] me incommodo divina pietas liberavit,

---

1. A ce mot recommence le folio 37 du Ms 2858, et le texte reprend après une lacune de deux pages (cf. les lettres 73 et 72).
2. Voyez les lettres 22, 23, 24, 32, 43, 83, 92, 113 et 114.
3. Servat Loup veut parler de l'attente où il est resté entre le synode de Mersen (print. 851) et le synode de Rouey.

cum molesta nimis et diuturna statio imponeretur. Vestris ita_
que innumeris et assiduis beneficiis me imparem credens et
confitens respondere, Omnipotentem imploro, cuius munere tan_
tam et in me et in omnes opis egentes estis benevolentiam con_
secuti. Ceterum homines mei, frequentibus exhausti expeditio_
nibus, audita profectione domini regis Britanniam versus [1], et
denuntiati olim placiti [2] aliquam sperantes dilationem, popos_
cerunt ut vos consulerem ubi et quando vobis iungi deberem.
Proinde vestra indulgentissima moderatio nostras metiens diffi_
cultates, dignetur nobis litteris exprimere quamdiu post præsti_
tutum placiti diem tute morari possimus, ita ut nec desimus
placito, et aliquid spatii, vestro nos consilio regente, lucremus.
Illud etiam ne fastidiatis subiungere, si absque periculo pirata_
rum navis nostra [3] expensam vehens possit tenere cursum per
Sequanam, et inde per confluentem Isaræ usque ad Credilium
progredi. De vestra exoptabili sospitate super omnia parvitatem
meam lætificate, meique benigne memores, bene semper va_
lete.

CXV. — EPIST. 114. (851.)

AD EUNDEM.

Clarissimo abbatum Ludovico Lupus plurimam salutem. Ves_
tris frequentibus, immo assiduis beneficiis obligatus, doleo re_
bus me non posse rependere gratias ; propterea id proxime co_
natus sum litteris agere, nec ruboris mei angustias amplitudinis
vestræ dignatio fastidivit. Unde, quod solum possum, ingenue

1. En 851 après la mort de Noménoé les Bretons firent une irrup_
tion en France jusqu'aux environs de Poitiers, et s'en retournèrent
chargés d'un immense butin. Charles résolut de tenter une quatrième
fois la fortune, et d'attaquer le nouveau roi des Bretons, Hérispoé. Il
fut vaincu le 22 août dans un grand combat où périt le comte Vivien,
abbé de Saint-Martin de Tours.
2. Le placite de Roucy (cf. Chronic. Fontanell.) *Isto anno placitum
magnum et generale factum est a tribus gloriosissimis fratribus Clothario,
Carolo et Ludovico, magnis regibus, in loco quodam juxta flumen Mosam.
Inde cum pace reversus Rex Carolus placitum suum in Rauziaco tenuit et
dona annua suscepit.*
3. *Navis nostra.* Cf. lettres 111 et 112.

fateor artiori parvitatem meam debiti vinculo devinxistis; hæc
tamen ingens vestra benivolentia et in me et in omnes, a quo
solo infunditur, ab eo credo remunerabitur. Nos, qui vestri
post Deum indigemus, continuis petitionibus æternæ illius retributionis augmenta præbemus. Positus in itinere [1], comperi dominum regem ne tunc quidem quando constituerat ad vos re-
versurum. Proinde dilationem flagitantibus hominibus meis, ut
soleo, ad præsi lium consilii vestri confugio ; quod sic quæso
moderamini, quæ michi agenda sint præscribentes, ut et ab
offensa tutus esse valeam ; et si in retundendis aut opprimendis
barbaris, inspirante Deo, efficax molitio statuitur, pro viribus
meæ tenuitatis adiutor existam. Quantum cupio in perpetuum
valeatis.

CXVI. — EPIST. 85. (851. — Sept.)

AD MARCWARD.

Reverentissimo et clarissimo patri M. L. perpetuam salutem.
Nuper a magnificentissimis epulis reversus, hoc est a Britannica
expeditione [2], vix resumpto spiritu, per cursorem hunc prosperitatis vestræ veritatem discere cupio ; ut quia propriis angoribus æstuo, saltem vestris secundis successibus requiescam.
Dominus meus rex, vester alumnus, cum me deliciis quas grava-
bat, liberaret, suo vos nomine salutare præcepit ; quod quam
libenter faciam æstimare potestis. Carissimum nostrum, hoc est,
communem filium Egilem et post eum Ansb [3]. cæterosque
fratres parvitatis meæ nomine dignamini salutare. Cuppas via-
tico aptas forma, et qualitate pretiosissimas, ligneas duntaxat,
michi, cum oportunum vobis fuerit, curate dirigere, quia dum
video pretiosiores quas aliis tribuistis, propemodum invidiæ
morbum incurro. Cupio vos valere feliciter.

1. Dans la lettre 113 Servat Loup demande à être dispensé de se
rendre au placite. Dans la lettre 114 il dit qu'il s'était déjà mis en
chemin, cette lettre est donc postérieure à la lettre 113.
2. Après une terrible défaite de Charles par les Bretons (22 août
851) (chron. Engolismense, anno 851), Hérispoé vint recevoir à Angers,
des mains du roi, les ornements royaux. Servat Loup fait allusion aux
fêtes qui furent célébrées à cette occasion.
3. *Ansbold*, abbé de Prüm, après Eigil, et ami de Servat Loup.

XCVII. — EPIST. 97. (851-852.)

AD HILDUINUM [1].

Præcellentissimo abbati Hilduino Lupus temporalem et perpetuam salutem. Recordans nostri convictus in vestra adolescentia et initio meæ iuventutis consuetudinem, et cogitans quod vestra nobilitas morumque probitas blandimentis fortunæ nullatenus valeat immutari, quemadmodum tunc familiariter loquebamur, ita nunc vobis simpliciter scribo. Omnibus, ut pluribus videtur vestri propositi, in largiendis opibus omnipotens vos Deus prætulit; et sine dubio cui tantum contulit, plurimum ab eo reposcet. Ipse enim dicit : *Qui glorificaverit me, glorificabo eum; qui autem contempnunt me erunt ignobiles* [2]. Itaque non sit vobis oneri quod illaturus sum : honorate illum timore ipsius, et amore qui vos tam sublimiter honoravit; et dum vobis bona suppetunt in hoc sæculo, curate illi qui hæc dedit indesinenter placere; nec vos decipiat transitoria felicitas mundi, cui perpetua promittitur beatitudo cœli. Exercete ubicumque potestis iustitiam, et quibuscumque sufficitis impendite misericordiam : quia qui vobis bene agendi facultatem largitus est, quamdiu id promissurus sit ignoratis. Ipsius vox est : *Vigilate quia nescitis diem neque horam* [3]. Nos etiam qui vos unice diligimus, et per vos solatium aliquod habituros çonfidimus, aliquantulam diuturnitatem dignitatis vos possessuros credimus si vos largitori bonorum omnium devote summiseritis. Donec vos videre merear, absque fastidio hæc frequenter legite aut recolite ; ut sicut de vestra excellentia gloriamur, ita de probitate certius exultemus : Peto etiam ut

---

1. *Hilduin,* abbé de St-Martin de Tours et de St-Médard de Soissons, après la mort de Vivien, était aussi abbé de St-Germain-des-Prés, de St-Bertin, et archichapelain du roi. En 856, 3ᵉ année de son administration, il fit dresser un état de toutes les villas du monastère de St-Martin (Ex chron. brevi. D. Bouquet, T. VII. p. 253). Vers 862 il abandonna le gouvernement de St-Martin (Gall. Christ. VII, 351).
2. Reg. I, II, 30.
3 Matt.h. XXV, 13.

propinquum meum Abbatem Cellæ vestræ quæ dicitur Cor [1],
qui et Deo, ut credimus, et bonis omnibus, ut palam est, pro
sua probitate placet, honorifice suscipiatis, benigne tractetis, et,
quod sufficere credo, sicut vestram decet nobilitatem, et bones-
tam eruditionem, ac bonæ famæ augmentum, sic dignemini
consulere illi semper in omnibus tantum semper quantum cupiunt qui bene sciunt. In sæculo et in Dom no valeas.

XCVIII. — Epist. 111. (852. Init.)

AD ODONEM ABBATEM [2].

Carissimo suo Odoni, abbatum clarissimo, Lupus plurimam
S. Magnis et innumeris vestræ liberalitatis affectus beneficiis,
si, quas animo retineo, gratias verbis explicare conarer, non
epistolæ solum, verum etiam voluminis modum excederem :
amplitudo vestra nostram exiguitatem non despexit, egestatem
ubertate nimia sublevavit, nec tale quid me suspicari audentem,
utpote longe imparem, fidissima sibi amicitia coæquavit, cuius
ego suavissimis fructibus perfruens, tametsi facultate destituor,
non desino anxie meditari saltem affectum mei animi declarare.
Omnium siquidem amicorum quos ab ineunte ætate divina mihi
pietas contulit, firmissime vos teneo principes, nec cuiusquam
alterius ut vestra dignatione et largissima humanitate me sentio obligatum ; adeo ut cum hæc repeto, ruboris molestiam haud
quaquam valeam evitare ; atque unum ac singulare fessus re-
perio solacium, quod divina gratia, quæ me nichil huiusmodi
merentem in tantum culmen societatis evexit, collatura sit ne in
perpetuum erubescam. Quæso ne putetis si me delenimentis
fallacimus [3] vobis illudere, quando quidem tam sint apud me
quæ leviter tango seria ut in eis digne explicandis quæsita la-
boret oratio. Ceterum utinam fallax fama vulgaverit, in pro-
cinctu contra barbaros quosdam vestrorum graviter sauciatos,

1. *Odacre*, abbé de Cormeri.
2. *Odon*, abbé de Corbie après Paschase Ratbert en 851, assiste avec
Servat Loup au concile de Soissons en 853, devient évêque de Beauvais
en 859.
3. (Sic) pour *fallacibus*.

in quibus admodum dilectum nobis G. lætalibus confossum vulneribus vix evasurum [1]. Hinc vehementi dolore afflictus, opemque intercessionis cum fratribus meis continuans, super statu eorum cupio vestris litteris mature fieri certior. Ingenti quoque vestri cura sollicitor, cum vos inermes incaute in media discrimina prorumpere solitos recogito, in quem iuvenilem agilitatem vincendi rapit aviditas ; proinde benigna devotione suadeo ut sola dispositione contenti, quæ tantummodo vestro præposito congruit, armatos exequi permittatis quod instrumentis bellicis profitentur. Denique multum proficit qui prudentibus consiliis competenter sibi et aliis prospicit. Quare servate vos vestro loco, servate vos amicis, servate bonis omnibus, nec committatis quod mecum plurimi lugeant. Emptionem ferri, quod propter messem erat difficillima [2], distulimus, parati in navem quam ædificamus vos recipere, nisi naulum recusetis auferre. Dirigite impendenti Septembri, si prius non fuerit oportunum, quemadmodum nobis convenit, fratres qui saltus partem assignent. Infaustum etiam Faustum [3] afferrant, et responsa de omnibus quæ mandaveritis fideliter referant. Persica quæ pollicitus sum per cursorem, quem iam bene cognoscitis, misi ; ea si, ut vereor, voraverit, vel vi sibi erepta quæstus fuerit, extorquete precibus ut vel ossa tradat, nisi tamen et ipsa consumpserit, ut iucundissimorum persicorum sitis quandoque participes.

1. En 852 les Normands pillèrent le monastère de St-Wandrille, et restèrent tout l'hiver et le printemps maîtres des rives de la basse Seine. Enfin, au mois de juin, comme ils avaient poussé jusqu'à Beauvais à travers les terres, et pillé et brûlé cette ville, les seigneurs du pays les attendirent au retour, et les attaquèrent à Ouarde (Wardera) sur la petite rivière d'Itte. Une grande partie des Normands furent tués ; les autres s'enfuirent dans les bois et regagnèrent leurs barques pendant la nuit. (Chronic. Fontanell. anno 852).

2. *Emptionem ferri... propter messem.* La lettre est écrite entre la bataille de Ouarde et le temps de la moisson ; c'est-à-dire au mois de juillet.

3. *Faustus,* évêque de Riez en 472, se déclara partisan résolu de la doctrine semi-pélagienne, soutenue par Cassion, abbé de St-Victor de Marseille. Banni par Eurie en 481, il reparut dans son diocèse en 484, et mourut en 490.

XCIX. — Epist. 112. (852. Init.)

ITEM AD EUMDEM.

Carissimo suo Odoni Lupus perpetuam salutem. Nuper michi litteras redditas si possem divinare a vobis ipsis quam ab alio compositas, conveniens forsitan repperissem responsum ; nunc ambiguo deterritus, quibus verbis uti valeam, quibusve sententiis anxie quæro, ne apud vos metas moderationis excedam, quandoquidem vestræ personæ singulariter michi consideratio, iugiter sit habenda. Quis enim me ferendum iudicaret, si vos, quibus præter gratias plurima immo omnia debeo, sinistræ suspitionis arguerem? Nam si alium scirem epistolæ auctorem, cohibito dolore doceri flagitarem quibus tandem modis fidei studium aperiri præciperet, qui litteras, ut ita dixerim, calamo in veritate tincto perscriptas, suspectas tam inverecunde fecisset. Ego enim nichil unquam de humanis rebus homini locutus sum verius, nichil amico revelavi purius, nichil retinere decrevi constantius. In rebus aliis libenter exercendi aut delectandi gratia, admitto ridicula. Porro in professione amicitiæ, contemplatione tanti tamque divini muneris, seria sola complector. Hinc quiddam acute de persicorum numero inventum approbarem [1], si sic commendaretur sublimitas virginalis, ut non spernetur humilitas coniugalis. Denique virginis filius non modo non damnavit coniugium, verum etiam eius initium, nuptias videlicet, primo miraculo illustravit. Placet itaque ac vehementissime virginalis integritas ; sed non despicitur ne ab ipso quidem Deo coniugalis societas. Iam illud quam lepidum est quod recipi mecum in navem imponendæ vobis mercedis taxatione refugitis? Sed si vos necessitatis articulus, quod futurum arbitror, constrinxerit, quem offerentem tam insolenter repellitis, iuste recusantem prospicite ne impudenter implorare cogamini. Verum ut gravitatem stillus repetat, strenue profligatos barbaros, et ad internecionem cæsos vestra immo Dei virtute gaudeo, vosque ipsos et vestros ineffabiliter exulto discrimine libe-

---

1. Le défaut de suite des idées semblerait indiquer qu'il existe une lacune dans ce passage (?)

ratos, nec minus partim admonitos, partim expertes, tandem
vos credere non temere fortunam, nec sæpe temptandam. Pro
G. reliquisque in defensionem patriæ sauciatis non cessabimus
preces fundere, quousque vestra relatio parvitatem nostram
sanitate illis restituta lætificet. Faustum dirigi postulavi, non
quem refellit Augustinus[1], sed quem notat in decretis Gelasius[2]. Vinum vobis mercandi curam deposueram, propterea
quod desperabatis possibile vobis futurum ad nos destinare,
nostrorum discordia et barbarorum impediente audacia. Quoniam vos recenti me sollicitastis admonitione, quanquam vin-
demiæ apud nos non est quantus iactabatur proventus, vincere
sterilitatem anni labore contendam, si consilium quod vobis
nuntius meus exponet placuerit. Illud autem quod pollicitus
sum cum direxero, cognoscetis quanta proprietate intellegam
indulgentiam Apostoli, qua se avidiores vini tuentur ; *modico
vino utere*[3]· Circumsepti enim conditionis necessitate, non aliud
quam a me missum bibendi modum dedisse nomine modicis me
sentire animadvertetis. Licet minaciter epistolam terminaverim,
cupio vos valere feliciter.

C. — Epist. 110. (853.)

AD HILDUINUM[4].

Nobilitatis, dignitatis, et moderationis apice conspicuo Hilduino, ecclesiasticorum magistro, Lupus præsentem et futuram

1. Faustus le Manichéen, contre lequel saint Augustin avait composé un traité divisé en 33 livres. (Migne, t. XLII).
2. Vid. ep. 128. Dans le décret qui fut rendu au Concile de Rome de
494 par Gélase et 70 évêques, nous trouvons une liste des écrits qui
doivent être rejetés (*apocrypha*) et parmi eux les *Opuscula* de Faustus
de Riez. Il s'agit des deux livres : *De Gratia* et *de libero arbitrio* où
Faustus était tombé dans les hérésies pélagiennes, tout en prétendant
les combattre. Gélase qui poursuivait le pélagianisme sous toutes les
formes le condamna.
3. Tim. I, V, 23.
4. *Hilduin*, abbé de St-Martin de Tours, est nommé dans un acte
de 857 et semble avoir abandonné le gouvernement de l'abbaye en
862.

prosperitatem. Non est mirandum amplitudinem vestram putasse tuto committi nobis thesauri custodiam, propterea quod monasterii nostri situs vobis non crat compertus, hunc enim si cognovissetis, non modo diuturno non conservandum, sed ne tridui quidem spatio habendum eum nobis direxissetis ; namque tametsi piratarum [1] huc difficilis videtur accessus (quibus iam, peccatis nostris talia merentibus, nichil longinquum non est propinquum, nichil arduum est invium), tamen infirmitas nostri loci, et exiguitas hominum qui sint idonei resistere accendit rapacium aviditatem, præsertim cum silvis tecti possint advolare, nulla munitione, nulla hominum obstante frequentia, et vicinia recepti, sic diversi diffugere ut ipsi pecunia securi potiantur, inanem laborem inquirentibus derelinquant. Hæc ita esse et homines vestri nuper inspexerunt ; et hic Ivo, qui diu nobiscum versatus est, poterit approbare, Proinde vestra merito landata et laudanda prudentia prospiciat nostræ formidini et suæ rei, ac pretiosa pericula alio transferenda procuret ; ne si quid veremur contigerit, vos sera pœnitudine torqueamini, nos vero quam non meremur incurramus offensionem. Eximietatem vestram cupio valere feliciter.

CI. — Epist. 94. (853).

AD MARCWARDUM.

Religiosissimo patri Marcwardo Lupus in Domino salutem. Si prudenter cogitemus quod originalis peccati merito iustissima Dei vindicta exules facti simus, cum adversa nobis contingunt non mirabimur. Repulsi enim a lætitiæ patria, in vallem lacrimarum sumus deiecti. Dei potius ineffabilis clementia suspicienda pieque laudanda est, quæ nos nec in ipsa ira deserit, et tristia blandis plerumque temperat, ne mœrore victi, in desperationis baratrum corruamus. Unde culpanda quorundam teme-

---

1. Allusion aux ravages des Normands en 853. *Primum Andegavensem, deinde Turonicam occupant urbem, ac velut immanis tempestas, cuncta consumunt. Templum etiam præcellentissimi Pontificis Martini cremaverunt. Tunc primum Nortmannorum calssis, ut aiunt, Ligeris littora attigit.* (Annal. Mettens, anne 853).

ritas est, qui gratiæ divinæ continuis assuefacti beneficiis, dum aliquibus tanguntur incommodis, peccata quærelis augent, quorum debita nec admoniti recognoscere debuerant. Credibile tamen est in numero fidelium aliquos esse sanctitate, quam divinitus acceperint, egregios, quorum non tam delicta curentur adversis quam merita augeantur. Neque enim soli beato Iob Deus munus hoc contulit, quem ad imitandum servis suis in arce patientiæ collocavit. Qui vicit in illo, vincit in multis, cum quibus se futurum usque in finem sæculi pollicetur. Si cuius felicitatem nulla unquam perturbatio interpellet, quam tardus est, nisi metum hinc concipiat ne ,cum purpurato divite quondam audiat : *Recepisti bona in vita tua* [1] ; et quando non eum illa veridica terreat sententia : *Ducunt in bonis dies suos, et in puncto ad inferna descendunt* [2]. Ille vero qui vigili memoria repetat : *Flagellat Deus omnem filium quem recipit* [3], si morbo gravetur, excessu necessitudinem temptetur, substantiæ imminitione vel amissione pulsetur, quomodo non ad affectum gratias agendi pio parenti excitetur, cuius cura se dignum correptionis privilegio, ipso instituente, præsumitur ? Futuræ vitæ dulcedo segnius appeteretur, nisi sæpius præsentis amaritudo sentiretur. Multi hac qualis est delectantur ; nimirum plures delectarentur si assidua prosperitas vota omnium sequeretur. Proinde quis non videat incomprehensibili Dei pietate per molestam huius vitæ mutabilitatem impelli nos quodammodo ad capessendam alterius vitæ immutabilitatem [4]. Dominus Iesus, qui cum Patre et Spiritu Sancto beatitudo nostra erit, eos qui eius magisterio adhærebant ad toleranda adversa suo exemplo sic informat : *Sicut misit me pater, et ego mitto vos* [5] ; ne se diligi desperarent ab eo, cum variis quaterentur incommodis, quando dilectissimum Patri Filium per eadem transisse recolerent : Nec quid eis immineret occultans. *In mundo*, inquit, *pressuram habebitis, sed confidite, ego vici mundum* [6], scilicet ut superandi vires in illo se habere cognoscerent qui omnipotens

---

1. Luc. XVI, 25.
2. Iob XXI, 13.
3. Heb. XII, 6.
4. Baluze ajoute après immutabilitatem : *impelli nos pietate per molestam huius vitæ mutabilitatem* ; mais cette phrase résulte d'une inadvertence du copiste ; il l'a lui-même biffée dans le Ms.
5. Joan. XX, 21.
6. Id. XVI, 33.

esset. Sanctus Apostolus, in quo evidenter Dei spiritus loquebatur, sua tempora videns, nostra prævidens: *Qui volunt*, ait,
vivere in Christo persecutionem patiuntur[1]. Persecutionem
autem hanc religiosis intellegimus inferri, vel ab immundis spi-
ritibus, vel a pravis hominibus : Verum, sive Deus temptet,
sive temptari permittat, ne muliebriter pavidi succumbamus,
alibi nos his verbis confirmat : *Fidelis Deus, qui non patietur
vos temptari supra quam*[2] *potestis, sed faciet cum temptatione
exitum, ut possitis sustinere*[3], nichil itaque importabile nobis
evenisse causemur, quoniam qui certamen proponit, si postu-
letur fideliter, vincendi copiam subministrat. Benedicamus ergo
eum in omni tempore, qui et prosperis nos invitat, et adversis
castigat ; et sit semper laus eius in ore nostro, ut quod ipso
largiente in sæcula sæculorum facturi sumus beati, iam nunc
meditemur devoti. Hæc ad consolationem strictim, vitandi fas-
tidii gratia, comprehensa sanctitati vestræ dirigere studui :
quæ vobis, ut credo, erunt proficua, quia et ex caritatis fonte
petita sunt, et ex eodem fonte manarunt. Mei benigne memores
cupio vos valere feliciter.

CII. — EPIST. 105. (853. JUL.)

AD MARCWARDUM, ET EGILEM.

Carissimis suis Marcwardo et Egili[4], Lupus plurimam salutem. VIII Idus Augusti litteras vestras accepi, cum essem in
Faræ Monasterio[5], proficiscens ad generale placitum[6] quod rex
noster indixerat futurum VI Idus prædicti mensis. Quia itaque
quattuor mecum tantumodo fratres habebam, et ceterorum vo-

1. Tim. II, III, 12.
2. *Supra id quod* (Bal.).
3. Cor. I, X, 13.
4. *Eigil* devint abbé de Prüm en 853. Comme la lettre est adressée
en même temps à Eigil et à Marcward, Mabillon en conclut qu'Eigil
devait être déjà en grande considération à Prüm, et date la lettre de
852.
5. *Faræ monasterio.* Faremoustier en Brie.
6. *Ad generale placitum.* Mabillon pense qu'il s'agit d'un placite à

luntatem plene scire non poteram, et mira nimium res contige-
rat, (quod scilicet in monasterio nostro æducatus, postquam
divinam admonitionem assidue audierat, nullam persecutionem
passus, matura ætate, non heremum expetierat, sed, proprio
relicto habitu, dignitatem sæcularem, quod diu meditatus et
confessus plurimis fuerat, lucraturus abierat, similibus parla
facturis felix iter paraturus, et nunc ad suggestionem vestram
proposito mutato, ad Deum reverti velle scribebatur a vobis,)
sanctitati vestræ notum facio veræ illius conversioni, si contigerit, me valde gratulaturum, et quæcumque in me commisit
pœnitenti ex animo demissurum. Vos dum a placito regredior,
quod propter Deum cœpistis, instanter elaborate perficere, videlicet ut integre ad Deum revertatur, et suam culpam in alium
deinceps transfundere non nitatur. Temperantiæ studeat, conspirationes non repetat, murmurum auctor nec particeps existat, seditiones nec faciat, nec foveat, sed quietem et ipse habeat, et alios habere permittat, et generaliter, iuxta Dei præceptum, *declinet a malo, et faciat bonum* [1], et in diebus nostris in loco nostro nichil patiatur unde iuste queratur. Mox
autem ut rediero, favente Dei gratia, ut vestræ suggestioni fratres pareant elaborare contendam, illorumque consensum sanctitati vestræ litteris exprimam, et domino Imperatori, cui propter singularem et ubique divulgatam pietatem, devotissimi sumus, digno rescripto satisfacere curabimus. Benigne memorem
nostri sanctitatem vestram felicissime optamus, unice singulariterque nobis patres dilecti.

CIII. — EPIST. 109. (853.)

AD MARCWARDUM ET EGILEM.

Carissimis suis Marcwardo et Egili, Lupus omnisque Ferrariensis cenobii societas præsentem et futuram salutem. Tandem
a placito me reverso ad monasterium, fratribusque vestra di-

Verneuil ou à Verberie. Il y eut deux placites à Verberie, l'un en juin
850, et l'autre en août 853, il est probable que la lettre 105 fait allusion à cette dernière assemblée.
1. I Pet. III, 11.

ligentia conversione G. exposita, ab omnibus talium capacibus
sanctitati vestræ relatæ sunt dignæ gratiæ, illi autem congra-
tulatum, quod audiebant depositam certæ perditionis temeritatem, et resumptam obtinendæ salutis intentionem. Redeat
itaque securus, si ex animo est, ut optamus, conversus ; quia
unde angeli, totius expertes peccati, gaudium babent, crudele
est nos non exultare, qui in multis offendimus omnes. Siquidem
quacumque occasione quis ad Deum recurrat, gaudendum esse
nobis luxuriosus ille filius misericordia patris receptus informat : cui apud eumdem patrem non fuit egestas opprobrio,
quam gratis reformata dignitas abolevit. Litteras domino Imperatori vobis legendas ac sigillo munitas maiestatis eius per
vos honorifice offerendas direximus, ut voluntatem nostram
etiam in eis rectam inspiceretis. Folchricum [1] et Maur. cupimus
cum fratre memorato redire, ut piracio [2] quo unice delectantur
(nam hoc anno penuria vini timetur), nobiscum fruantur. Ra-
ritas tamen fructuum idipsum defuturum, ut prodamus veritatem, minatur, cervesiam vero sterilis annonæ proventus. Tuto
igitur naturali potu quo salubritas animæ corporisque nonnun-
quam adquiritur, omnes utemur, non hausta lutulenta cis-
terna, sed puteali perspicuitate, aut vitrei rivi decursu. Optamus
vos valere feliciter et parvitatis nostræ benigne in omnibus meminisse.

CIV. — EPIST. 108. (853.)

AD DOMINUM HLOTHARIUM.

Præcellentissimo Domino Hl. glorioso Augusto, ultimus abbatum Lupus, et omnis monasterii Ferrariensis unanimitas, præsentem felicitatem et futuram beatitudinem. Quanquam inter
administrationem terreni regni de cœlestis adquisitione vos cogitare magnam spem vestræ salutis tribuat his qui sincere vos
diligunt, quod sempiternum præmium bonis operibus compara-
tis, tamen hoc eos maxime lætificat, ut absque fuco adulationis
quod sentimus simpliciter eloquamur, quod potestatem culmi-

---

1. Sans doute l'ami de Servat Loup qui deviendra évêque de Troyes
à la mort de Prudence en 853, et auquel est adressée la lettre 125.

2. *Piractio* (Bal.) Du poiré.

nis vestri gratissima Deo et hominibus pietate ornatis ; in hac enim perseverantes, inter eos annumerabimini quibus promittere dignatur Salvator : *Beati misericordes, quoniam ipsi misericordiam consequentur*[1]. Nos devotissimi famuli vestri specialiter maiestati vestræ gratias agimus quia fratrem nostrum G. (ideo fratrem quia audimus conversum) a suo proposito devium et auctoritate revocastis, et mira dignatione, etiam intercessione, quæ vim iussionis merito optinet, ad nostrum collegium reduxistis. Debemus igitur vobis assignare post Deum nos eius correctionem, ille suam salutem. Nam quod sacra vestra significabant, ut resumpto habitu in officio condendarum epistolarum perseveraret, nec vos decebat, et nobis consentire erat impossibile ; quoniam propositum nostrum vix mediocriter intra claustra monasterii custoditur, nedum inter tumultus mundanos a quolibet, præsertim non satis cauto, valeat adimpleri. Dominus et Salvator noster ad tutelam et pacem populi Christiani, quem redemit, diuturna sospitate in hac vos vita contineat, et in futura gloria sempiterna coronet.

CV. — EPIST. 95. (853 ?)

AD HERIBOLDUM, EX PARTE REGINÆ

In nomine Domini solius et omnipotentis Irmind. ipsius gratia ordinante Regina Heriboldo venerabili episcopo salutem. Quoniam diuturna infirmitas gratum nobis vestræ Sanctitatis denegat colloquium, absenti scribimus quod præsenti libentius diceremus. Germanus vester [2], destitutus honoribus, propter homines qui ei famulati sunt maxime anxius, nostræ pietatis opem expetiit, confidens post Deum, nostra opera se calamitatis molestiam evasurum ; quem, solita mansuetudine miserantes, oportunitatem Deo præbente, cupimus adiuvare. Verum ut in

1. Matt. h. V, 7.
2. *Germanus vester.* Abbon, abbé de St-Germain d'Auxerre, *missus dominicus* en 853, devient évêque d'Auxerre par ordre du roi en 857, assiste au conicle de Savonnières et au concile de Toucy, et meurt le 3 des Nones de déc. 860. Il eut pour successeur Christianus (Gall. Christ. XII, p. 276).

palatio voluntatis nostræ præstolari possit effectum, suademus ne gravemini eius indigentiam collatis necessariis temperare. Cum enim soleat vestra largitas ministrare postulata externis, etiam germano indigenti non sine spe divinæ retributionis idem valet præstare ; quod facile sacris monstraremus eloquiis, nisi ultro ea vobis occurrere crederemus, et nostræ vestræque personæ haberemus considerationem. Impendite igitur debitum religioni et necessitudini affectum, et in orationibus nostri assidue memores bene valete.

CVI. — EPIST. 19. (853 ?)

AD HERIBOLDUM EPISCOPUM [1].

Excellentissimo præsuli H. L. Quidam vestrorum monachus, cui Iohanni nomen est, nobiscum in monasterio nostro versatur, propter quandam necessitatem a quodam fratre nostro vocatus, a me autem postea retentus, quod et nobis prodest, et in cœnobio eius, ut audivimus, indigentia laboratur. Quo congregari undique fratres vos præcepisse comperiens, celsitudini vestræ hos direxi apices, postulans ut et hunc mihi aliquandiu concedatis, et quantum audeo suppliciter implorans ut, secundum ingenitam vobis benignitatem, et impositam officii diligentiam, loco illi consulatis ; ne forte fratrum penuria non solum bona vestra obscuret, verum etiam Dei nostri, ad cuius cotidie iudicium properamus, provocet offensam, et irrevocabilem acceleret

1. *Heriboldus*, parent et peut-être frère de Servat Loup, était archichapelain du palais et fut évêque d'Auxerre de 828 à 857. (Gams, *Series Episcoporum*, p. 502). En 828 il assista au concile de Paris ; il suivit le parti de Lothaire et contribua en 833 à la déposition de l'Empereur Louis à Compiègne. Chassé de son siège en 834, il fut rétabli en 837, et assista au concile de Quierzy (837) et de Germiny (843). En 844 il fut député comme *missus dominicus* en Bourgogne, mais refusa cette mission. Il rebâtit ou restaura à Auxerre les églises de Notre-Dame et de St-Jean, et donna aux moines de St-Germain le droit d'élire leur abbé. En 849 il signa la lettre à Noménoé. En 850 il assista probablement au concile de Moret (Cf. ep. 115-XC.) En 853 il souscrivit à l'élection d'Énée, évêque de Paris. En 855 il assista encore au concile de Bonneuil, et mourut le 25 avril 857. Il eut pour successeur son frère Abbon (Gall. Christ. XII, p. 274).

vindictam. Res enim ecclesiasticæ, et animarum cura quanta cautela tractanda [1] sint nec admonita vestra videt prudentia. Proinde et vobis et illis fratribus consulite, ut et de vestra indulgentia, et de illorum sublevatione glorificetur Deus, qui singulis cito retribuet quod merentur: Valeas, domine carissime, meique præcipue in sacris orationibus meminisse digneris.

CVII. — EPIST. 118. (855.)

AD HERARDUM EPISCOPUM [2].

Reverentissimo Turonicæ Ecclesiæ antistiti Herardo, Lupus et Betlehemitici cœnobii unanimitas, plurimam in Domino salutem. Quemadmodum scribere dignati estis, divinitus cum exiguitate nostra familiaritatis fœdera sociastis. *Caritas enim*, ut scribit apostolus, *a Deo est* [3], quæ maxime in his eminet qui sincera amicitia fœderantur. Utinam autem vel orando spiritaliter, vel obsequendo seculariter, aliquid vobis conferre possemus. Profecto nostram in vos voluntatem fideliter aperiremus, quod in carissimo nobis fratre T. declaramus, quem secundum petitionem vestram, ad regendos monachos in Cella Roclena [4] concedimus, qui cuius momenti apud nos sit, ex officio quod laboriosissime gessit facile est æstimare. Supplicamus autem Sanctitatem vestram ut eum assidua pietate foveatis, sentiatque paternum in vobis affectum, cuius dulcedine semper inter mundi amarissimas molestias reereetur.

1. *Tractandæ* (Bal.).
2. *Herardus* ou *Ayrardus* métropolitain de Tours, succéda à Amalricus (855 ou 856). Il soumit l'abbaye de Villeloin à celle de Corméri, assista aux synodes de Savonnières et de Pistes et mourut le 1ᵉʳ juillet 871. (Gall. Christ. XIV, 39).
3. Joann. I, IV, 7.
4. *Celia Roclena.* Peut-être Ferrières-Larcon, dépt. d'Indre-et-Loire (?) Il ne reste dans les archives de l'Église de Tours aucune mention de cette *Cella*. Il s'agit sans doute d'un petit prieuré qui aura disparu au temps des invasions normandes, et dont les seigneurs laïques se seront approprié les biens. (Note communiquée par M. l'abbé Chevalier).

CVIII. — EPIST. 18. (855-856.)

Carissimis Fratribus Lupus in Domino salutem. Curam vestri nec me cupide appetisse, nec insolenter excepisse vidistis, quod parvitatem meam duplici onere gravari, non provehi, facile sentiebam ; et nunc eandem curam in promptu est coniicere me libenter deponere, nec alicui eam gerenti aliquatenus invidere : siquidem et sine dolore amittuntur, quæ absque delectationis illecebra possidentur, et iuxta Beatum Apostolum[2] : *sive ex veritate, sive ex occasione Christus annuntietur, et in h. g*[3]. *et gaudebo.* Proinde videtur mihi obediendum vobis esse cui præcipitur, et ad generale placitum occurendum, quod in prædio quoddam Parisiorum, cui Bonogilo[4] nomen est, incipiet Kal. Iulii celebrari ; sacris regis obniti, præsertim hoc tempore, periculosum existimo. Exiguitatem vero meam, si vita

1. *St-Amand.* Célèbre abbaye de Flandre fondée au viie siècle par saint Amand, évêque de Tongres et de Maëstricht. Elle s'appelait originairement Elnon, et prit ensuite le nom de son fondateur. En 847 à la mort de l'abbé Gislebert, une partie des moines élut Servat Loup, une autre partie élut Hildericus, dont l'élection devint définitive par le refus de Loup. (Gall. Christ. III, p. 255). La mention du concile de Bonneuil contredit la date de 847 donnée par les auteurs du Gall. Christ. pour l'élection de Servat Loup.
2. Paulus ad Philipp. I, 18.
3. *Et in hoc gaudeo.*
4. *Bonogilo.* D'après les capitulaires de Charles-le-Chauve le concile de Bonneuil aurait eu lieu en 856. « Consilium quod episcopi et ceteri fideles Domini Karoli apud Bonoilum communiter illi dederunt, anno Incarnationis Domini nostri J. C. DCCCLVI, mense augusto. » Mais, d'après Mabillon, le concile serait de 855, et l'on voit, en effet, le privilège des évêques célébrant un concile à Bonneuil, et le précepte du roi au sujet de ce privilège datés de Bonneuil « VIII Kal. Sept. anno XVI, regnante Carolo glorioso rege. » Charles ayant commencé à régner en juin 840, se trouve en août 855 dans la 16e année de son règne. (Mabillon ; Annal. Bened. I, 34, n° 96 — D. Bouquet, T. VII, p. 512). Une erreur a pu se produire plus facilement dans l'an de règne du roi que dans l'an de l'incarnation. Le chancelier a pu continuer en 856, à dater de la 16e année du règne après le mois de juin.

comes fuerit, absque difficultate in conventu reperietis ; quod si tardius quam voluissetis praesentes vobis redditae fuerint literae, noveritis vestras VIIII Kal. Iul. mihi fuisse allatas, et meas post tridie [1] eius diei traditas. Mei benigne memores, cupio vos valere feliciter.

CIX. — EPIST. 101. (856.)

AD EPISCOPOS DE PEREGRINORUM RECEPTIONE, EX PARTE GUENILONIS.

Reverentissimis praesulibus Italiae et Galliae caeterisque Dei fidelibus Guenilo, Senonum metropolitanus episcopus, in Domino salutem. Quotiensiusta extante causa sanctitatem vestram alloquimur, caritas quae diffusa est in cordibus nostris per Spiritum Sanctum, qui datus est nobis, id agendi tribuit fiduciam, praesertim cum gratuito negotio pietatis proveniat incrementum. Monachi provinciae ac dyoceseos nostrae, ex monasterio quod appellatur Bethleem sive Ferrarias, nomine Adulphus et Acarius, presbiterii gradu ornati, divino, ut credimus, instinctu, Romam proficisci orandi studio destinarunt, et nostra abbatisque sui nobis admodum dilecti Lupi accepta licentia, propositum execuntur ; quos vestrae paternitati de more commendamus, implorantes ut quia laborem peregrinationis pro aeterna remuneratione susceperunt, consolationem in vobis ineundo ac redeundo eam inveniant, qua devoti a religiosis foventur. Eritis enim mercedis eorum participes, si laboris fueritis benevoli adiutores. Cupimus vos valere feliciter.

CX. — EPIST. 102. (856.)

ITEM EX PARTE ABBATIS.

Plurima veneratione suscipiendis episcopis Italiae ac Galliae, reliquisque Christiana religione pollentibus, Lupus abbas ex

1. *Postridie* (Bal.).

monasterio quod dicitur Bethleem, sive Ferrarias, situm in
dyocesi Senonicæ urbis, cui præest reverentissimus Guenilo,
præsentem et futuram salutem. Quamvis, vergente in occasum
mundo, non dubito in electorum corde fervere caritatem, quæ
merito in sacris eloquiis *latum appellatur mandatum* [1] ; ac
propterea non erubesco postulare ab illis aliquid quibus nichil
præstiterim, vel quos penitus facie nesciam. Ea bonis usitatissi-
ma caritate, Deus, qui nos facit unanimes habitare in domo,
perpetuis bonis transeuntia mutare lucrum esse maximum instruit : Proinde suggero sanctæ paternitati vestræ monachos et
presbyteros, quorum alter vocatur Aldulfus, alter Acaricus, ex
nostro collegio Romam supplicatum proficisci statuisse, et an-
tistitis memorati ac nostro permissu [2] quod exoptaverant adim-
plere. Vestra ergo benivolentia euntibus subsidium dignetur
impendere : quia et sufficiens viaticum tanto itineri ferre fuit
eis impossibile, et mercedis eorum, vos credimus fore con-
sortes, si experti fuerint laboris sui pro Dei nomine eooperatores.

CXI. — Epist. 103. '856.)

AD DOMINUM APOSTOLICUM.

Domino præcellentissimo et omnibus Christianis unice singulariterque venerando universali Papæ Benedicto [3], ultimus abbatum Lupus, ex monasterio Galliæ quod vocatur Bethleem sive
Ferrariæ, presentem prosperitatem et futuram beatitudinem.
Tempore decessoris vestri, beatæ memoriæ Leonis [4], functus le-

1. Psal. CXVIII 45. *Et ambulabam in latitudine, quia mandata tua
exquisivi.*
2. Le concile de Chalcédoine (Can. XXIII) défendait aux ecclésiastiques d'accomplir des pèlerinages, même à Rome, sans la permission
de leur évêque. Le concile de Verneuil (844) se prononçait aussi avec
force contre les moines errants (Canon IV) il ne faisait d'ailleurs que
rappeler les dispositions d'un grand nombre de Capitulaires de Charlemagne (Cap. de 789 II, 2 et 4. Cap. des Bavarois 788, 8. Cap. d'Aix
3 et 11).
3. *Benoit III*, pape de 855 à 858.
4. Léon IV était mort en août 855.

gatione Romæ, cui auctore Deo præsidetis, et ab eodem antistite exceptus benigne atque tractatus, postquam vos non esse inferiores religione fama declaravit, nec tantum potestatis Beatissimi Petri participes, verum etiam humilitatis, quam in allocutione Cornelii vulgavit, heredes vera morum vestrorum expensio certa ratione perdocuit, ausus sum ego tantillus cognitioni vestræ sublimitatis me scriptis ingerere, meamque exiguitatem, et fratrum meorum monachorum unanimitatem eximietati vestræ committere, ut vestris sanctis orationibus mereamur a Deo et in præsenti vita consolationem, et in futura communionem salutis feliciter consequi. Fratres præterea et compresbiteros nostros Adulphum et Acaricum qui spontaneam peregrinationem pro nomine Domini susceperunt, et quanquam laboriosissime, ad memoriam beatissimorum Apostolorum, ceterorumque sanctorum tandem aliquando pervenerunt specialiter vestræ mansuetudini commendamus, ut eos pietate competenti fovere dignemini, et consuetudinibus ecclesiasticis, quæ variæ in diversis locis tenentur, diligenter instruere, ut per eos ad nos, et ad cæteros quosque talia pie quærentes, institutio Romana perveniat. Siquidem in quibuscumque ad religionem vel honestatem pertinentibus ambiguitatem creat varietas. Ut optima quæque eniteant, illuc sollicita investigatione credimus recurrendum unde ubique fidei manavit exordium. Ceterum quia *parentes thezaurizare debent filiis* [1], ut doctor gentium manifestat, nosque vobis obsequentissimi filii esse cupimus, commentarios Beati Hieronymi in Ieremiam [2] post sextum librum, usque in finem prædicti Prophetæ nobis mitti deposcimus in codice reverendæ veritatis, vestræ sanctitati, si id optinuerimus, postquam celeriter exscriptus fuerit, sine dubio remittendos. Nam in nostris regionibus nusquam ullus post sextum commentarium potuit inveniri ; et optamus in vobis recuperare quidquid parvitati nostræ deesse sentimus. Petimus etiam Tullium de Oratore, et XII libros Institutionum Oratoriarum Quintiliani, qui uno nec ingenti volumine continentur; quorum utriusque auctorum partes habemus, verum plenitudinem per vos desideramus obtinere. Pari intentione Donati com-

1. Cor. II, XII, 14.
2. Loup avait déjà (en 849) demandé le commentaire de St-Jérôme sur Jérémie, et les Institutions oratoires de Quintilien, à l'abbe d'York Altsigus (L. 62). Il ne les avait pas obtenus puisqu'il les demande au pape en 856.

mentum in Terentio flagitamus, quæ auctorum opera si vestra
liberalitas nobis largita fuerit, Deo annuente, cum memorato
Sancti Ieronimi codice fideliter omnino restituenda curabimus,
Sanctitatem vestram ad totius ecclesiæ utilitatem divina clementia diuturnis temporibus conservare dignetur.

CXII. — Epist. 106.

DE RECEPTIONE PEREGRINORUM [1].

Omnibus Dei omnipotentis fidelibus Guenilo, Senonum metropolitanus episcopus, salutem. Monachus quidam nostræ dio-
ceseos, nomine D. [2], ex monasterio quod appellatur Ferrariense,
divino, ut credimus, instinctu (est enim valde religiosus) laborem peregrinationis assumpsit, ut pro se fratribusque suis monachis, ac pro nobis apud beatissimos Apostolos Petrum et Paulum, ceterosque sanctos Dei misericordiam imploraret, et quod
suis non posset, eorum orationibus obtineret. Hunc vestræ
committimus caritati, obsecrantes ut pro amore Dei, sicut ser-
vum eius eum excipiatis, tractetis, atque dimittatis, sive euntem, sive redeuntem. Decet enim ut ubicunque religionem
suam, hoc est Christianam, invenerit, suam quoque patriam
recognoscat, et inter ceteros hunc quoque faciatis amicum qui
sunt vos in æterna tabernacula recepturi.

CXIII. — Epist. 107.

ITEM UNDE SUPRA [3].

Dominis reverentissimis christiana religione pollentibus,
Lupus Abbas ex monasterio Galliæ quod appellatur Bethleem,
sive Ferrariense, plurimam salutem. Monachus noster, cui

1. Cf. les lettres 101 et 102.
2. *Dotiwaldus* (Bal,).
3. Ex parte abbatis.

nomen est Dolivaldus, magna simplicitate, hac[1] laudabili devotione, vir spiritu Dei, ut omnino credimus, accensus, cum venerabilis episcopi nostri G. ac nostra benedictione pro se ac pro
nobis Deum et sanctos Apostolos Petrum et Paulum precaturus
Romam proficiscitur, quo maiorem laborem assumpsit, hoc
certius se exaudiendum confidens ; hunc vestræ sanctitati, pro-
bitati eius testimonium perhibentes, commendamus, ne dubitetis huic impendere quod bono cuique indigenti præbendum
est ; quoniam licet sit expers litterarum, mandata Dei, quæ non
legit in codice, demonstrat in opere, omniumque inter quos
versatur non amorem solum verum etiam venerationem brevi
meretur. Vos itaque sic eum, quæsumus, vel euntem vel rever-
tentem tractare dignemini ut ab illo cuius verus est cultor securi
perenne præmium expectetis.

CXIV. — Epist. 29.

AD GUENILONEM EPISCOPUM.

Dum abundante iniquitate caritas iam refrixit multorum, et
plures lætari videmus cum male fecerint et in rebus pessimis
exultare, quando peccatis nostris Respublica dissipata, impune
perversorum grassatur insania, legumque metus aboletur, maximo debemus affici gaudio, si saltem aliquis inveniatur qui,
memor futurorum, sæculi fugientis contemptum pia mente concipiat, et operante Dei gratia, perfectionis apicem apprehendat.
Quod mihi quia moliri visi sunt duo presbyteri nostri, quorum
alter Ardegarius, alter Baldricus vocatur, unum eorum (nam
alterum inevitabilis necessitas retinebat) vestræ reverentiæ direxi, adiuncto militari viro, qui eum in itinere tueretur, ut a
presbytero utriusque desiderium agnosceretis, et nuntii nostri
relatione testatior eorum vita prior et præsens devotio appare-
ret. Vestra vero prudentia relinquendi suos eis titulos copiam
negavit facturam ut liberius et districtius institutionem Beati
Benedicti sequantur, nisi forte nostra parvitas auctoritatem vobis depromat, absque vitio posse fieri. Id tametsi nunquam in

1. *Ac* (Bal)

controversiam vocatum vel audierim unquam, vel magistra
lectione compererim, tamen simpliciter quod sentio vestræ
auctoritati aperiam, Dominus Iesus diviti legalium præceptorum sibi observantiam arroganti, et audacius quid sibi deesset
percontanti : *Vade*, inquit, *et vende omnia quæ habes*[1], et
cætera.. ubi aperuit voluntariam paupertatem fore fructuo-
sam, si illud impleatur quod alibi docet : *Discite a me quia
mitis sum et humilis corde*[2], et reliqua.... quod nusquam
fieri aut tutius aut melius potest quam in monasterio ;
ubi sic libertas voluntatis propriæ pro Dei amore, quod est
laboriosissimum, resecatur, ut ex arbitrio Prioris subiectorum
actio cuncta formetur, quamquam quidam nostrorum exuberante Dei giatia, ingenti vigore animi consortia humana vita-
verint, et præfata dominica sententia iam impleta, solitudines
penetraverint, et constanter in Dei opere pœne totam ætatem
consumpserint. Ab ea igitur perfectione. quam Deus etiam
laïcis proposuit, absit ut summoveat sacerdotes. Sed dicat aliquis : quid plebes facient, quarum ab eis fuerat canonice cura
suscepta ? Nimirum qui hos ad implendum illud vocat, quod
in Psalmo canimus : *Vacate et videte, quia ego sum Deus*[3],
procurabit alios quos animabus gubernandis præficiat. At, inquit, quemadmodum carnalem copulam non licet resolvere, nisi
causa fornicationis[4], ita susceptam semel pastoralem curam
nefas est deponere quamdiu ovium saluti consuli potest. Concedimus ; nisi forte coniugium qui constituit ipse dissolvat, et
qui regimen imposuit ipse, ut sibi liberius vacetur, id relinquere occulta inspiratione præcipiat. Namque qui iussit ui
quod Deus coniunxit homo non separet[5] idem, quia Deus est,
quotiens libuit, coniugia separavit ; adeo ut etiam probabiles
utriusque sexus personas optime noverimus, rescisso carnalt
commercio, in sacris locis separatim Domino militasse[6]. Iam
vero de presbyteris quid dicam, cum nullum fere monachorum
repperiatur monasterium quo non aliqui eorum, seculi tumultus

1. Matth. XIX, 21.
2. Matth. XI, 29.
3. Psal. XLV, 11.
4. Le divorce était donc admis, au moins dans ce cas, par l'Église
du ix⁰ siècle.
5. Matth. XIX, 6.
6. Exemple d'Einhard et d'Imma. Cet usage existe encore dans
l'Eglise grecque.

declinantes, concesserint; quos si perperam fecisse conemur
asserere, obruemur eorumdem auctoritate qui nos et sanctitate
superant, et sapientia forte præcedunt. Neque enim frustra
scriptum est : *Timor Domini ipsa est sapientia, et redire
a m. l. t. g. tia* [1]. Siquidem, ut de coniugiis taceam quæ, ob
Dei amorem, separata sunt, quorum magna nobis suppetit
copia, certe Ferrariensis Monasterii, cui indignus deservio,
quondam nobilis Abbas et presbiter Sigulfus [2], qui usque ad
senium canonico habitu laudabiliter vixerat,sponte se potestate
exuit, et nostram, hoc est monachicam, religionem assumpsit,
atque donec diem obiret, suo passus est subiici discipulo, quem
ipsius voluntate ac fratrum consensu Imperator Ludogvicus
memorato loco abbatem præfecerat. Quin etiam decessor vester
beatæ memoriæ Aldricus, qui præfati Cesaris iussu et mirabili
bonorum annisu nobis, cum esset abbas, ablatus, et ecclesiæ
Senonicæ pontifex factus est, ad nos immutabiliter proposuerat
regredi, episcopali cura omissa, quando hanc vitam, ut credimus, feliciore mutavit. Quis hos viros canones ignorasse dicat,
nisi prius ipse desipiat? Profecto primordia fidei christianæ
recolebant ; quæ Beatus Lucas commendans, ostendit tunc illis
omnia fuisse communia, quando postquam singuli agrorum et
quarumlibet possessionum pretia Apostolis, prout cuique opus
erat, dividenda promiserant, ipsi Deo soli vacabant, et erat eis
cor unum et anima una in Domino. Nec ab hac sancta societate
sacerdotes exclusos invenio, cum præfatus Evangelista hinc
etiam nos instruendos prospiciens : *Multa*, inquit, *turba sacerdotum o. f.* [3] Siquidem tametsi quam longissime absumus a
tam sanctorum virorum perfectione, tamen vestigia, et quædam, ut ita dixerim, lineamenta formæ apostolicæ retinemus,
dum nemo nostrum aliquid sibi vindicat, nec in sæculares curas
dissipare animum permittitur, et orationum et abstinentiæ
legitimam constitutionem persolvere regulari rigore, cui nos
sponte submisimus, coartamur. Nec mirandum, sed episcopaliter compatiendum vobis est, si multos monachorum experti

1. *A malo, intelligentia* (Iob XXVIII, 28). — Bal. écrit *recedere a
malo.*
2. *Sigulfus*, abbé de Ferrières après Alcuin, résigna son office aux
mains de son disciple Adalbert. Il était d'origine anglo-saxonne, instruit, et ami d'Alcuin qui lui dédia ses *Interrogationes et responsiones
in librum Geneseos.* Cf. Vita Alcuini.
3. *Multa turba sacerdotum obediebat fidei.* (Act. VI, 8).

sitis a sua professione detestabiliter deviare ; cum et natura humana prona sit ad malum,et hostis noster bono semini super-seminare semper gestiat zizania. Ceterum, ut mea et multorum fert opinio, nullus intra sanctam Ecclesiam ordo est ubi certius promereri Deum fidelis anima possit, quam si monasticæ disci-plinæ studeat propositum integre observare. Verum, ne nos magnifacere videamur, Beatus Gregorius, cuius tanta in Eccle-sia resplendet auctoritas, patrem nostrum Benedictum his verbis commendat ; *scripsit monachorum regulam discretione præci-puam, sermone luculentam* [1]. Sanctus autem Benedictus sacer-dotes suscipi in monasterium et posse et debere ostendit, cum, quamquam non facilem, tamen eis permittat ingressum; et retinendi officium ex abbatis iussione præbet auctoritatem, quod nullo modo faceret, si soli admittendi essent criminosi. Nam et eos quidem interdum, sed difficillime, et vehementer compunctos recipimus : *Venit enim filius hominis quærere et salvare quod perierat* [2]. Cum igitur [3] Beatus Gregorius regulam patris nostri Benedicti approbat, eadem autem regula sacerdo-tes cum officio suscipiendos censet, nisi qui contentioso spiritu laborat, et susceptos iam inde ab initio nostri ordinis, et esse integræ vitæ sacerdotes in Monasterium minime dubitat. Qua-propter vestra paternitas dignetur hæc studiosius pertractare, et presbyteris ad melius de bono tendentibus non cunctetur licentiæ aditum reserare ; ne forte quod nullatenus optamus, videamini ordini nostro provisa cœlitus incrementa derogare, quem summi et optimi Pontifices non solum non infamaverunt, verum etiam, ut par fuit, suis et laudibus ornaverunt et exhor-tationibus cumularunt. Neque enim sacrorum canonum susci-pienda censura, quantum dispicere valuimus, usquam nostram infirmat sententiam, quam et auctoritate divina et præclaris exemplis roborandam curavimus. Illud potissimum a vestra eximietate optinuerimus, ne nostram admonitionem grave-mini ; quam non venditandæ scientiæ studio, sed implendæ caritatis officio assumptam, et rerum pondere et stili lenitate satis, ut opinor, apparet.

1. S⟨t⟩ Gregor. Dialog. III, 36.
2. Matth. XVIII, 11.
3. *Autem* (Bal.).

CXV. — EPIST. 82.

AD GUENILONEM.

Reverentissimo præsuli Gueniloni Lupus salutem. Hic pres-
hyter, cui nomen est Erlegaudus, ex ecclesia Sancti Petri et
nostra queritur pati se calumniam et de suo gradu periclitari ;
proinde vestram poscimus paternitatem ut ei iuste ac rationa-
biliter adesse dignemini, ne quorumlibet insidiis opprimatur,
qui forsitan divini timoris obliti, superare innoxium pervica-
citer moliuntur : Prosit itaque huic et illis vestra prudentia,
ut et hic, si est innoxius, liberetur, et illi qui peccare in proximi læsione conantur, non inveniant facultatem. Quod donec
inspirante Deo perficiatis, et Synodi tempus adveniat, si potest
fieri, et vestræ sanctitati videtur, exequendi oficii quæsumus
recipiat libertatem ; ne secundum inimicorum votum, quorum
se testimonio purgare possit invenire non valeat. Bene vos
valere cupio.

CXVI. — EPIST. 98. (856-857.)

AD GUENILONEM EIUSQUE SUFFRAGANEOS.

Religiosissimis patribus et fratribus Guen. Metropolitano,
Senonicæ sedis antistiti, et universo clero eius, et ceterarum
Ecclesiarum præsulibus, quæ dyocesi memoratæ sedis censentur,
cunctisque in eis Deo famulantibus, clerus Matris Ecclesiæ
Parisiorum, et fratres cœnobii Sancti Dyonisii, et Sancti Ger-
mani [1] et Beatæ Genovephæ [2], ac Fossatensis [3], diversorumque
monasteriorum unanimitas, præsentem et futuram salutem.
Venerabilem pastorem nostrum Ercanradum [4], nuper decessisse

1. St-Germain-des-Prés.
2. Abbaye de Ste-Geneviève.
3. Abbaye de St-Maur-des-Fossés.
4 *Ercanradus*, évêque de Paris vers 832, découvre avec Rothade de
Soissons la retraite de l'archevêque de Reims Ebbon, qui s'était caché
à Paris après le rétablissement de Louis-le-Pieux, et le livre à ses ju-

cum longe lateque vulgatum sit, tum sanctitatem vestram
latere non potuit ; nosque affici mœstitia de vocatione patris
defuncti, ac sollicitudine permoveri de electione successuri,
prudentia vestra intellegit. Cum enim principaliter se futurum
Dominus Iesus polliceatur cum his qui principes religionis
existunt, non patimur diu carere antistite, cuius doctrina ad
salutem nostram instituamur, exemplo informemur, benedictio-
nibus in nomine Domini muniamur. Eius, utpote bonorum
omnium auctoris, nequaquam nos cura destitutos firmissime
credimus, dum ipse curas nostras sua clementia sustulit, et
vota ultronea benignitate prævenit. Namque ipse in cuius
manu cor regis est, gloriosi domini nostri Karoli, quemadmodum plene confidimus, menti infudit ut eius nos regimini com-
mitteret, quem in divinis et humanis rebus sui fidissimum
multis experimentis probasset. Igitur Dei pronam in nos am-
plectentes misericordiam, et regis nostri piam suspicientes
prudentiam, Eneam [1], cuius præconia præmisimus, concorditer
omnes elegimus, Eneam patrem, et Eneam pontificem habere
optamus. Quamvis enim tanta prudentia ac probitate præcellentissimus rex noster polleat, ut solum eius iudicium de viro
memorato posset sufficere, tamen conditionis humanæ non
nescii futurorumque curiosi, aulicorum nos ipsi propositum ac
mores longe prius inspeximus, et inter graves probabilesque
personas et sanctitate ferventes hunc quem antistitem habere
cupimus, quotquot eum nosse potuimus, ut [2] et nunc palam
est, absque errore annumeravimus. Proinde, sancti patres,
annitimini ne dilatione divini et regii beneficii torqueamur ;
sed nobis suspensis, nobis desiderantibus, nobis flagitantibus,

ges (833 ou 834). Il est envoyé en ambassade à Pépin, roi d'Aquitaine
(835), avec saint Aldric, évêque du Mans. Il assiste en 845 au concile
de Beauvais où Hincmar est élu métropolitain de Reims; il prend part
aux travaux des synodes de Meaux (845) et de Paris (846), il signe la
lettre synodale des évêques à Noménoé (849), il envoie son vicaire au
Concile de Moret (850, cf. ep. 115). Il assiste enfin au Concile de Bonneuil (août 855), et meurt le 6 des Ides de mai (856) d'après l'obituaire
de l'Eglise de Paris. (Gall. Christ. T. VII, p. 31.)
1. Énée, professeur de l'Ecole du Palais et chancelier du Palais sous
Charles-le-Chauve, devint évêque de Paris en 857. Prudence de Troyes
ne lui donna sa voix qu'à la condition qu'il signerait quatre articles
où se trouvait résumée, suivant Prudence, la véritable doctrine de
saint Augustin sur le libre arbitre et la grâce. Il mourut le 26 déc. 871.
(Gall. Christ. VII, 31).
2. *Ut* omis par Bal.

ponatur celeriter lucerna super candelabrum ; ut lumen veritatis populus Dei videat, et æmula devotione, præsulis vestigia
tenens, sempiternæ beatitudini præparetur. Professionem vero
nostri consensus in Eneam, Deo annuente, per vestrum ministerium nobis futurum antistitem subscriptionibus nostris certatim
roboravimus ; ut nostra unanimitate comperta, votum summa
properantia compleatis.

CXVII. — EPIST. 99. (856-857.)

RESCRIPTUM EPISCOPORUM AD IPSOS.

Guenilo, Sanctæ Senonicæ sedis Metropolitanus episcopus ;
Heriboldus Antissiodori episcopus ; Agius Aurelianorum ; Prudentius Tricassinorum ; Her. Nevernensium ; Frotb¹ Carnutum ;
Hildeg. Meldorum, clero Matris Ecclesiæ Parisiorum et cunctis
in diversis cœnobiis sùb ea Deo militantibus salutem. De excessu
reverentissimi coepiscopi nostri Ercanradi non mediocriter
anxii, vestrique mœroris participes, tandem iustissimæ dispositionis Dei memores, consolationem recepimus, dum vos sub
pastore bono agentes, qui summe bonus est, vicarium eius
scilicet visibilem, ministeriique nostri consortem, absque dilatione expetere vestris litteris tenentibus lineas rationis cognovimus. Præparatum enim a Deo ei bonum exitum credimus,
cuius munere talem videmus patere ingressum. Quanquam
nobis futurus nunc socius olim fuit præcognitus et merito suæ
probitatis amabilis ; quis enim vel leviter tetigit palatium cui
labor Æneæ non innotuit, et fervor in divinis rebus non apparuit ? Quamobrem electionem vestram in eo factam Deo propitio
libenter sequimur, ut eum profuturum populo eius, ad dignitatem pontificatus promovendum concorditer decernamus. Sit
igitur vobis pastor, qui pro suis in Deum meritis bene compla-
cuit ; et sequentes eius veracem doctrinam, et sancta opera

1. *Frotbaldus*, évêque de Chartres, souscrit au 2ᵉ concile de Soissons
en 853, est tué par les Normands en 855, d'après le *Chronicon Cado-
mense*, en 858, d'après le nécrologe de l'Eglise de Chartres. On place
sous son pontificat la translation à Chartres de la Chemise de Notre-
Dame. (Gall. Christ. T. VIII, p. 1105).

imitantes, ad cœlestis regni pascua properate felices. Ordinationi autem eius subscripsimus concorditer universi, ut securi ministerio potestatis eius fruamini.

CXVIII. — EPIST. 119. (857.)

AD ENEAM EPISCOPUM.

Carissimo suo Æneæ Lupus æternam salutem. Doctrinæ studiosissimo regi nostro, quemadmodum vobis post alia intentionem meam aperui, quod liberalium disciplinarum laborem recolendo, et alios instituendo, favente totius boni auctore Deo, vellem repetere, si otium ipse habiturus præmii communionem sua indulgentia concessisset, quod votum meum sereno vultu sermonibusque blandis amplexus ut ad effectum valerem perducere se curaturum promisit, id vobis continuo significandum credidi, ne oblata occasione nesciretis ad tantæ rei adnisum quibus esset invitandus alloquiis. Me vero monasterium ingre - dientem tristis excepit nuntius, ostendens Hildegarium vestrum, qui neptem meam habebat in coniugium, decessisse. Unde proprio affectu, et propinquorum utriusque lineæ impulsu asserentium me apud vos plurimum posse, sanctitati vestræ has litteras destinavi, supplicans ut filio ipsius, super quo postulavit, concedere dignemini beneficium, tutorem vero qui et moribus vestris congruat, et militare obsequium exigat, laudabili prudentia statuatis ; relicta memorati viri eiusque propinqui decenter vos, si optinuero, venerari studebunt, Deus autem aliis etiam bonis suffragantibus meritis, in eorum collegium aggregabit, quibus pollicetur *Beati misericordes, quoniam ipsi misericordiam consequentur* [1]. Cupio vos valere feliciter.

1. Matth. V, 7.

CXIX. — EPIST. 100. (857.)

ADMONITIO [1].

Diversis malis afflicti, causam eorumdem malorum debemus cognoscere, et cognitam, auxiliante Dei misericordia, evitare. Causam prosperitatis et adversitatis Spiritus Sanctus aperte demonstrat his verbis : *Iustitia elevat gentem, miseros facit populos peccatum* [2]. Peccatum quo miseri efficimur hoc esse credibile est quod, cum simus fide christiani, destruimus factis nostram professionem, et quia beatitudini sempiternæ felicitatem præponimus temporalem, et illam, nisi resipiscamus, perdimus, et hanc, quæ quantulacumque posset esse, si recti esse vellemus, non apprehendimus. Quia ergo vindicta Dei, et in hac vita temporaliter incipit, et usque ad alteram, quæ finem non habet, nisi conversio subveniat, pertendit et hic sæpe bonos bona temporalia comitantur, alibi autem eosdem bonos æterna bona coronant, sive prælati, sive subditi, omnes deponamus excusationem ; et cum sibi unusquisque nostrum sit conscius in quibus maxime Deum offendit, communiter eum et obedienter audiamus monentem [3] : *Redite prævaricatores, ad cor* [2] ; itemque : *Lavamini, mundi estoti, auferte malum cogitationum vestrarum ab oculis meis, quiescite agere perverse, discite benefacere* [4], ut per pœnitentiæ salubrem cursum perveniamus ad indulgentiæ tutissimum portum. Ita enim valebimus, non solum effugere mala præsentia, verum etiam bona sperare ventura : Dediscamus sola carnalia appetere, de consequendis spiritalibus aliquando cogitemus ; et ut nostræ cupi-

---

1. Cette *admonitio*, qui peut avoir été rédigée par Servat Loup au nom de Wénilon, fut sans doute adressée aux fidèles après le synode de Quierzy tenu le 15 février 857. Une lettre de Charles-le-Chauve y fait allusion : « *Inter cætera ecclesiasticæ utilitatis ac regni necessitatis negotia, consideravimus qualiter rapinæ et depopulationes... quæ partim occasione superirruentium paganorum, partim mobilitate quorumdam fidelium nostrorum in regno nostro... annuente Domino sedari valeant et amoveri.* » (D. Bouquet, T. VII, p. 552).
2. Prov. XIV, 34.
3. Is. XLVI, 9.
4. Is. I, 16.

ditates temperentur, et modum aliquem teneant, veniat nobis in memoriam celer eorum transitus quos in dignitatibus vidimus, nec obliviscamur quod eos quotidie sequimur. Ad mortem enim sine intermissione properamus ; repetamus mores quibus hoc regnum crevit et viguit. Nullæ sint factiones, nullæ conspirationes inter nos, qui patrem invocamus Deum, quibus dicunt pontifices : *Pax vobis* ; et pro quibus omnes concorditer orant sacerdótes : *Da propitius pacem in diebus nostris* et : *Pax Domini sit semper vobiscum*; et quibus polliceri Deus[1] dignatur : *Beati pacifici quoniam filii Dei vocabuntur* [2] Illa comminatio eius non videatur nobis contemptibilis : *Væ illi per quem scandalum venit* [3]; ne forte, quod ipse avertat, *sola vexatio det aliquando intellectum auditui* [4]; ut infelici experimento quod nunc non credimus, aut nos nescire fingimus, in tormentis positi sentiamus. Prædas et rapinas conversationi Christianæ nimis contrarias et a regno Dei miserrimos excludentes penitus deponamus. Contra hos enim sic sermo Apostolicus fremit : *Neque rapaces regnum possidebunt* [5]. Pro Dei timore atque amore lucra propria intermittamus, bono communi et publico certatim et unanimiter consulamus ; ut dum tranquillitatem fidelibus præstare nitimur, et vires resistendi infidelibus recuperemus, et ab eo qui est omnipotens utriusque pacis, id est et qualis nunc esse potest, et illius consummatæ, quæ solis electis dabitur, gaudia consequamur. Illud autem neminem nostrum fugiat, quibusque doctissimis usque ad nostram ætatem probatum et creditum, quia per concordiam parvæ res crescunt, per discordiam vero maximæ dilabuntur, ne forte dum cupimus nostra securius tenere, vel ad maiorum capienda felicius conscendere, iusto Dei iudicio, ruina nos regni, quam nostris dissentionibus præparamus, involvat, et in perniciem animæ et corporis pertrahat.

1. *Deus* omis par B.
2. Matth. V, 7.
3. Matth. XVIII, 7.
4. Isa. XXVIII, 19.
5. Cor. I, VI, 10.

CXX. — EPIST. 130. (858.)

AD NICOLAUM PAPAM [1], EX PARTE GUENILONIS ET SUFFRAGANEORUM EJUS.

Suggerimus mansuetissimæ paternitati vestræ in nostra diocœsi, in oppido quod Nevernum dicitur, esse quemdam episcopali officio præditum, nomine II. [2] qui frequenter admonitus, et diu expectatus ut revalesceret, implere non sufficit ipsum officium mente non integra. Dicitur autem Melchiades Papa [3] decrevisse ne quis unquam pontifex sine consensu Papæ Romani deponeretur. Unde supplicamus ut statuta illius integra, sicut penes vos habentur, nobis dirigere dignemini ; ut hinc dictis ipsius confirmati, aut sicut Beatus Gregorius doctor fecit Ariminensi Episcopo [4] incommodo simili laborante sequamur, aut sicut Sanctus Gelasius docet, [5] removendus sit mente percussus. Quo verum absque dubietate scimus, expetimus et exspectamus vestrum judicium, ne in temeritatis calumniam aliquatenus incidamus, sed vestro instituti moderamine, veritatis et rectitudinis tramitem nullatenus deseramus.

1. Cf. la réponse de Nicolas Ier datée de 858 par Mansi — (Migne· Patrol. lat. Tome 119 col. 769.)

2. *Herimannus*, évêque de Nevers. On trouve son nom dès 841. Il assisla en 843 au Concile de Germiny, accorda de grands privilèges aux monastères de St-Martin, de St-Aignan et de St-Genès, et souscrivit à la lettre synodale des évêques à Noménoé (nov. 849). En 853 Wénilon l'accusa au concile de Soissons d'être devenu incapable de gouverner son église, et obtint des évêques l'autorisation de l'emmener à Sens, auprès de lui. Rétabli au concile de Ver le 26 août de la même année, il prit part avec ses collègues à l'élection d'Enée en 856. Il mourut le 22 juillet 860 (?) laissant une grande réputation de sainteté. (Gall. Christ. T. XII, 629).

3. *Melchiades* (saint Melchiade ou Miltiade) pape de 311 à 314.

4. Greg. Epist. Lib. VII, ep. 49.

5. Gelasii ad Rusticum et Fortunatum — ap. Gratian. 7, q. 2, cap. *Nuper*.

CXXI. — EPIST. 116. (859. Init.)

FRATRIBUS EX CŒNOBIO SANCTI GERMANI. [1]

Sanctis patribus in monasterio Beati Germani Deo excellenter militantibus, Lupus, socia congregatione Ferrariensi, copiosam in Domino salutem Semper quidem in cœnobiorum nostrorum habitatoribus vera caritas viguit, sed nunquam tamen certis indiciis ut nostro tempore sui magnitudinem declaravit ; ac in nobis, si quid præter solitum exercuisset, supprimendum videretur, ne immemoris beneficii exprobrationem nos formare aliquis æstimaret. De vobis liberum nobis est præsertim vera narrare ad divinæ laudis augmentum ; et quoniam confidentius experta asserimus quam audita, a memetipso inchoandum decrevi, fidem propositioni facturus. Cum proximo autumno [2] insignis rex noster K. Antissiodorum venisset, et comitatus eius proxima loca pene omnia occupasset, egentes hospitii vos potissimum adeundos credidimus, nec spe nostra falsi, officiose sumus excepti ; et publicum vestrum convictum, regio famulatu nobis penitus adimente, quacunque hora elabi potuimus nequaquam sensimus importunitatem nostram vobis honeri extitisse. Postquam per carissimum propinquum Remigium, et gratissimum auditorem meum Fridilonem sanctitati vestræ satisfecimus, ostendentes votum nostrum, quibus reniti non valebamus, mandata regis alio quam vellemus avertere. Discessuri, ne gratias quidem in conventu referendi copiam habuimus, quoniam

1. St-Germain d'Auxerre.
2. Le 1er sept. 858 Louis-le-Germanique, appelé par les nobles de Neustrie, arriva à Ponthion : de là il se rendit à Sens. Le 12 nov. Charles et Louis se trouvèrent en présence à Brienne, mais Charles ne se jugeant pas assez fort se retira en Bourgogne. Louis passa à Troyes où il distribua les monastères et les comtés à ses nouveaux fidèles. Il alla encore à Attigny, où Wénilon archevêque de Sens lui apporta la lettre des prélats réunis à Quierzy. On le vit aussi à Reims et à St-Quentin, où il passa lesfêtes de Noël. Le jour de l'Epiphanie 859, Charles-le-Chauve vint à Auxerre honorer le corps de St-Germain. Avant le Carême de cette même année, Charles était de nouveau reconnu en Neustrie. — (D. Bouq. T. VII Ind. Chronol.)

moras omnes deferendæ legationis ¹ impossibilitas auferebat.
Unde in hac parte memoratos amantissimos fratres vicem
nostram implere obsecravimus donec per nos id ipsum exequi
Divinitas largiretur. Ad hæc quæ supra retulimus, terrente
prædonum improbitate², ornamenta Ecclesiæ nostræ occultanda
curastis, nec ad id præstandum inventi estis difficiles ; quæ
secum reputans dilectissimus frater noster S. et eum sibi tum
etiam pluribus aliis nostrum multa benigne collata recensens,
impendente, ut metuebamus, ruina nostri loci, quam et nostra
peccata et piratarum vicinia minabantur, vos elegit, non apud
quos peregrinaretur, sed intra quorum collegium admissus,
vicarium nostri loci contubernium possideret. Verum id etiam
alii postulaverunt, optantes, licet diversi, in monasteriis consistere quam cum maiore suorum parte in villa versari. Quanquam igitur Deus incertum utrum sua pietate in perpetuum
subversionem nostri monasterii removerit, an aliqua latente
causa, ad tempus distulerit, tamen prædictus frater quod obti-
nendum conceperat perseveravit flagitare ; quod utinam vobis
annuentibus consequatur, ne simili casu coactus, ulteriora compellatur sectari, supplicamusque ut eum apud vos consisten-
tem pie foveatis quia meorum laborum diu particeps fuit, et
pro sua probitate ac strenuitate semper gratus omnibus, et
universaliter utilis est iudicatus. Præterea vestræ sanctitati
plurimum confisi, ausi sumus fratrem Bernegaudum, rudem
adhuc monachum roganti vestræ paternitati dirigere, vestræ
voluntati obsecuturum, et in suo proposito perfectiorum exemplis, atque doctrina studiosius confirmandum. Exiguitatis nostræ
benigne mores obtamus vos valere feliciter.

1. Baluze conclut de ce passage que Servat Loup fut chargé cette
année (859) d'une mission diplomatique en Allemagne, dont il connaissait la langue et où il avait conserve des relations. Rien ne nous
semble autoriser cette hypothèse : Servat Loup avait quitté l'Allemagne
depuis 23 ans, et n'avait jamais su la langue germanique. (Cf. epist.
81.)
2. Les Normands étaient déjà arrivés aux environs d'Auxerre.
Ils avaient pillé cette même année les villes de Noyon et de Beauvais. « Dani noviter advenientes monasterium Sti Walarici et Samaro-
brivam, Ambianorum civitatem, aliaque circumquaque loca rapinis et in-
cendiis vastant. Ili vero qui in Sequana morantur Novionum civitatem
noctu agressi Immonem episcopum cum aliis nobilibus, tam clericis quam laicis
capiunt, vastataque civitate secum abducunt, atque in itinere interficiunt. »
(Annal. Bertin.)

CXXII. — EPIST. 124. (859)

AD GUENILONEM EPISCOPUM.

Reverentissimo Gueniloni pontifici, Lupus præsentem et futuram salutem. Non est mirum si vos tamdiu metropolitanus episcopus [1] mendatio fefellit, quando David nequam servus verisimili figmento ad horam decepit. Prædiorum quibus donatus fuerat medietate servus ille multatus est. Episcopo vero timendum est ne promissionum cœlestium integritate privetur, cum, teste sapientissimo Salomone, eum detestetur anima Dei *qui seminat inter fratres discordias* [2]. Et hoc, et omnia quæ ab imprudentibus velut tædio et impossibilitate contempnenda ducuntur facillime iudicii exitum sortientur cum tanta ævidentia in memoriam cuncta revocabuntur, ut nec auctores malorum purgare obiecta immo declarata conentur, nec ulla rationalis creatura inde dubitare prævaleat quæ Creatoris æquitas omnibus proposuerit cognoscenda. Ibi, nisi satisfecerit, eum trepidare frustra videbitis, quem vera referre ut homo falsi credidistis. Quomodo enim tantæ possem effici pravitatis ut depositionem eius cuperem cuius acceperam divinitus consecrationem ? Testem eum securus facio cuius experiemur uterque iudicium quoniam postquam præesse cœpistis, et dignati estis me in familiaritatem assumere, semper optavi vos et in sanctitate proficere, et dignitate augeri ; et si, meis rebus integris, sinistrum aliquid, quod Deus avertat, vobis contigisset, paratus fui opem ferre pro viribus, et me amicissimum modis omnibus evidentissime comprobare. Quod si me perfidiam incurrisse recolerem, tantum scelus negatione non tegerem, sed confessione simplici veniam optinere conarer, nam cui vel parum sacras intuenti litteras non ultro ac sæpissime occurrat : *Qui parat foveam proximo incidet in eam* [3] Hæc quam vera sint utinam aperiat in præsenti qui, omni ambiguitate remota, patefaciet in futuro, ac me in hac parte penitus innocentem, insolu-

---

1. Herardus métropolitain de Tours (Cf. la lettre 118.)
2. Prov. VI, 19.
3. Prov. XXVI, 27. — Eccl. X, 8. — Eccl XXVII, 29.

bilem familiaritatem vestram ad utilitatem utriusque tribuat optinere. Quod aliunde compereram, vosque dignati estis mandare, si Deus annuerit, dominus rex fiet nobis vicinus ; post cuius digressum, si vobis placet, ut primo fieri potuerit, desidero in congruo utrique loco vos adire, et sequestra Sancti Spiritus gratia reciperare amicitiam quam spiritus maligni malivolentia aliquantulum perturbavit. Tunc etiam referre potero quid super fratre Bernegaudo [1] Sancti Germani monachi annuerint, quidque solum absque nostro damno præstare valeamus fugitivo nostro, qui nuper clementiam vestram precibus inquietavit. Exiguitatis meæ memores, semper cupio vos valere feliciter [2].

CXXIII. — EPIST. 120. (859-860.)

AD ARDUIC. EPM. [3]

Desiderabili pontifici A. Lupus et fratres eius monachi sempiternam salutem. Suspensi ad benignissimas promissiones vestras, tempus frustra fluere dolemus, cum infestationes prædonum non possumus non habere suspectas. Proinde ut vestrum acceleretur votum, nostrumque depellatur periculum, suppliciter imploramus ut propter cœlestem retributionem, ipsi dignemini ad aliquem locum fatigari, quo non sit mihi et quibus-

1. Mentionné dans la lettre 116.
2. Cette lettre est une justification de la conduite de Servat Loup à l'assemblée de Savonnières.Wénilon accusé d'avoir favorisé les projets de Louis-le-Germanique, fut cité par Charles en 859 à comparaître devant un synode réuni « ad Saponarias » près Toul. Wénilon ne comparut point, mais sur la plainte du roi, les évêques ordonnèrent une enquête. Hérard fut chargé de porter à Wénilon la sentence du concile. Il se prétendit malade, et donna sa commission à Robert évêque du Mans. Robert essaya sans doute de dégager la responsabilité d'Hérard en persuadant à Wénilon que Servat Loup avait été son principal adversaire au Synode.
3. Arduicus, évêque de Besançon de 850 à 871, assista en 859 au concile de Savonnières, en 860 au concile de Toul, en 871 au concile de Douzy. Ce fut probablement au concile de Savonnières que Loup et Arduicus se rencontrèrent pour la première fois. La lettre 120 rappelle à l'évêque de Besançon les promesses qu'il a faites à l'abbé de Ferrières.

dam fratribus impossibilis accessus ; ut et vos nobis exponenti-
bus nostram necessitatem, et nos vobis aperientibus, vestram
voluntatem plene valeamus cognoscere ; cum loco autem diem
mensis exprimite ; ne dubietate aliqua confundamur cupimus [1].

CXXIV. — EPIST. 117. (860.)

AD ANSBOLDUM [2].

Reverentissimo A. abbati, et universis fratribus eius, Lupus
et omnis Ferrariensis Cœnobii societas in Domino salutem.
Asperrimis difficultatibus evictis, gaudemus vos tandem aliquando gratia divina loco proprio restitutos ; nec illud non
libenter accipimus, quod nostram in vos pronam voluntatem
pio affectu, iucundisque sermonibus prosequimini, quanquam
longe plura atque maiora vobis præstita cuperemus. Tribula-
tiones nostras partim dolenter audistis, partim anxii aspexistis ;
sed eas, temperante vel penitus auferente Domino Deo nostro,
cum vestro commodo vobis vestrisque qui nos adierint desideramus usui esse ac sincerissimæ voluptati. Ut igitur familiaritas
olim inita uberiori proficiat incremento, in occidua plaga recu-
peratæ facultates [3] fuerint adiumento , dum excursus et recur-
sus per nos quæ utrimque gerantur aperiet. Cupimus vos nostri
benigne memores semper valere feliciter.

1. Baluze ajoute — *vos valere feliciter* — qui n'est point nécessaire
au sens de la phrase et qui n'existe point dans le texte.

2. *Anno Dominicæ incarnationis* 860 *Egil abbatiam Prumensem sua
sponte dimisit, et Auspoldus (Ansbaldus* d'après Trithème et le ms. de
c*Reichenau) in regimine successit, vir omni sanctitate et bonitate conspi-
uus.* (Reginon).

3. Il y avait 11 ans que St-Josse était restitué Servat Loup ne peut
faire allusion à un événement aussi ancien, et si bien connu de ses
amis de Prüm. Il est probable qu'après avoir été dévasté à plusieurs
reprises par les Normands, le monastère de St-Josse jouissait vers
860 de quelque tranquillité et commençait à se relever de ses
ruines.

CXXV. — EPIST. 122. (860.)

AD GERHARDUM. [1]

Præcellentissimo duci G. et clarissimæ coniugi eius B. [2] L. præsentem et futuram salutem. Semper insignis fama de probitate vestra bonos quosque lætificavit ; sed nunc in omnium notitia uberius effloruit, cum eamdem probitatem vestram successu profuturo Christianis omnibus Divinitas comprobavit. Illi laudes, illi gratiæ, illi exquisita præconia, quo autore hostes molestissimos partim peremistis, partim fugastis. [3] Cum vero quæ primo polliceri, postea promittere dignati estis, largiti fueritis, conabimur gratias cumulare. Ceterum, quod diligenter scrutamini, noveritis monachum et discipulum meum Ad. [4] nunquam a nostro monasterio aufugisse, sed ad petitionem beatæ memoriæ Marc. [5] abbatis ex Prumia aut Proneam a nobis eum honeste directum, et cum illo aliquandiu conversa· tum, quorundam invidiosorum vitasse insidias, et inde discendi studio et quietis amore, in urbe Lugdunensium constitisse. Reverendissimis autem viris Remigio memoratæ urbis Metropolitano et H. [6] Gratianopolitano instanter postulantibus, et conversationem memorati fratris laudantibus, quamquam olim meam verbis habuisset licentiam, etiam regulares litteras accepisse ; quæ prolatæ quid de eo sentiam fideli relatione fatebun-

---

1. Cf. Ep. 81.
2. *Berthe,* épouse du comte Gérard, avait été chargée par lui de l'administration des affaires ecclésiastiques, et Flodoard cite une lettre de l'archevèque Hincmar adressée à cette femme illustre pour lui recommander les affaires de l'Eglise de Reims en Provence (*Hist. Eccl. Remensis,* III).
3. Les Normands tirent en 860 une expédition dans la Méditerranée et tentèrent de remonter le Rhône. Ils furent repoussés par Gérard.
4. *Adon,* originaire du Gâtinais, naquit au début du ixe siècle et fut élève d'Aldric et de Loup de Ferrières. Apres 842, il passa à l'abbaye de Prüm. Au retour de ce voyage il fut appelé à la cure de St Romain au diocèse de Lyon. Archevêque de Vienne en 860, il reçut le pallium du pape Nicolas Ier en 861. — Il mourut à Vienne le 16 déc. 875.
5. Marcward mourut entre 853 et 860.
6. *Hebbon,* évêque de Grenoble de 855 ou 860 à 869 ; d'après Gams, de 855 à 860.

tur. Litteras etiam eum ecclesiasticas habere a venerabili Episcopo nostro G. certissime scio, nec impedire aliquid, si Deus eum vocat, quo iuste eius infirmari[1] possit electio ; bene apud nos conversatus est. Quo plurimum indiget Ecclesia, idoneus est ad docendum, regularibus et pontificalibus fultus est epistolis, progenitorum nobilitate ornatur. In sancto proposito, iudicio prædictorum antistitum inter quos degit, devote perdurat, quid restat nisi ut quod sanctis præsulibus Deus inspiraverit fiat? Quid autem mirum si aliquando asperius aliquid super eo locutus sum? Illud culpa fuit inimicorum eius impudenter falsa vulgantium. Istud quod nunc litteris alligo meum est iudicium constanter prius visa, et postea comperta narrantis. Cupio vos valere feliciter.

CXXVI. — EPIST. 123. (861. NON. MART.)

AD ANSBOLDUM.

Carissimo suo Ansboldo Lupus indeficientem salutem. Vehemens ac generalis necessitas, ut comperistis, abduxerat ; ac propterea nequivimus quemadmodum uterque nostrum cupiebat, dum reverteremini, fido recreari colloquio, erit autem divinæ gratiæ istud quandoque compensare dispendium. Interim sinceritate amoris probabiliter delectemur. Ceterum redditæ sunt nobis dudum litteræ diem ingressus vestri in monasterium ostendentes ; quibus in conventu recitatis, et ab omnibus merito collaudatis, rescripsimus quæ nobis consequentia videbantur. His autem recentibus inspectis, intelleximus illas necdum vobis fuisse perlatas. Nunc vero, id est Nonis Martii, vos easdem habere opinamur, atque ideo quæ continentur eisdem otiosum esse repetere. Fratres omnes affabiliter salutate ; et ut pro nobis, utpote sibi devotissimis, orare dig_nentur, suppliciter optinete. Optime vos valere optamus.

---

1. Sic pro *confirmari*.

CXXVII. — EPIST. 125. (861.)

Reverentissimo præsuli Folcrico [1] Lupus temporalem et æternam salutem. Affluentiam gratiæ divino munere vobis indultam litteris comprehendere placuit ad laudem illius qui dedit, et ad condempnationem avaritiæ commendationemque invictissimæ caritatis. Nam cum aliquandam insulam Sequanæ [2] pagani crudelissimi pyratæ applicuissent, quæ sita est sub Melleduni oppido [3] ab aliis recens exusto, et eorum viciniam nobis, ut erat, periculosissimam, nisi Dei miseratio subveniret, duceremus, nec in monasterio consistere audebamus, nec quo migrare possemus, depressi ærumna tantæ calamitatis, inveniebamus. Inter hæc, cum me graviter ægrotantem visitatum venissetis, ac nos ingenti exterritos metu offendissetis, illico absque ullo deliberationis tædio nostrum exonerastis pudorem ; et prævenientes nostram supplicationem, optulistis prædium Aquense [4], dominationis vestræ præcipuum, in quo tuto [5] malitiam temporis vitaremus, tenendæ nostræ professionis oportunitate non penitus destituti. Præterea largissimam humanitatem vos præbituros vix credibili benivolentia ostendistis ; hic incomparabili consolatione per vos ultro nobis divinitus oblata, præsertim in tam immani discrimine, quid faceremus, conati sumus, ut par erat, Deo et vobis saltem gratias referre. Sed, succumbente ingenio, nequivimus eas digne mente concipere, nedum ore proferre ; ergo attoniti, abundante ubique iniquitate, et refrigescente caritate multorum, admirati sumus diebus nostris aliquem repertum qui cum tanto rei familiaris detrimento, et imminutione indigentibus subveniret. Nimirum hoc fuit a fratribus necessitatem patientibus non claudere viscera, hoc fuit

---

1. *Folcricus*, évêque de Troyes, succéda à Prudence en 861.

2. Il ne s'agit pas ici de l'île d'Oissel, comme le croit Baluze, mais d'une île de la Seine près de Melun.

3. Le sac de Melun est de 861. — « *Welandus autem per Sequanam usque ad castrum Milidunum cum sociis suis ascendit. Castellani vero cum Welando filio Fossatis monasterium occupant.* (Annal. Bertin, anno 861).

4. *Aix-en-Othe.*

5. Baluze a lu *totius.* Le ms. est déchiré à cette place et l'on ne peut lire que *tu*. La leçon *tuto* est écrite au bas de la page.

episcopaliter compati, hoc postremo caritatem implere. Verum quoniam exuberans Dei nostri clementia, tegens indulgentia innumeras maximasque culpas nostras, minas prædonum, quibus *(sic)*, vastatis longe lateque celeberrimis locis, etiam sedem negotiatorum cappas se petiturum *(sic)* iactabant subvertit, ac eos a nobis, quod utinam ab omnibus Christianis faciat, avertit, nec hac vice avulsi a nostro cœnobio cogemur peregrinari, optamus omnes, quasi concesso nobis usi beneficio, ut sit vobis tam copiosi boni salva merces repræsentanda a Deo, cum cœperit electos glorificare, et gratiam pro gratia reddere. Parvitas autem nostra, pene inaudita [1] vestra liberalitate obligata, nunquam erit vobis ingrata [2].... ad obsequendum paratissimam quibuscumque valuerit indiciis comprobabit. Sit tamen Aquensis fundus tempore prælationis vestræ, quod Deus diuturnum esse concedat, nostro perfugio, si infelicitas similis acciderit, destinatus. Contineantur ædificia, hortus etiam diligentius excolatur, quod recte facere disposuistis. Agri ad hoc apti vitibus conserantur, acervi frugum iusti laboris industria multiplicentur, ut et vobis suppetat quod de more quotannis domesticis tribuatis, et quod opem quærentibus misericorditer largiamini, et si illo nos, quemadmodum formidamus, peccatis nostris id exigentibus, ultima necessitas traxerit, latibuli nostri asperitas memoratis subsidiis leniatur. Quid autem velimus super his quæ a nobis dignati estis accipere cur quæritis? Quare non aspicitis quota portio sit nostræ servitutis, si vestro maximo beneficio conferatur? ac ne huiusmodi, quam præferimus, dissimulatione nos callide ampliora suspicemini elicere meditari, quæ cogitamus absque obscuritate expromimus. Comperistis, quanquam locus noster Bethleem, hoc est *domus panis* appellatur, panis nos penuriam cito passuros, nisi vestra aliorumque amicorum benignitas suffragetur. Proinde pollicitationis vestræ memores, potestis nos clientes vestros mense gratis alere dimidio, non sine usura quasi ex debito sustentare. Ac ne nos impudentiæ, immo stultitiæ arguatis, recolite rhetoricæ a nobis non improbari peritiam, quæ instituit ut cum minora impetrare disponimus, maiora poscamus. Cupimus vos valere feliciter, et

1. *Audita* (Bal.). Le ms. est ici déchiré ; le sens indique la correction, et il ne manque évidemment que deux lettres au commencement de la ligne ; nous avons cru pouvoir les rétablir.

2. Le mot que la déchirure du manuscrit empêche de lire est probablement le mot *mentem*.

vestræ dignitatis eminentiam honestis iugiter moribus et sanctis actibus exornare.

CXXVIII. — EPIST. 127. (861. MAI.)

AD ODON. PRÆSULEM. [1]

Unice singulariterque dilecto præsuli Odoni, Lupus plurimam salutem. Maximis pluribusque vestris beneficiis adiutus, securus ad vos decurro, his etiam usurus quæ per nuncios meos vos præbiturum esse mandastis. Verum quia non misistis equum, nec idoneum qui me exolutim ferret habebam, navi ad vos, si Deus vult, cursum tenebo. Ergo vestra indulgentissima pietas, quæ me gratis et ultro fovendum recepit, navi egressum ne patiatur durioris equi succussatura vexari. Locum ubi tendamus vobis vicinum, et congrua equis pabula cum vestris, sicut mandare dignati estis, vos procuraturum non dubito. Cursor noster, donec veniamus (quod oppinor futurum, suffragante Dei clementia, Kal. Iunii) pauperis apud vos locum implebit : et, si permissus fuerit, observabit fragmenta, ne pereant ; pocula etiam, ne gratiam amittant humore, siccabit.

CXXIX. — EPIST. 121. (862.)

AD VULFADUM ABBATEM. [2]

Unanimi suo Vulfado Lupus omnimodam salutem. Fama vulgavit adventum regis aliter futurum quam fuerat ab eo dispositum. Causas igitur huius immutationis, et quo tandem tem-

1. *Odon*, évêque de Beauvais de 861 au 28 janv. 881 (Cf. Ep. 111).
2. *Vulfade*, chanoine de Reims, était un des clercs ordonnés par Ebbon ; il devint successivement abbé de St-Médard de Soissons (858 à 866) et de l'abbaye de Resbais au diocèse de Meaux, il fut élu en 866 archevêque de Bourges. Baluze voit dans cette lettre une allusion au concile de Pistes de 862.

pore venturus sit, aut ubi interim moraturus, familiaribus
litteris aperite, ut ex eis quid mihi agendum sit, inspirante Dei
favore, valeam estimare. Relatio enim cursoris fidem non invenit, quoniam frequenter evidenti mendacio maculatur. Valete.

CXXX. — EPIST. 126. (862.)

AD GUENILONEM.

Reverentissimo pontifici Gueniloni, Lupus præsentem et
futuram salutem. Sanctitatis vestræ litteris alacriter paruissem,
nisi votum meum molestia corporis impedisset. Nam cum per
diuturnas et asperas huius anni [1] ægritudines bene revalesce-
rem, subito tussim incurri, quæ meatus obstruens, pene totam
mihi spirandi facultatem adimebat. Hinc factum est ut multum
sanguinis detraherem, maximamque imbecillitatem contrahe-
rem. Proinde nusquam audeo progredi, donec quietis ac medi-
camentorum, immo Divinitatis ope, mihi quantulacumque
sospitas reformetur. Unanimis tamen vobis in omnibus suppli-
cabo, et ad idem agendum fratres meos ortabor, ut Deus inspiret vobis consilium, quo generaliter prositis omnibus Christianis; ne peccatum iniustitiæ, quæ nos iam miseros fecit, in
damnationem pertrahat sempiternam. In diebus pontificatus
vestri ad tantam libertatem vitia proruperunt, ut vindicata im-
punitate apertis quibusque, nec Deus, nec rex, nec episcopus
timeatur. Quid moramini ? Quid ultra expectatis? Aut Deus
vestra industria et autoritate ad æquitatem reducet res humanas ; aut hæc malorum incrementa, post inauditas contumelias,
pene omnes, qui pauci remanserunt, obpriment innocentes.
Videtis quia, secundum beatum Esaiam : *Qui recedit a malo
prædæ patuit* [2], nec tutus quisquam contra violentiam rapto-
rum est nisi qui viribus prævalet, aut in eorum concessit collegium. Cupio vos valere feliciter, et parvitatis meæ memoriam
habere benignam atque continuam.

---

1. Allusion à ses craintes continuelles relatives à une nouvelle invasion normande.
2. Is. LIX, 15.

TABLE

CHRONOLOGIQUE DES LETTRES

(Les chiffres *en italiques* indiquent les dates qui peuvent être considérées comme certaines, les chiffres ordinaires les dates probables.)

Numéros DE CLASSEMENT	Numéros DU MANUSCRIT	TITRES	Dates Données			DATES CHOISIES	ÉTABLISSEMENT DE LA DATE
			BALUZE	D. BOUQUET	AUTRES		
ɪ	1	Ad Einhardum			830 (Teulet)	*830*	Lettre d'introduction auprès d'Einhard. Loup est à Fulda depuis quelque temps. Aldricus est évêque de Sens (829).
ɪɪ	2	Ad Einhardum			Avr. 836 (Teulet)	*836*	Loup vient de recevoir la nouvelle de la mort d'Imma, épouse d'Einhard.
ɪɪɪ	3	Einhardi ad Lupum			Avr. 836 (Teulet)	*836*	Réponse d'Einhard à la lettre précédente.
ɪᴠ	4	Ad Einhardum			Avr. 836 (Teulet)	*836*	Épître de consolation à Einhard sur la mort d'Imma.
ᴠ	5	Ad Einhardum			Mai 836	*836*	Réponse à une précédente lettre d'Einhard, et allusion à la lettre 4.
ᴠɪ	41	Ad Immonem	841			*fin 836*	Mention de la mort de l'évêque Aldric survenue le 10 octobre 836. — Loup est de retour en Gaule.
ᴠɪɪ	20	Ad Altwinum	837			*mai 837*	Maladie de Servat Loup — mention de la comète du 11 avril 837.

Numéros DE CLASSEMENT	Numéros DU MANUSCRIT	TITRES	Dates Données			DATES CHOISIES	ÉTABLISSEMENT DE LA DATE
			BALUZE	D. Bouquet	AUTRES		
VIII	36	Ad Altwinum				*sept.* 837	Allusion au voyage d'Altwin à Ferrières, projeté dans la lettre 20 - absence de l'abbé Odon qui ne doit revenir qu'à la fin de l'automne.
IX	8	Ad Adalgardum				837-38	Lettre sur un sujet grammatical. — Date du temps où Loup enseignait à Ferrières.
X	34	Ad Altwinum				837-42	Même sujet.
XI	35	Ad Ebrardum				Id.	Recommandations morales à un jeune parent.
XII	6	Ad Reginbertum	837			*22 sept.* 838	Loup est mandé pour la seconde fois au palais par Louis-le-Pieux et l'impératrice Judith.
XIII	7	Ad Reginbertum				*print.* 839	Loup promet ses bons offices à Reginbert, et lui donne rendez-vous pour le 1er juillet.
XIV	28	Ad Ionam episcopum. (Ex Odonis parte)			841	*10 août* 840	Allusions à l'expédition de Charles-le-Chauve en Aquitaine après la mort de Louis-le-Pieux.
XV	26	Marcwardo et Sichardo. (Ex Odonis parte)				*nov.* 840	Odon demande à être renseigné sur les chances de Lothaire à l'Empire. — Il croit qu'il sera élu du consentement de tous.
XVI	11	Ad Lotharium Regem. (Ex Odonis parte)			841	*com.* 841	Odon réclame la restitution de saint Josse, donnée par Lothaire à Rhuodingus. Lothaire est en Gaule au commencement de 841.
XVII	23	Ad Hludogwicum. (Ex Odonis parte)				*fin* 841	Odon demande à ne plus être chargé de l'entretien de l'abbé Zacharie. — Félicitations à Louis sur ses récents honneurs.
XVIII	25	Ad Hludogwicum. (Ex Odonis parte)				*print.* 842	Odon demande à être dispensé du service militaire. Depuis près de 2 ans, les gens de l'abbaye sont en campagne.

Numéros DE CLASSEMENT	Numéros DU MANUSCRIT	TITRES	Dates Données			DATES CHOISIES	ÉTABLISSEMENT DE LA DATE
			DALUZE	D. BOUQUET	AUTRES		
XIX	24	Ad Hludogwicum. (Ex Odonis parte).				842	Odon a envoyé ses soldats sous la conduite du comte; il demande à ne pas venir au placite (de Worms, octob. 842).
XX	10	Ad Marcwardum.			aut. 842		Servat Loup fait remercier Marcward des présents qu'il lui a envoyés, et lui laisse entrevoir qu'il sera bientôt en faveur.
XXI	40	Ad Rhabanum præceptorem suum.	842	843		fin 842	Loup annonce à Raban Maur qu'il est abbé de Ferrières.
XXII	21	Ad Ionam.		842		com. 843	Loup se disculpe auprès de l'évêque d'Orléans d'avoir été la cause de la disgrâce d'Odon, et justifie sa conduite envers lui.
XXIII	27	Ad Ionam episcopum. (Weniloni et Lupi nomine).				843	Loup et Wénilon, métropolitain de Sens, accusent réception d'un ouvrage que leur a envoyé Jonas.
XXIV	38	Ad Regem Karolum.		843		843	Lettre d'effusion, et protestations de dévouement au roi.
XXV	22	Ad Hludogwicum.				843	Loup se recommande à Hilduin et se réjouit de ses nouveaux succès. (Hilduin devient abbé de Saint-Denys en 843).
XXVI	39	Ad Ebroinum episcopum				843	Loup se recommande à Ebroïn, archichapelain du roi.
XXVII	16	Ad Orsmarum Metr. Turon.				843	Lettre de recommandation.
XXVIII	37	Ad Heriboldum episcopum.				843	Même sujet.
XXIX	87	Ad Hugonem.				843	Lettre adressée par Loup, déjà abbé, à Hugues, fils de Charlemagne, abbé de saint Bertin, mort le 7 juin 844.

Numéros DE CLASSEMENT	Numéros DU MANUSCRIT	TITRES	Dates Données			DATES CHOISIES	ÉTABLISSEMENT DE LA DATE
			BALUZE	D. BOUQ.	AUTRES		
xxx	88	Ad Hugonem abbatem.		844		*com. 844*	Loup prie l'abbé Hugues d'appuyer ses réclamations auprès du roi (la Cella de saint Josse avait été restituée par Ch. le Chauve en déc. 843).
xxxi	63	Ad Pruden-tium episcopum.	844	844		*print. 844*	Mission de Loup en Bourgogne (date fournie par la lettre 32).
xxxii	90	Ad Odacrum abbatem.				*juil. 844*	Remercîments à l'abbé Odacre pour les secours fournis à Loup au retour de la bataille d'Angoulême (7 juin 844)
xxxiii	91	Ad Marcwar-dum.	845	844		*juill. 844*	Loup rassure Marcward sur son sort après la bataille d'Angoulême. Mention d'une lettre de Hatto reçue par le messager Ratharius.
xxxiv	86	Ad Hattonem.				*844*	Réponse à Hatto, abbé de Fulda; recommandation en faveur de Ratharius.
xxxv	92	Ad Hludogwi-cum.			844	*844*	Loup, menacé de dépossession par Engilbert, plaide sa cause auprès du chancelier.
xxxvi	9	Ad Leotaldum.				*844*	Loup annonce à Léotald que les embûches de ses ennemis ont été déjouées.
xxxvii	65	Fratribus quibus præerat.				*844*	Loup leur annonce sa victoire sur ses ennemis.
xxxviii	80	Ad Uswardum abbatem.				*fin 844*	Mention du synode de Saulieu (fin de l'année 844).
xxxix	81	Ad Amulum episcopum. (Ex parte Guenilonis et Gherardi.	844	844		*com. 845*	On mande au métropolitain de Lyon de faire exécuter les décisions rendues à Saulieu. Election de Godelsade comme évêque de Châlon.

Numéro DE CLASSEMENT	Numéros DU MANUSCRIT	TITRES	Dates Données			DATES CHOISIES	ÉTABLISSEMENT DE LA DATE
			BALUZE	D. BOUQ.	AUTRES		
XL	15	Ad Leolaldum.				com. 845	Loup annonce à son ami le bon état de ses affaires — (ressemblances de détail avec la lettre 91).
XLI	64	Exhortatio ad regem Karolum.		850		845	Conseils au roi, et allusions à sa jeunesse.
XLII	31	Ad Guenilonem.	846	845	846	nov. 845	Mention de la défaite du comte Seguin par les Normands entre Bordeaux et Saintes (845)
XLIII	32	Ad Huldogwicum.	845	845		déc. 845	Détails sur l'expédition de Bretagne, et la bataille de Ballon (22 nov. 845).
XLIV	33	Exhortatio ad Karolum regem.		845		déc. 845	L'envoi de cette instruction spirituelle est mentionné dans la lettre précédente.
XLV	104	Ad Reginbertum.				com. 846	Réflexions sur la triste situation du royaume. — La mort de Reginbert est datée de 846 par Mabillon.
XLVI	71	Ad regem Karolum.		844		com. 846	Loup rappelle au roi les souffrances endurées par les frères depuis 3 ans qu'il est leur abbé.
XLVII	42	Ad Hincmarum.		845		com. 846	Allusion au vœu de Charles-le-Chauve à St-Denys (déc. 845).
XLVIII	83	Ad Hludogwicum.		845		print. 846	Allusion aux événements de 845. Loup demande à être dispensé d'aller à la guerre.
XLIX	43	Ad Hludogwicum abbatem.		845		sept. 846	Nouvelles recommandations adressées au chancelier, au moment où Servat Loup adresse au roi ses dons annuels. Le comte Odulfe va bientôt venir au palais.
L	44	Ad Hincmarum.		846		aut. 846	Le comte Odulfe est à la cour. Loup prie Hincmar d'insister pour que saint Josse soit restitué à l'abbaye de Ferrières.

Numéros DE CLASSEMENT	Numéros DU MANUSCRIT	TITRES	Dates Données			DATES CHOISIES	ÉTABLISSEMENT DE LA DATE
			BALUZE	D. BOUQUET	AUTRES		
LI	45	Ad Regem Karolum.		846		*aut. 846*	Reproches au roi qui ne restitue pas St-Josse. —Il y a à peu près quatre ans que Loup est abbé.
LII	53	Ad Regem Karolum.		846		*aut. 846*	Nouvelle lettre, plus pressante. — Il y a quatre ans que Loup est abbé.
LIII	50	Cuidam fido.		847		*nov. 846*	Loup, appelé au palais, demande à un de ses amis de lui procurer quelques ressources pour son voyage.
LIV	49	Ad Hincmamarum.		846		*nov. 846*	Demande de secours. Loup est déjà à Viniacus, près Attigny.
LV	55	Ad Marcwardum.		846		*déc. 846*	Loup est arrivé auprès du roi à Servais. — Mention de l'arrivée du moine Nithard à Ferrières. Mention de la maladie du moine Eigil.
LVI	57	Ratberto Abbati.				*déc. 846*	Affaire du moine Ivon. Loup engage Ratbert à envoyer un messager à Servais où se trouve le roi.
LVII	58	Ratberto Abbati.				*déc. 846*	Suite de l'affaire d'Ivon. Loup n'a pas encore pu parler au roi.
LVIII	56	Ratberto Abbati.				*déc. 846*	Suite de l'affaire d'Ivon. Loup a parlé au roi; l'affaire est entendue.
LIX	51	Fratribus Ferrariensibus.				*déc. 846*	Loup part pour Maëstricht, il a bonne espérance de recouvrer saint Josse. — Ordre aux moines de veiller aux semailles.
LX	48	Sar.		847		*déc. 846*	Ordre à l'intendant de l'abbaye de veiller aux semailles.

| Numéros DE CLASSEMENT | Numéros DU MANUSCRIT | TITRES | Dates Données | | | DATES CHOISIES | ÉTABLISSEMENT DE LA DATE |
			BALUZE	D. BOQUET	AUTRES		
LXI	47	Cuidam necessario.				com. 847	Loup rassure son serviteur contre les menées d'un moine rebelle.
LXII	46	Cuidam necessario.				com. 847	Plaintes contre le rebelle, la victoire va lui échapper.
LXIII	52	Præposito.				com. 847	Le rebelle paraît se repentir, mais Loup ne croit pas à sa sincérité, il recommande de ne pas l'accueillir s'il se présente.
LXIV	54	Necessario.				mars 847	Loup a triomphé de ses ennemis — félicitations au serviteur fidèle — menaces aux ingrats.
LXV	17	?				?	Lettre à un personnage inconnu. Quelques détails permettent de la rapprocher de la lettre 52.
LXVI	59	Ad Marcwardum.	847	847		mars 847	Loup rappelle à Marcward qu'il a été invité au congrès de Mersen. Loup commence son 4e mois de séjour à la cour.
LXVII	60	Ad Marcwardum.		847		mars 847	Loup regrette de n'avoir pas vu Marcward à Mersen. Il rentre à Ferrières.
LXVIII	70	Ad Marcwardum.				sept. 847	Arrivée d'Eigil à Ferrières. Sur le rapport de Nithard, Marcward envoyait Eigil à Sens pour qu'il reçût les soins de l'abbé Didon.
LXIX	69	Ad Ansboldum.				sept. 847	Mention de l'arrivée d'Eigil ; reproches au moine Ansbold qui n'a pas écrit à Loup.
LXX	72	Ad Didonem abbatem. (Ex persona Marcwardi).		847		sept. 487	Marcward recommande Eigil aux soins de Didon, abbé de Saint-Pierre-le-Vif de Sens, et fameux médecin.

Numéros DE CLASSEMENT	Numéros DU MANUSCRIT	TITRES	Dates Données			DATES CHOISIES	ÉTABLISSEMENT DE LA DATE
			BALUZE	D. Bouquet	AUTRES		
LXXI	89	Ad Pardulum. (Ex parte reginæ).		347		*847*	La reine promet à Pardulus, élu évêque de Laon, mais non encore consacré, de prier pour lui le jour de son ordination.
LXXII	12	Ad Pardulum.	347	847		*847*	Loup lui recommande l'affaire des moines de Sainte-Colombe de Sens. — Charles-le-Chauve les reconnaît indépendants de la juridiction du métropolitain, le 5 déc. 847
LXXIII	30	Ad Gotescalcum.				847	Discussion théologique sur la *Visio beatica.* — Ecrite alors que Gotteskalk était déjà célèbre, et n'était pas encore condamné.
LXXIV	93	Ad Regem Karolum.		850		*848*	Envoi au roi du traité de Loup sur les *Gestes des Empereurs.* (En 846 Loup demandait à emprunter la Vie des Césars de Suétone).
LXXV	61	Ad Guigmundum episcopum.				*849*	St-Josse vient d'être restitué. Loup annonce cet événement à Wimond, évêque d'York.
LXXVI	62	Ad Altsigum abbatem.		849		*849*	Même lettre à l'abbé des Augustins d'York.
LXXVII	13	Ad Ædilulphum regem				*849*	Loup demande au roi Ethelwulf de lui donner du plomb pour recouvrir l'église de Ferrières.
LXXVIII	14	Ad Felicem.				*849*	Le scribe Félix, secrétaire d'Ethelwulf, est prié de rappeler au roi la demande de Loup.
LXXIX	78	Ad Pardulum.	849	849		*print.849*	Synode de Chartres. Loup n'y est pas appelé; il demande à Pardule de lui dire ce qu'il doit faire.
LXXX	77	Ad Pardulum.				*print.849*	Loup envoie un messager à Pardule pour s'entendre avec lui de vive voix.

Numéros DE CLASSEMENT	Numéros DU MANUSCRIT	TITRES	Dates Données			DATES CHOISIES	ÉTABLISSEMENT DE LA DATE
			BALUZE	D. BOUQET	AUTRES		
LXXXI	79	Ad Rotrannum monachum.		849	*print.*849		Pourquoi Loup n'assiste pas au placite. Recommandation en faveur d'Hilmerade, nommé évêque d'Amiens.
LXXXII	68	Ad Marewardum.				*849*	Loup est envoyé à Rome ; demande de secours adressée par lui à Mareward
LXXXIII	67	Ad Guenilonem.				*849*	En se rendant à Rome, Loup passera par Sens.
LXXXIV	66	Ad Reginfridum.				*849*	Loup se recommande à Reginfred, évêque d'un diocèse voisin de la frontière d'Italie.
LXXXV	84	Ad Nomenoium.	849	849		*nov.* 849	Lettre du synode de Paris (nov. 849) à Noménoé, prince des Bretons.
LXXXVI	76	Ad Hincmarum.				*fin* 849	Loup refuse de prêter à Hincmar, par crainte des voleurs, le *Collectaneum Bedæ in Apostolum ex operibus Augustini.* — A rapprocher du synode de Bourges où l'on discuta la question de la prédestination.
LXXXVII	96	Ad Karolum regem.		850		850	Loup envoie au roi, comme il le lui avait demandé à son départ un sermon, sur les jurements, tiré de saint Augustin.
LXXXVIII	128	Ad Dominum regem.	849	850		*850*	Exposé de la doctrine de Servat Loup sur la prédestination double, le libre arbitre et le prix du sang du Christ.
LXXXIX	129	Ad Hincmarum.	849			*850*	Même sujet.
XC	115	Ad Ercanradum.	850	850		*850*	Lettre du synode de Moret à Ercanrade, évêque de Paris.

Numéros DE CLASSEMENT	Numéros DU MANUSCRIT	TITRES	Dates Données			DATES CHOISIES	ÉTABLISSEMENT DE LA DATE
			BALUZE	D. BOUQUET	AUTRES		
XCI	75	Ad Bertoldum.				851	Loup demande à son ami 20 arbres de son bois de Marnay ou de Marigny, pour construire une barque — mention d'un récent synode(Mersen).
XCII	73	Ad Guenilonem.				851	Mention d'un récent synode qui paraît être le même que celui de la lettre préeédente — affaire du prêtre Géroald.
XCIII	74	Ad Guenilonem.				851	Suite de l'affaire de Géroald.
XCIV	113	Ad Hludogwicum.	851	851		*851*	Loup demande s'il ne peut rester à Ferrières avec ses hommes puisque le placite indiqué par le roi (à Roucy) est remis.
XCV	114	Ad Hludogwicum.		851		*851*	Demande d'un nouveau délai — ne recevant pas de réponse du chancelier, Loup s'est mis en marche.
XCVI	85	Ad Marcwardum.		851		*sept.851*	Allusions aux fêtes du couronnement d'Hérispoé à Angers, par les mains de Charles-le-Chauve.
XCVII	97	Ad Hilduinum.				851-52	Félicitations à Hilduin nommé abbé de Saint-Martin de Tours, après la mort de Vivien, tué à la bataille du 22 août 851.
XCVIII	111	Ad Odonem abbatem.		853		*com.852*	Félicitations à l'abbé sur son courage et ses succès contre les Normands (bataille de Ouarde). — Mention du navire de l'abbaye de Ferrières.
XCIX	112	Ad Odonem abbatem.		853		*com.852*	Réponse à l'abbé Odon, qui avait mal pris les plaisanteries de Servat Loup.

Numéros DE CLASSEMENT	Numéros DU MANUSCRIT	TITRES	Dates Données			DATES CHOISIES	ÉTABLISSEMENT DE LA DATE
			BALUZE	D. Bouquet	AUTRES		
c	110	Ad Hilduinum.	853			*853*	Les Normands menacent Tours — Loup décline l'honneur de recevoir à Ferrières, qui est mal gardé, les reliques de saint Martin.
ci	94	Ad Marcwardum.				853	Lettre de consolation à Marcward — Marcward mourut cette même année.
cii	105	Ad Marcwardum et Eigilem.		852		*juil. 853*	Loup se rend au placite de Verberie (août 853) et promet son pardon à un moine fugitif, que lui recommandent Marcward, et Eigil, successeur désigné du vieil abbé.
ciii	109	Ad Marcwardum et Eigilem.				*853*	Loup est de retour à Ferrières. Le moine fugitif peut rentrer.
civ	108	Ad Lotharium Regem.				*853*	Lothaire voudrait garder auprès de lui comme secrétaire le moine de Ferrières qui s'était enfui. Loup s'oppose à ce qu'il reste à la cour.
cv	95	Ad Heriboldum. (Ex parte reginæ).				853	La reine recommande à Héribold de prendre soin de son frère Abbon. — Abbon exerça cette même année 853, les fonctions de missus dominicus. La lettre doit être antérieure à sa nomination.
cvi	19	Ad Heriboldum.				853	Loup s'excuse de ne pas renvoyer au prélat un moine d'Auxerre venu à Ferrières. — Il y a grande disette, et Héribold ne peut suffire aux besoins des moines.
cvii	118	Ad Herardum.				854	Loup se recommande à la bienveillance d'Hérard, élu cette même année au siège de Tours.

Numéros DE CLASSEMENT	Numéros DU MANUSCRIT	TITRES	Dates Données			DATES CHOISIES	ÉTABLISSEMENT DE LA DATE
			BALUZE	D. Bouquet	AUTRES		
CVIII	18	Fratribus Sancti Amandi.	856	855		*855*	Loup décline le gouvernement de l'abbaye de Saint-Amand. Allusion au Concile de Boneuil (1er juillet 855).
CIX	101	Ad Episcopos. Ex parte Guenilonis.				*856*	Wénilon recommande aux évêques les moines Adulphus et Acaricus qui partent pour Rome.
CX	102	Item. (Ex parte abbatis).				*856*	Même sujet.
CXI	103	Ad Dominum apostolicum.				*856*	Adulphus et Acaricus sont recommandés au pape Benoît III, récemment élu, mais déjà connu en Gaule.
CXII	106	De Receptione peregrinorum. Ex parte Guenilonis).				?	Wénilon recommande aux évêques le moine Doliwald qui se rend à Rome.
CXIII	107	Item unde supra.				?	Même recommandation de la part de Loup.
CXIV	29	Ad Wenilonem.				?	Lettre sur un sujet de discipline ecclésiastique. Elle peut avoir été écrite de 842 à 862.
CXV	82	Ad Wenilonem.				?	Même incertitude. Affaire du prêtre Erlegaudus.
CXVI	98	Ad Wenilonem ejusque suffraganeos.	853	856		*856*	Le clergé de Paris annonce à Wénilon la mort de l'évêque de Paris Ercanrade (mai 856) et lui demande de confirmer l'élection d'Æneas.
CXVII	99	Rescriptum episcoporum.		856		*856*	Réponse de Wénilon et de ses suffragants au clergé de Paris.
CXVIII	119	Ad Æneam.				857	Le roi paraît très désireux de s'instruire à fond des choses de la religion. — Loup recommande à Æneas son petit-neveu fils d'Hildegarius.
CXIX	100	Admonitio ad populum.	856	856		857	Après le concile de Quierzy (fév. 857).

Numéros DE CLASSEMENT	Numéros DU MANUSCRIT	TITRES	Dates Données			DATES CHOISIES	ÉTABLISSEMENT DE LA DATE
			BALUZE	D. Bouquet	AUTRES		
cxx	130	Ad Nicolaum papam.			862 (Sir-mond)	858 (Mansi)	Wénilon demande au pape l'autorisation de déposer Herimannus, évêque de Nevers.
cxxi	116	Fratribus ex cœnobio sancti Germani.		859		859	Remercîments pour l'hospitalité donnée à Loup, et à ses frères, pendant le séjour du roi en Bourgogne (fin 858).
cxxii	124	Ad Wenilo-nem.				859	Louis se justifie d'avoir demandé la déposition de Wénilon au concile de Savonnières (859).
cxxiii	120	Ad Arduicum.				859	Arduicus, présent au concile de Savonnières, avait promis des secours à Servat Loup. Celui-ci lui rappelle sa promesse.
cxxiv	117	Ad Ansbol-dum.				860	Loup félicite Ansbold de son élection comme abbé de Prüm (860).
cxxv	122	Ad Gerhardum comitem.		860		860	Loup félicite le comte Gérard de ses succès sur les Normands. Élection d'Adon comme évêque de Vienne.
cxxvi	123	Ad Ansbol-dum.				7 mars 861	Louis regrette de n'avoir pu se trouver à Ferrières en même temps qu'Ansbold.
cxxvii	125	Ad Folcricum	861	861		861	Maladie de Loup.—Ravages des Normands. — Folcricus a offert un asile à Loup à Aix en Othe.
cxxviii	127	Ad Odonem episcopum.				mai 861	Allusion à la maladie de Loup, et à sa grande faiblesse.
cxxix	121	Ad Wulfadum abbatem.	862			862	Allusion au concile de Pistes (juin 862).
cxxx	126	Ad Guenilo-nem.		861		862	Description des symptômes de la maladie de Loup. Après une période de convalescence, la maladie a repris son cours. Loup a perdu beaucoup de sang, est très faible, et n'ose plus sortir de l'abbaye.

INDEX NOMINUM

A

Acarius, monachus Ferrariensis, p. 189, 190, 191.
Adalgardus, amicus Lupi, p. 68,
Adalgus, p. 75, 76.
Adalbardus, comes, p. 94, 100, 126.
Adam, p. 162, 163, 168.
Ado, Vindobonensis metropolitanus episcopus, p. 209.
Adulphus, monachus Ferrariensis, p. 189, 190, 191.
Ædilulphus, rex Anglorum, p. 150, 152.
Æneas, Parisiorum episcopus, p. 198, 199, 200.
Agius, p. 69.
Agius, Aurelianorum episcopus, p. 86, 157, 169, 199.
Aleuinus, p. 64, 80.
Aldricus, Senonum metropolitanus episcopus, p. 44, 62, 195.
Adricus, Cenomannorum episcopus, p. 156.
Altsigus, Eboracensis abbas, p. 148.
Altuinus, monachus, p. 63, 67.
Amalricus, p. 91.
Amandi (Monasterium Sancti), p. 188.
Ambrosius (Sanctus), p. 163.
Amulus, Lugdunensium metropolitanus episcopus, p. 102, 103.
Ansboldus, monachus Prumiensis, p. 85, 137, 174, 208, 210.
Antissiodorum (*Auxerre*), p. 204.
Aquense prædium (*Aix-en-Othe*), p. 211, 212.
Aquitania, p. 78, 83, 97, 100, 109, 111.
Arceiæ (*Arches-sur-Meuse?*), p. 99.
Ardegarius, presbyter, p. 193.
Arduicus, Bisontinorum metropolitanus episcopus, p. 207.
Atiniacum (*Attigny*), p. 125, 135.
Auduinus, p. 77.
Augustinus (Sanctus), p. 48, 55, 58, 144, 160, 161, 163, 164, 166, 167, 179.
Augustodunum (*Autun*), p. 103.

Aulus-Gellius, p. 46, 61.
Aureliani (*Orléans*), p. 78.
Aurelius Prudentius, p. 65.
Autbertus, Avallensium comes, p. 78.

B

Baldricus, presbyter, p. 193.
Baltridus, Baiocacensium episcopus, p. 157.
Beda, p. 149, 160, 164.
Benedictus (Sanctus), p. 196.
Bernegaudus, monachus Ferrariensis, p. 205, 207.
Bernus, propinquus Caroli Calvi, p. 104.
Bertcaudus, scriptor regius, p. 60.
Bertha, uxor comitis Gerardi, p. 209.
Bertoldus, abbas, p. 170
Bituriges (*Bourges*), p. 162.
Bodo, p. 75.
Boetius, p. 59, 69, 91.
Bonifacius (Sanctus), p. 104.
Bosonius, p. 69.
Britanni, p. 109, 118.
Burdegala (*Bordeaux*), p. 109.
Burgundia, p. 111.

C

Caper (Flavius), grammaticus, p. 65.
Carisiacum (*Quierzy-sur-Oise*), p. 78.
Carolus Magnus, imperator, p. 44, 80, 104.
Carolus Calvus, rex Francorum, p. 85, 87, 88, 102, 103, 112, 114, 121,
    123, 146, 161, 162, 174, 198, 204.
Cassiodorus, p. 149.
Cella Roclena (*Ferrièrcs-Larcon?*), p. 187.
Cella sancti Iudoci (*St-Josse-sur-Mer*), p. 80, 114, 116, 118, 119, 123, 124,
    126, 135, 147, 148, 150, 151.
Clarus mons (*Clermont-Ferrand*), p. 78.
Columbæ (Monasterium Sanctæ), p. 140.
Cornelius, p. 191.
Cyprianus (Sanctus), p. 48, 164.

D

David, rex, p. 53, 55, 206.
Dido, abbas monasterii Sancti Petri Vivi Senonensis, p. 137.
Dionysii (Monasterium Sancti), p. 117, 197.
Dodo, Andegavorum episcopus, p. 156.
Dolivaldus, monachus Ferrariensis, p. 192.
Donatus, grammaticus, p. 60, 191.

E

Ebrardus, monachus, propinquus Lupi, p. 72.
Ebroinus (?), p. 77.
Ebroinus, Pictavorum episcopus, p. 90
Egilbertus, p. 100.
Eigil, monachus et abbas Prumiensis, p. 126, 127, 136, 137, 155, 174, 182, 183.
Einhardus, p. 43, 46, 47, 50, 57, 65.
Emma, seu Imma, uxor Einhardi, p. 46, 47, 50.
Ercanradus, Parisiorum episcopus, p. 157, 169, 197, 199.
Ermenfridus, Belloacorum episcopus, p. 157.
Erpoinus, Silvanecti episcopus, p. 157.
Esaia, propheta, p. 214.

F

Farae Monasterium (*Faremoustier-en-Brie*), p. 151, 182.
Faustus, Regensis episcopus, p. 166, 177, 179.
Felix, scriba Ædilulphi regis, p. 150, 151.
Folchricus, amicus Lupi, p. 184, 211.
Fossalense Monasterium (*Saint-Maur-des-Fossés*), p. 197.
Frecultus, Lexoviorum episcopus, p. 157.
Fridilo, auditor Lupi, p. 204.
Frosm..., p. 69
Frotbaldus, Carnutum episcopus, p. 199.
Fulco, Remensis chorepiscopus, p. 86.
Fulcoldus, p. 85.

G

H

I

L

M

Q

Quintilianus, p. 149, 191.

R

R..., monachus Ferrariensis, p. 130, 132.
Ratbertus, abbas Corbeiensis, p. 127, 128, 129.
Ratharius, monachus Prumiensis, p. 97, 99.
Ratlegius, seu Ratlaïcus, abbas Saligstatensis, p. 135.
Reginbertus, monachus, p. 75, 77, 114.
Reginfredus, episcopus, p. 155.
Reinnoldus, comes Engolismensium, p. 78.
Remigius, propinquus Lupi, p. 170, 204.
Remigius, Lugdunensium metropolitanus episcopus, p. 209.
Rhabanus, abbas Fuldensis, p. 45, 58, 85.
Rhotadus, Suessionum episcopus, p. 157.
Rhuodingus, invasor Cellæ Sancti Iudoci, p. 81.
Roma, p. 155, 156, 189, 190, 191, 193.
Rotramnus, monachus Corbeiensis, p. 153.

S

S..., monachus Ferrariensis, p. 205.
Saligstat (Seligenstadt), p. 135.
Salomon, rex, p. 206.
Sanctones (Saintes), p. 109.
Saxbodus, Saiorum episcopus, p. 157.
Sedelocum (Saulieu), p. 102.
Servius, grammaticus, p. 61, 68, 105.
Sichardus, monachus Prumiensis, p. 79.
Siguinus, Burdigalensis comes, p. 109.
Sigulfus, abbas Ferrariensis, p. 195.
Stapulæ (Etaples), p. 152.
Stephanus, filius (?) Hugonis abbatis Sithiensis, p. 93.
Suetonius, p. 84, 98.
Sylvacum (Servais), p. 126, 127.

Q

Quintilianus, p. 149, 191.

R

R..., monachus Ferrariensis, p. 130, 132.
Ratbertus, abbas Corbeiensis, p. 127, 128, 129.
Ratharius, monachus Prumiensis, p. 97, 99.
Ratlegius, seu Ratlaïcus, abbas Saligstatensis, p. 135.
Reginbertus, monachus, p. 75, 77, 114.
Reginfredus, episcopus, p. 155.
Reinnoldus, comes Engolismensium, p. 78.
Remigius, propinquus Lupi, p. 170, 204.
Remigius, Lugdunensium metropolitanus episcopus, p. 209.
Rhabanus, abbas Fuldensis, p. 45, 58, 85.
Rhotadus, Suessionum episcopus, p. 157.
Rhuodingus, invasor Cellæ Sancti Iudoci, p. 81.
Roma, p. 155, 156, 189, 190, 191, 193.
Rotramnus, monachus Corbeiensis, p. 153.

S

S..., monachus Ferrariensis, p. 205.
Saligstat (Seligenstadt), p. 135.
Salomon, rex, p. 206.
Sanctones (Saintes), p. 109.
Saxbodus, Saiorum episcopus, p. 157.
Sedelocum (Saulieu), p. 102.
Servius, grammaticus, p. 61, 68, 103.
Sichardus, monachus Prumiensis, p. 79.
Siguinus, Burdigalensis comes, p. 109.
Sigulfus, abbas Ferrariensis, p. 195.
Stapulæ (Etaples), p. 152.
Stephanus, filius (?) Hugonis abbatis Sithiensis, p. 93.
Suetonius, p. 84, 98.
Sylvacum (Servais), p. 126, 127.

T

U

V

Z

ERRATA

Page 24, Ligne 28, Guinecourt,   *lisez* Viniacus.
— 30,   —   36, de lui adresser,   — de le lui adresser.
— 34,   —   39, Saint Maurilien. — Erreur reproduite d'après D.Bou
quet. Cf. L. 84, not. 3.
— 35,   —   4, il (*deleatur*).
—   —   —   32, vaissaux,   *lisez* vaisseaux.
— 38,   note, 865,   — 856.
— 58, Ligne 26, cæperit,   — cœperit.
— 66,   note 4, sans le nom,   — sous le nom.
— 67, Ligne   5, cœterum,   — cæterum.
—   —   —   5, Epist. 38,   -- 36.
— 78,   note 4, se déclarèrent par,   — pour.
— 80, Ligne   6, cænobio,   — cœnobio.
— 81,   —   15, cæpit,   - cœpit.
—   —   —· 22, cænobii,   — cœnobii.
— 82,   —   14, cænobii,   — cœnobii.
— 83,   —   3, cnobiorum,   — cœnobiorum.
—   —   —   9, cænobia,   — cœnobia.
— 91,   —   5, pectandum,   — pectendum.
— 93,   —   31, cæpisset,   — cœpisset.
— 94,   —   24, cæpi,   - cœpi.
—   —   —   29, cænobii,   — cœnobii.
— 96,   —   6, cænobia,   — cœnobia.
— 98,   —   12, fælicitas,   — fœlicitas.
— 106,   —   24, genere,   - gerere.
— 107,   —   27, perperit,   — peperit.
— 108,   —   3, ne,   - me.
— 111,   —   7, cænobii,   — cœnobii.
—   —   —   19, iutilis iundicaretur, -- inutilis iudicaretur.
— 127,   note 1, Laboriosimum,   -- Laboriosissimum
— 138,   — 3, sacrée reine en 866, — en 846.
— 180, Ligne 17, immintiione,   — imminutione.
—   —   note 1, calssis,   — classis.
— 190, Ligne 18, eooperatores,   — cooperatores.
— 194,   —   27, ui,   - ut.
—   —   —   30,   — carnali.